E[illegible] g[illegible]

Il fatto

NUOVA ERI
RIZZOLI

ISBN 88-17-84419-5

Prima edizione: maggio 1995

Il fatto

GIORNI TERRIBILI

Qualcuno ha scritto che «il passato è un prodotto alla moda»: non solo la scoperta della supposta tomba di Alessandro il Grande, ma anche la rievocazione del bombardamento di Dresda. Sono ormai da antiquariato la macchina da cucire Singer che usava mia madre, certi macinini, certi ferri da stiro. C'è anche un cimitero degli oggetti.

E le pagine della storia, specie quella che si scrive ogni giorno, si sfogliano in fretta, ma negli ultimi due anni - 1993-1994 - e in questi primi mesi del 1995 noi abbiamo vissuto giorni terribili e indelebili: perché è faticoso passare da un mondo all'altro e adattarsi a nuovi poteri, a bruschi cambiamenti di scena.

1993: in dodici mesi siamo stati testimoni di alcuni fatti rivoluzionari. Dopo venti anni, arrestano finalmente Salvatore Riina, detto Totò; forse non si erano impegnati molto per pescarlo. Buscetta me lo aveva spiegato: «Non è andato via dalla Sicilia», e ha vissuto quasi normalmente, sposandosi, facendo figli, che ha mandato a scuola, accudendo tranquillo ai suoi sporchi affari.

Era il capo e l'anima di Cosa Nostra: secondo calcoli attendibili, ha mandato all'altro mondo, con le varie guerre tra cosche, un migliaio di persone. Quando lo prendono ha in tasca sei milioni, una carta di identità falsa e un santino di san Giuseppe, forse inteso come patrono di tutte le famiglie.

Craxi si dimette da segretario del Psi. All'inizio del 1992 affermava con baldanza: «Sono l'unico candidato alla presidenza del Consiglio». Hanno inizio l'agonia del Partito socialista e il grande tormento del senatore Giulio Andreotti, accusato di «associazione a delinquere di stampo mafioso». Craxi una volta lo aveva avvertito: «Prima o poi le vecchie volpi finiscono in pellicceria». Una sorte che Bettino non aveva previsto per sé.

Il governatore della Banca d'Italia, Carlo Azeglio Ciampi, entra a Palazzo Chigi, il dottor Marco Formentini, eletto dalla Lega, a Palazzo Marino. Il 57,1 per cento dei cittadini milanesi ha votato per lui.

Tangentopoli e la crisi di un sistema politico provocano una serie di suicidi; Gabriele Cagliari, presidente dell'Eni, si ammazza a San Vittore: infila la testa in un sacchetto di plastica. In 103 giorni di prigionia ha scritto alla moglie Bruna 103 lettere d'amore.

Raul Gardini, capo del clan dei Ferruzzi, aveva confidato a un amico: «E se proprio va male c'è sempre una rivoltella». E si è sparato.

Se ne va un altro romagnolo, Federico Fellini, e gli italiani si accorgono che era un genio. L'ho visto nel lettino dell'ospedale di Rimini, con i segni della paralisi; mi disse: «Non me lo aspettavo, non ero preparato».

Boris Eltsin comanda a Mosca: scioglie il Parlamento a colpi di cannone. Per l'Europa e per l'America è un esempio di democrazia. C'erano 16 milioni di iscritti al Pcus, si sono ridotti a 600.000: forse questi superstiti ci credono davvero.

«Naufraga la balena bianca» è intitolata l'inchiesta di un settimanale francese. Parla di un partito che aveva ottenuto anche il 40 per cento dei consensi e che era diventato regime. Corruzione, clientelismo, patteggiamenti con la mafia, la caduta del Muro di Berlino affondano la Dc. E si tira dietro gli alleati con i quali ha spartito il potere: i liberali, i socialdemocratici, i repubblicani; ai seguaci del Garofano ha provveduto Bettino Craxi.

1994: Indro Montanelli lascia *il Giornale* e fonda *La Voce*; lo seguono una cinquantina di redattori. Al suo posto va Vittorio Feltri e comincia l'inarrestabile crisi dell'*Indipendente*.

Con un appello ai «liberi e forti», Mino Martinazzoli battezza il Partito popolare; spiega: «Torniamo alle nostre origini», e il programma: «Un rinnovamento politico e morale».

Sui giornali appare un avviso pubblicitario: «Scendi in campo. Anche nella tua città dai vita a un club Forza Italia». Silvio Berlusconi ha deciso: entrerà in corsa per il Parlamento. Critica, giustamente, la partitocrazia e fa entusiasmanti promesse per il futuro: meno tasse, più un milione di posti per i disoccupati.

Poco dopo arrestano Paolo, il fratello: ammette di avere pagato una «mediazione»: 910 milioni di tangenti per vendere tre immobili al fondo pensionistico della Cariplo.

A Sanremo vince Alessandro Baldi con la canzone *Passerà*. Aleksandr Solženicyn rientra in patria. Attraversa tutta la Russia partendo da Vladivostok «perché è da lì che comincia il nostro Paese ed è il posto dove nasce il sole». Il suo motto è: «Pesa più una parola di verità di tutto il mondo».

Carlo, erede del trono di Gran Bretagna, va davanti alle telecamere per spiegare le ragioni che hanno portato al fallimento il suo matrimonio. Ammette anche di avere tradito Diana; si giustifica: «Capita a molte coppie inglesi».

Il Pds sceglie il nuovo segretario: Massimo D'Alema succede ad Achille Occhetto. D'Alema batte Veltroni, il bravissimo direttore dell'*Unità*. Occhetto ha un merito storico: ha evitato che i comunisti rimanessero sepolti sotto le macerie del Muro e ha inventato il Pds.

Ha ragione quando afferma: «Abbiamo visto giusto e prima degli altri».

Arafat, dopo ventisette anni di esilio disperato, torna a Gaza e a Gerico. L'Olp riconosce agli ebrei il diritto di esistere e di vivere nella terra dei padri e dei profeti, e si scatenano i fondamentalisti islamici. Gli ultimi reparti russi lasciano Berlino. Il papa rinuncia al viaggio a Sarajevo. Di Pietro, il giudice più popolare d'Italia, depone la toga e si dedica, per il momento, all'insegnamento.

Questo libro ha la precarietà di tutte le prose dei giornalisti: parole, come si sa, scritte sull'acqua, ma nel tentativo di disegnare, come diceva Joseph Roth, «il volto del tempo».

e. b.

I

Il Vecchio e il Nuovo

E ORA L'ONESTO MINO

Ho intervistato Mino Martinazzoli, onorevole e segretario della Dc, a Bologna, davanti a duemila persone: così riferiscono le cronache. Luogo: una vecchia chiesa sconsacrata, Santa Lucia, poi diventata palestra e infine trasformata in una enorme e bellissima aula magna dell'università.

Qualche dato sul personaggio. *Vita privata*: è nato a Orzinuovi (Brescia), nel 1931, secondo di quattro fratelli. Il suo nome di battesimo è Fermo, ma fin da piccolo lo hanno chiamato Mino. Ha frequentato uno dei più famosi collegi di Pavia, il Borromeo, l'altro è il Ghisleri. È avvocato e ha esercitato a lungo. *Vita pubblica*: democristiano, è definito «un uomo che non ha potere di tessere, ma l'autorevolezza di chi non teme l'isolamento». In un congresso dc ha avuto 19 minuti di applausi che lo hanno consacrato leader, ma è un capo atipico, descritto «disarmato, anomalo, inoffensivo». Due volte ministro: Giustizia con Craxi e Difesa con Andreotti, è anche presidente dei deputati del suo partito. *Carattere*: meditabondo e severo, è anche molto brillante, ironico e spiritoso. Parlando ai suoi elettori ha detto: «Io non vi chiedo di avere fiducia in me, ma di averla in voi stessi». *Gli interessi*: gli piace il gioco del calcio, mentre non gli va affatto di viaggiare in aereo. Ha pubblicato due volumetti su Alessandro Manzoni.

— Onorevole Martinazzoli, c'è chi paragona queste giornate al 25 luglio: cosa ne pensa?

«Io so che il 25 luglio fu un passaggio - non ultimo - della fine di un regime antidemocratico. E credo invece di sapere che, malgrado tutto e lo ha ricordato anche Norberto Bobbio recentemente, noi stiamo dentro a una esperienza democratica difficile, che oggi manifesta segni vistosi di decadenza e che tuttavia contiene in sé, secondo me, tutte le potenzialità di un forte recupero. Quindi non direi proprio che siamo a quella data.»

— Di questo caos sono responsabili gli uomini o sono le regole che non funzionano?

«Io non ho mai pensato che le regole redimano gli uomini. Credo che le leggi servano a ridurre i loro difetti, ad assecondare le loro virtù. In questo momento vedrei le riforme come una risorsa forte per questo difficile passaggio.»

— Avete un segretario amministrativo che ha ricevuto undici avvisi di garanzia.

«L'avevamo.»

— Craxi dice: «Tutti sapevano»: lei era informato?

«No.»

— Come si può votare una legge quando si è, almeno tacitamente, d'accordo di violarla?

«Parla della legge sul finanziamento dei partiti?»

— Esattamente.

«Lo si fa, credo, un poco per distrazione e un poco per imprudenza.»

— Distrazione in che senso?

«Distrazione sulla verità del diritto. Questo è un Paese nel quale Giovanni Giolitti, non moltissimi decenni fa, affermava che "le leggi per i nemici si applicano e per gli amici si interpretano", ma credo che sia un po' una malattia che qualche volta ci porta a una disinvoltura anche giuridica.

«Io però vorrei approfittare di questa sua domanda non per lamentarmi, ma per una precisazione che mi sembra comunque formulabile. Sento dire in giro: è diverso rubare per il partito o rubare per se stessi. Proporrei un uso misurato delle parole. La violazione della legge sul finanziamento dei partiti di per sé è la violazione della legge sul finanziamento dei partiti e basta. Il non avere denunciato una contribuzione superiore di una lira a cinque milioni, liberamente data, non credo che sia rubare.

«La ricettazione, la concussione, la corruzione: questi sono i reati, credo, che hanno inciso anche sulla vita degli italiani e che oggi mettono a rischio la credibilità della loro classe politica.»

— Lei crede che esistano delle lobbies che vogliono destabilizzare la Repubblica?

«Non ho mai creduto ai complotti e alle congiure; continuo a ripetere che siamo un Paese in cui ci sono più congiurati che congiure. Ciascuno di noi tende a credere che la somma delle sue inadempienze, delle sue sciatterie, delle sue infedeltà non comporti danni, e quando se ne rende conto pensa che ci sia un Grande Vecchio che li ha provocati. Secondo me, lo stile dei democratici non è chiedersi se ci sono intrighi contro la democrazia, ma farla funzionare.»

— Cosa pensa del comportamento tenuto dalla magistratura?

«Io della magistratura ho gran rispetto, lo ripeto: e la voglio autonoma, indipendente. Però, con tutta la circospezione del caso, mi pongo la seguente questione: leggiamo tutti i giorni che c'è una classe politica sempre più delegittimata e che bisogna mandarla a casa. Ma si aggiunge - giustamente - che in democrazia questo compito spetta agli elettori. Si precisa ancora che non possiamo andare verso le elezioni, perché con le vecchie regole non caveremmo un ragno dal buco. Allora, come farà questo gruppo dirigente a resistere a un accumulo di inquisizioni? Io non voglio frenare nulla, però mi domando: i magistrati hanno come compito emettere avvisi di garanzia o lavorare in funzione dei giudizi e delle sentenze? Io credo che la risposta giusta sia quest'ultima. Allora mi chiedo - e chiedo - se è possibile supporre che si possa, non per un privilegio dei politici, ma per una esigenza dei cittadini, cominciare a vedere una verifica in un dibattimento pubblico, perché questo è il processo, della fondatezza dell'accusa e della consistenza della prova. È ragionevole immaginarlo? È ammissibile proporlo senza che qualcuno risponda che se non si discutono le cause è perché lo Stato non dà i soldi e così via? Per me la questione è aperta. Gli stessi giudici si rendono conto che dobbiamo trovare una via d'uscita, che in nessun modo è il colpo di spugna o altre trovate di questo genere, ma la possibilità, la capacità di non andare rovinosamente verso una dissipazione del sistema per via giudiziaria. Questo non sarebbe, secondo me, un guadagno per nessuno.»

— Ma io credo che la situazione dei magistrati sia di grande imbarazzo, è l'opinione pubblica che ne fa degli eroi perché riempiono un certo vuoto di potere. C'è un tale desiderio di pulizia per cui qualunque gesto venga da quella parte la gente lo vede come l'unica speranza di cambiare un po' la baracca.

«Sì, e a me viene spesso da dire che quello che si è corrotto nelle persone lo giudicano i giudici, ma quello che si è guastato nel sistema dei partiti e nelle istituzioni deve essere "risolto" dai gesti delle istituzioni e della politica.»

— Non trova che ci sono troppi professionisti dell'arte del governo, del «bene comune», che senza una poltrona non avrebbero un mestiere?

«Io dico che c'è un tasso di colesterolo burocraticopolitico che minaccia d'infarto la vita pubblica. Sia chiaro che questo comporta l'opportunità di determinare, per noi comunque, ma anche per gli altri, un limite ai mandati della rappresentanza.»

— Il Psi sta vivendo una crisi che qualcuno considera mortale: come è lo stato di salute della Dc?

«Credo che siamo in mezzo a un processo pieno di rischi, io non ho certezza del risultato, so quello che devo fare, mi pare di capire che non vivo in solitudine, dobbiamo rinnovare senza rinnegare. È un'operazione straordinariamente difficile, ma si può tentare. Assomiglia alla pretesa che il Barone di Münchhausen aveva di sollevarsi da terra tirandosi per i capelli: una legge fisica lo impedisce, ma in politica si può. Questa è la sfida che io pongo ai democratici cristiani.»

— E con Segni come la mettiamo?

«Mi ha scritto una lettera molto nobile che io apprezzo nelle sue espressioni e anche in tante valutazioni, ma che mi rende un po' inquieto per un aspetto, come dire, di stile. Non mi piace andare a discutere su una cosa che dobbiamo fare insieme quando uno mi manda a dire: "È già fatta" e ha provveduto da solo. La questione che pone Segni è per me decisiva per il movimento cattolico democratico in questo Paese. Lui pensa che sia utile, per la storia, per la tradizione e la risorsa che ancora può offrire all'Italia il cattolicesimo democratico, andare oltre la Democrazia cristiana. Io credo che questa avventura sarebbe senza sbocchi e senza approdi. Ricordo che prima di lasciarci, nella sua vigilia un poco concitata, Leoluca Orlando mi diceva spesso che io ero in qualche modo inerte perché ero abbarbicato a questa parola dell'appartenenza. Cercavo di spiegargli che era per me un vocabolo importante, vero. Non l'appartenenza a un clan, a una mafia, a una famiglia di politicanti, ma a una storia di tanti uomini, di milioni di uomini. Leoluca Orlando se ne è andato e oggi, lo dico anche qui con grande considerazione, ma temo con senso della realtà, è prigioniero della più feroce delle appartenenze.»

— Non è che anche Umberto Bossi vi sta dando una mano perché vi rinnoviate in fretta? Cosa pensa di lui?

«Bossi non è un mio problema, è un problema di chi lo vota. Però chi lo vota è un mio problema. In questo senso, benché Occhetto mi spieghi che lui la battaglia della Lega la fa in modo intelligente - l'ho visto una volta da Gad Lerner, con il senatore, erano una gran coppia, mi ricordavano gli avanspettacoli, con il comico e la spalla, tipo: "Vieni avanti, cretino" -, io invece so che Bossi è uno degli avversari e, siccome ritengo che la proposta che fa agli italiani non sia per nulla assimilabile a quello che ho in testa, la contrasto.»

— Qual è la parte più difficile per il segretario della Dc?

«Non è un'indiscrezione di grande conto. Qualche sera fa mi hanno invitato i ministri democristiani a cena...»

— Chi ha pagato?

«Abbiamo pagato tutti assieme, ma oggi paghiamo anche il caffè, non c'è più nessuno che ci fa credito. Abbiamo mangiato e poi i ministri hanno cominciato a dire la loro, e via via che parlavano la mia preoccupazione aumentava, diventava angoscia. E alla fine, lasciandoli, li ho salutati così: adesso queste cose a chi le dico? Perché mi ricordavo che papa Giovanni XXIII una volta che i suoi cardinali lo rendevano preoccupato per tutte le cose che non andavano, disse: "E adesso, a chi lo dico? Lo dirò al papa". Ma poi si è ricordato che il papa era lui. Un po' è questa la difficoltà: la solitudine.»

28 febbraio 1993

LES DIEUX (?) S'EN VONT

Non è vero che c'è da ricostruire sulle macerie. L'esercizio è più complicato: sul fango. Non è vero che siamo all'8 settembre, allora si diceva: «Tutti a casa». Vale anche oggi, ma pochi intendono sloggiare. E perché non puntare a un 25 aprile? Si può scegliere: o fine di un regime o crollo di un sistema.

Stiamo vivendo giorni convulsi, e nessuno è in grado di anticipare che cosa ci attende. Ho davanti agli occhi le copertine di due settimanali: uno, sopra la faccia un po' misteriosa dell'onorevole Giulio Andreotti, pone una scritta grande e una domanda inquietante: «È Belzebù?»; l'altro arriva a una conclusione perentoria: «The End», chiuso, come all'ultimo fotogramma di un film.

Una volta, più di vent'anni fa, Arrigo Levi intervistò Andreotti e il potente democristiano si abbandonò alla confidenza: «A sessant'anni,» disse «lascerò la politica. Un giorno ci daranno la polpetta avvelenata».

Ignoro se ha qualità divinatorie, ma raccontano che durante un viaggio in Cina faceva raccolta di amuleti e di proverbi. Non so se questo lo conosce: «Se il tramonto è splendido, perché preoccuparsi della notte?», ma purtroppo il declino del sole illumina oggi un paesaggio tetro.

Del resto, Craxi lo aveva previsto: «Prima o poi la vecchia volpe finisce in pellicceria», ma Bettino ha ricevuto il tredicesimo avviso di garanzia: anche il leone. Andreotti è stato descritto in tanti modi, e non sempre cordiali: ha cominciato la carriera nel 1944, è stato quindici volte ministro e sette presidente del Consiglio, e non sono proprio sicuro che uscirà di scena: lo definivano «l'intramontabile».

Ha avuto tanto potere, ma non lo ha esercitato con arroganza: si è mosso sempre con passo felpato, forse anche troppo, e si è difeso con la battuta e con l'ironia: «Sono consapevole dei miei limiti,» mi ha detto una volta «ma sono anche sicuro di non essere circondato da giganti».

Anche i suoi hobbies, i libri gialli, il calcio, le canzoni melodiche, le corse dei cavalli sono passioni, o interessi, da persona normale, che adesso si trova a dovere affrontare, e come accusato, un processo giudiziario. L'accusa è terribile: mafioso, anzi boss di Cosa Nostra. I compari, sempre affettuosi, lo avrebbero chiamato «zio», e c'è un certo Sebastiano Nardo che afferma, addirittura, che il senatore a vita «è stato *punciutu*».

Io credo che Andreotti, come ormai chiunque in questo tormentato Paese, possa essere sospettato di intrighi o di malaffare, ma onestamente non lo vedo partecipare con ossequio e rispetto al rito del giuramento.

Me l'ha raccontato Tommaso Buscetta, uno del ramo: «Non ricordo bene le parole, ma tutta la cerimonia era piuttosto ridicola. Mi punsero il dito con un ago e mi dissero di strofinare il sangue che gocciolava su un santino. Poi uno diede fuoco all'immaginetta e io pronunciai la formula: "Se tradirò, le mie carni bruceranno come questa effigie".

«Il padrino mi ha fatto gli auguri, che hanno portato anche male, e mi ha esortato a essere sempre discreto: dovevo avere una buona condotta, tenere la bocca chiusa, stare lontano dalle donne facili, non rubare, appena mi avessero chiamato, correre subito e lasciare qualunque impegno.»

Lo vedete Giulio Andreotti che va a mettersi nelle mani e negli spilli degli «uomini d'onore»? Davvero è lui «il referente» di Cosa Nostra? Solo Leoluca Orlando ne è sicuro; dice che non gli servono le prove, gli basta che lo pensi la gente. Anzi, precisa: Andreotti faceva parte della cupola. Che carriera. Indro Montanelli ha detto di Andreotti: «Se Disraeli lo avesse conosciuto, lo avrebbe definito come definiva Gladstone: uno di quei politici che non dicono mai ciò che pensano, ma pensano sempre a ciò che dicono, per dirlo in modo che nessuno sappia cosa pensarne».

Adesso scrive: «Non è il Grande Vecchio, che esiste soltanto nella fantasia dei dietrologi. Ma il garante del sistema». E ancora: «I suoi avvocati difensori avranno facile gioco a dimostrare che, nel peggio, egli fu forse - per scaltrezza, per freddezza di calcolo, per discrezione di famiglia e di vita - il meglio».

Ogni mattina, all'alba, va a messa: che cosa chiederà al Signore? Parlavamo, un giorno, del fatale congedo che attende ognuno di noi: «Spero nella misericordia di Dio» mi disse.

Non gli è andata bene, mi pare, con i giudici di Palermo: il Palazzo dei veleni, e dei sospetti, questa volta si è subito lavato le mani e ha mandato i carteggi al Parlamento. Nessuno potrà più dire che insabbiano: ora scavano.

Vado a riguardare quello che ho scritto di lui, quello che mi ha detto su fatti e personaggi che oggi sono diventati argomento di accusa. Vito Ciancimino: «Non è mai stato mio amico, non c'entra niente, però continuano a dirlo». Salvo Lima: «È stato sindaco di Palermo, considerato molto anche da altri. Uno dei pochi che hanno fatto il piano regolatore, indice di grande civiltà. Sono state costituite inchieste parlamentari, commissioni antimafia, processi contro processi. Ma non conosco uno solo che abbia potuto dire che Salvo Lima è responsabile di una cosa precisa: anzi, quando è stato accusato, ha avuto sempre assoluzioni. Comunque, se un giorno ci sarà qualcuno che mi dimostrerà che Salvo Lima è una persona che non merita la mia stima, certamente non l'avrà».

Gli chiesi come gli piacerebbe che venisse giudicata la sua vita e la sua opera: «Credo di avere fatto qualcosa di utile, comunque di non avere fatto mai carognate a nessuno. Guardiamo al passato: tanti personaggi che si credeva contassero sono stati cancellati sulla lavagna. Se deve rimanere un ricordo mi auguro sia buono».

Credo che in queste ore sia solo: degli amici, forse, gli è rimasto accanto solo Claudio Vitalone. Molti sono nei guai: come Paolo Cirino Pomicino, come il «Ciarra». O all'opposizione, come Vittorio Sbardella, simpaticamente detto lo Squalo. Quando lo intervistai il dottor Giuseppe Ciarrapico mi disse che per lui il Presidente, lo definiva così, «È uno che crede davvero a quello che fa». Mi raccontò che un giornalista suo nemico lo aveva presentato ad Andreotti come un tipo capace di cose terribili, ma dicendo anche: «Ciarrapico, però, le è fedele». Andreotti fece un solo commento, alzando gli occhi al cielo e usando l'accento romanesco dei momenti migliori: «E te pare poco?».

Chiesi al signore delle acque che cosa gli faceva più paura: «La stanchezza: fa abbassare la guardia». Forse si era impegnato troppo.

Molta gente sta uscendo di scena. Il segretario del Psdi, Carlo Vizzini, si è dimesso dall'incarico; motivo: il partito è alla bancarotta. Tre suoi predecessori, ed è un primato, proprio per questioni di soldi sono finiti in galera. I «piselli», da tempo, non erano più un movimento politico, ma una aggregazione di clienti. Con la spartizione gli toccava sempre qualche vicepresidenza.

Hanno sempre vissuto all'ombra dei governi: Giuseppe Saragat, il fondatore, che nel 1948 ha avuto molti meriti, dopo, quando doveva scegliere tra un gaglioffo e un galantuomo, non aveva dubbi: i favori andavano di regola agli «omucoli»: chiamò così Mario Tanassi, un prediletto.

Si sono chiuse le casse degli enti pubblici, è finita la cuccagna. Sette ministri di Giuliano Amato hanno avuto a che fare con la giustizia. Ultimo Franco Reviglio, l'inventore del «Libretto rosso» degli evasori fiscali, veri e presunti. Non sapeva che all'Eni, dove i socialisti lo avevano mandato a moralizzare l'ambiente, si manovravano allegramente fondi neri e parecchi miliardi, circostanza curiosa, sono finiti nelle casse di via del Corso.

Sono convinto che il professor Reviglio è una persona onesta e ingenua e non si era accorto, non sapeva, quali sono gli usi e i costumi del potere. Ogni nomina presupponeva, a quanto risulta da recenti confessioni, un qualche contributo. Per informazioni rivolgersi al compagno Nerio Nesi, Banca Nazionale del Lavoro.

In questi giorni tristi, c'è un piccolo motivo di letizia: penso a quei socialdemocratici che, temendo la disoccupazione, hanno mollato alla svelta il sole dell'avvenire, che non riscalda più nessuno, per accorrere nelle file di Craxi. Fregati. Una ulteriore conferma: Dio c'è.

Ne è convinto anche Mario Segni, che lascia la Dc. Dice, nell'ora del congedo: «È un partito senza speranza dominato da corrotti e da mafiosi». Ha detto di lui Giampaolo Pansa, che non è di gusti facili: «È un galantuomo».

Mario Segni, Mariotto all'anagrafe, figlio dell'onorevole Antonio, che fu per due anni presidente della Repubblica, è una persona di gusti semplici: giocava a tennis e gli piacevano le arrampicate, adesso si concede solo delle gite in mare, su un vecchio gozzo, a Stintino.

È professore di diritto civile e avvocato: ha sposato Vicki, il cui padre era ambasciatore dell'Uruguay a Roma, e ha tre figlie: Laura, Cristina e Lucia. Il padre disse a lui e ai suoi fratelli: «Prima di entrare in politica fatevi una posizione».

Hanno obbedito.

La sua idea: «Il mondo cattolico torna a occuparsi della vita pubblica dopo anni di distacco, scopre il degrado a cui è arrivata e naturalmente reagisce. Comincia ad avvertire che la questione etica e quella istituzionale sono legate».

Sta per mollare Amato: ha avuto un compito durissimo, e dobbiamo ringraziarlo. Sette ministri inquisiti sono tanti. Dietro di lui l'ombra di Craxi, davanti la non incoraggiante immagine di Giorgio Benvenuto. Ha fatto solo un paio di stecche: per esempio, quando dovette svalutare, e presentò il gesto come una prova di ottimismo, ma un calo di voce capita anche a Pavarotti. Ha mostrato in giro per il mondo una faccia dell'Italia dignitosa: e sarà sempre, per i successori, più difficile.

A chi toccherà, adesso? Un gentile signore mi manda una illuminante paginetta dei *Viaggi di Gulliver*. Condivido le idee di Jonathan Swift, sempre attuali: «Nello scegliere i pubblici funzionari, i lillipuziani badano di più alle buone qualità morali che non alle grandi abilità poiché credono che, essendo indispensabile agli uomini un governo, una media intelligenza è più che sufficiente per questo o quel posto, e che la Provvidenza non ha voluto davvero fare dell'amministrazione della cosa pubblica un mistero comprensibile da pochi sublimi geni, come ne nascono raramente in un secolo». Lo annoti Oscar Luigi Scalfaro. «Caporetto per la lira» intitola un giornale. Mille ce ne vogliono per prendere un marco. Eravamo, dicevano, la quarta o la quinta potenza industriale del mondo, dipendeva dal ministro e dalla settimana: e ci offendiamo quando ci classificano, e provvisoriamente, di serie B. La C è in agguato.

I soli che hanno l'aria dei vincitori sono i giudici di Tangentopoli. C'è una fotografia che non mi è piaciuta: mostra il dottor Caponnetto che alza le braccia a Di Pietro e a Gherardo Colombo, un segno di vittoria a una platea di ragazzi tripudianti. I giudici non stanno combattendo, se ho capito bene, una partita di pugilato, hanno un compito nobile e triste, e non mi pare che siano in tournée di propaganda.

È già deprimente pensare che il procuratore Francesco Saverio Borrelli si è dovuto alzare una mattina per spiegare agli italiani che non ci sono dubbi: non si sta indagando sul presidente della Repubblica.

11 aprile 1993

PAURA DI CHI?

Sembra che ogni tanto gli italiani debbano affrontare un «salto nel buio». Vanno a votare e la decisione, c'è sempre chi li avverte, può avere conseguenze fatali. Cittadini, attenti alle vostre schede: state spiccando un balzo verso l'ignoto. Accadde così, ricordo, anche quando ci fu da affrontare un referendum che aveva un valore storico: repubblica o monarchia? Sul *Corriere della Sera*, alla vigilia, apparve un articolo di Mario Borsa, il direttore, un vecchio galantuomo che aveva fatto la sua scelta. Gli pareva che i Savoia non avessero più titolo per restare al Quirinale. «Paura di chi?» scriveva l'editorialista. «Del nuovo perché nuovo? Qualunque cosa ci capiti domani, non sarà mai così brutta, così disastrosa, così tragica come ciò che ci è capitato ieri.»

Credo che questa tesi sia da condividere anche adesso che ci è chiesto di esprimere, con un Sì o con un No, con quale sistema vogliamo che siano eletti i senatori; se non ci pare, per conseguenza, che una quindicina di partiti sarebbero sempre troppi, quando in grandi paesi, come l'America, se la cavano con un paio; se ci sembra proprio indispensabile, altro esempio, avere un ministero delle Partecipazioni statali.

Una volta tanto la risposta deve essere chiara ed esplicita: non è più lecito cavarsela con l'equivoco «forse».

A voi pare giusto che il ministero del Tesoro continui a nominare i vertici delle casse di risparmio? Vi rendete conto o no che la lottizzazione è più nefasta della bustarella? È più grave e dannoso un posto di responsabilità assegnato a un cretino di fede, con tessera e in ordine con i bollini, che qualche miliardo rubacchiato ogni tanto.

Diceva Ettore Petrolini: «C'è sempre uno stupido che le inventa e un imbecille che le perfeziona»; dietro a ogni spartizione si forma una catena di compromessi e qualche volta di sciagure.

Pensate che l'attuale finanziamento dei partiti che, lo riconosce perfino Bettino Craxi, ha dato luogo a qualche «irregolarità», debba restare ancora in vigore? E che tocchi alle Ussl, che si preoccupano con tanta amorevolezza della vostra salute, estendere la loro autorità anche all'ambiente? E poi, non sarebbe anche il caso di ridurre il numero dei parlamentari? Secondo voi se li dimezzassero, oltre a un irrilevante aumento di disoccupati, perché ci sono dei professionisti della politica, diminuirebbe anche il quoziente di democrazia? Sono otto i quesiti che domani, 18 aprile, verranno posti a 48 milioni di italiani.

Già altre volte ci è stato chiesto se volevamo il divorzio, come la pensavamo su quel delicato problema che è l'aborto, se anche i giudici dovevano rendere conto dei loro errori in sede civile e come ci si dovrebbe regolare nell'uso dei pesticidi.

Dice Mario Segni che la posta ora è tra vecchio e nuovo: cambiare sistema, dunque, visti i penosi risultati a cui ci hanno portato le regole e le istituzioni in vigore fino a questo momento.

C'è chi pensa che i mutamenti sono necessari, che l'agricoltura, per fare un caso, la gestirebbero meglio le regioni, e immagino che l'Emilia-Romagna ne sappia di più, in materia di turismo, della rispettabile signora Margherita Boniver.

Chi scrive per i giornali, secondo me, è tenuto a

dire come la pensa: l'ho fatto nel 1946, quando ero un giovane iscritto al Partito d'Azione (oggi perfino rimpianto, allora osteggiato), e mi ripeto oggi, che ho vissuto, e anche sofferto, il degrado delle istituzioni. Sì, dunque.

I tedeschi non fanno entrare in Parlamento chi non prende almeno il 5 per cento dei voti: chi ha meno consensi si ritenga soddisfatto di animare un club molto esclusivo. Ditemi che differenza ideologica c'è, oltre agli avvisi di garanzia, tra un socialista, un socialdemocratico, un liberale e un repubblicano. Sarà più facile avere un governo stabile e la possibilità di una alternanza.

Fino a oggi la situazione era bloccata: da una parte la Dc, dall'altra i comunisti, e il Garofano a far da ago della bilancia. Come si vede anche i piatti sono rotti. Si fanno tante chiacchiere sulle privatizzazioni: è il momento di passare al pratico. Al tempo del duce, la sigla Agip veniva tradotta in Azienda generale infortunati politici; sbattevano là dentro i gerarchi in disarmo. Avete sentito che cosa raccontano in tribunale delle vicende della casa madre, alludo all'Eni? Per anni ha pagato gli stipendi ai burocrati democristiani e socialisti. Oltre alla distribuzione degli idrocarburi, provvedeva a quella dei sussidi. Tutto nero: l'oro e i miliardi.

Ogni anno versiamo alle casse dei partiti 83 miliardi: e non erano che una goccia in quel mare di convegni con scenografie faraoniche, con i gadget, con gli apparati, con gli aerei a noleggio e le hostess di coscia lunga. Hanno arrotondato nella maniera che è a tutti nota, e se non c'era un Di Pietro avrebbero continuato, alzando di continuo, e in modo clandestino, il prezzo della libertà. Se vince il Sì, ci sarà un rimborso delle spese elettorali, con un risparmio, per i contribuenti, di una cinquantina di miliardi. E avete dimenticato che per le cariche delle banche impiegavano mesi e mesi in estenuanti trattative perché c'erano da piazzare dei clienti, e della competenza importava pochissimo agli sponsor delle carriere? E ancora: avete dato una occhiata a che Armata Brancaleone è la compagnia del No?

Accanto a molti rispettabilissimi personaggi, c'è gente tanto, troppo diversa: come i nostalgici del comunismo e quelli che rimpiangono Mussolini.

Può darsi che il mio discorso pecchi di faziosità, ma è leale. Non credo che questa domenica segni una palingenesi e neppure la guarigione da tutti i vecchi mali. Ma non vi piacerebbe in futuro votare per un uomo, una faccia, una storia, invece che per una lista? Uninominale significa proprio questo.

Per favore, in ogni caso, non andate al mare; l'altra volta era Bettino Craxi che lo consigliava. Sbagliate sempre da soli.

25 aprile 1993

SI RICOMINCIA

Il mondo sarà sgomento per l'attentato di Firenze: c'è un nome, Galleria degli Uffizi, che riassume la gloria del passato. Io penso di più a quei cinque morti, alle decine di feriti e alla trepidazione che d'ora in poi tornerà a opprimere gli italiani.

Si ricomincia: e vengono in mente altre storie, una vecchia angoscia. E poi, che cosa accadrà? Chi sono e dove colpiranno?

Risento l'ululato continuo, straziante delle autoambulanze: ero in uno studio della Rai, e con stupido candore pensavo che stessero girando uno sceneggiato. Sempre esagerati, dicevo. Piazza Fontana, Banca dell'Agricoltura. La terribile normalità del male. Forse un ordigno in una borsa di plastica, nascosto sotto uno di quei tavoli dove si compilano i moduli, la fila della gente che sospira davanti agli sportelli, ragazze degli uffici, pensionati, le facce di tutti i giorni.

Piazza della Loggia, Brescia: quelle urla, una folla impazzita, quello che rimane sul selciato, le macchie di sangue che si secca, poi l'inesorabile cerimoniale che segue le sciagure e incoraggia perfino il sospetto: chi specula? A chi giovano queste lacrime? I sindacati deplorano, i partiti si associano, si indignano le assemblee, i telegiornali mandano gli operatori e ai funerali, donne velate di nero si disperano seguendo bare avvolte nel tricolore.

Lo sappiamo: ci si abitua anche al dolore. Si sa che ogni guerra ha i suoi caduti. Ma qui chi è che combatte, e per quale causa? Volevano distruggere gli arazzi dei Medici, i Simone Martini, i Botticelli, Masaccio o i pochi Leonardo, o la nostra speranza?

Vogliono dire agli stranieri: state a casa vostra, dimenticate la terra dove tra i limoni imperversa la lupara, perché questa è invece, come diceva Lamartine, la terra dei morti, o fare sapere che non dobbiamo cercare di andare tutti d'accordo, per cambiare la situazione, perché c'è un potere che non vuole, non può mollare, dato che davanti a sé non ha che il nulla?

Vogliono dire che dobbiamo rassegnarci a convivere con il terrorismo? L'ho visto, l'ho vissuto anche in altre contrade. Nell'Irlanda assediata dagli attentati, con le autoblindo per le strade, le macerie, i teatri chiusi, gli alberghi per metà diroccati, e nelle stanze risuona spesso il segnale d'allarme, le cariche d'esplosivo che ammazzano anche gli scolaretti o i lentigginosi frequentatori dei pub, si salta per aria tracannando birra o whisky, o entrando nel grande magazzino, poi le veglie funebri, con i mazzetti di primule sulla porta del defunto, e la lunga veglia prima della sepoltura, e gli amici cantano nenie strazianti che sanno di brina e di prati bagnati dalla pioggia, favole di donne o di cavalli.

Non ci sorprendiamo più: dicono gli analisti che si può contemperare vita e orrore. Lo avevamo già imparato negli anni Quaranta: rastrellamenti, deportazioni, fucilazioni in massa. Adesso una catena di delitti, di boati, la voglia di stragi colpisce, senza discriminazioni quelle che i sociologi chiamano «le strutture del sistema».

Sono ancora sicure le massime autorità che l'ordigno di via Ruggero Fauro, a Roma, fosse un aggeggio manovrato dai mafiosi offesi da alcune trasmissioni televisive? Che programmi sono stati diffusi nei dintorni dell'edificio disegnato dal Vasari per alloggiare l'innocente amministrazione di Cosimo I, quelle logge che ospitano le raccolte dei granduchi, i capolavori che esaltano la bellezza dei secoli?

È tornata l'ora della follia: come quella segnata, ora 10.25, dalle lancette ferme dell'orologio che informa i viaggiatori, sulla facciata della stazione di Bologna. Era il 2 agosto 1980. Nell'aria bruciata si alzò una nuvola di polvere sottile, invase il piazzale. Un attimo, e molti destini furono cambiati. Come a Milano, e a Brescia, o nella notte di maggio a Firenze, come in un romanzo di Thornton Wilder, *Il ponte di San Luis Rey*.

C'era una diligenza che passava su un viadotto, e qualcosa accadeva, precipitavano tutti in un fiume, e Wilder immaginava le loro vicende, chi erano, che cosa facevano.

Già: quella famiglia fiorentina, padre, madre, due bambini, dormivano; che cosa sognavano, cosa immaginavano per l'avvenire, come si passa dal gioco, o da un abbraccio, al funerale, così senza una ragione, perché bisogna pure spiegare anche la fine e darle una dignità? E adesso le solite parole, lo sdegno, la condanna, il telegramma o la corona di fiori del presidente della Repubblica, la preghiera del Santo Padre, che invocherà la pace: ma a chi si rivolge, Santità? «Uomini d'onore», oppure «idealisti» feroci, estremisti pronti a tutto, o delinquenti mascherati da gentiluomini, che camminano nell'ombra? Sotto con le ipotesi, con le dichiarazioni ufficiali: e siamo pronti con i cortei, facciamo una catena umana, cosa esponiamo alla finestra o al balcone? È scattato l'inizio di un incubo, la fine di un'illusione. Tornano a colpire tutto, e ovunque.

Come ai tempi dell'«Italicus», ricordate? Quel treno che collegava Roma al Brennero. Dalle lamiere roventi di quel convoglio devastato tirarono fuori, sempre in una notte d'estate, dodici corpi straziati.

Anni bui, anni neri. Ritornano, con i loro misteri mai risolti, con gli sconosciuti che parcheggiano l'auto micidiale o depongono la scatola di latta, la valigia abbandonata in un angolo, o nell'ultimo vagone, per cancellare non solo delle esistenze, ma l'immagine serena di un'Italia che significa il Duomo di Bolsena, o il Colosseo, o i pini di Roma, o le sirene dei mari siciliani, il sorriso delle ragazze, Palazzo Vecchio o Palazzo dei Rucellai, l'ospitalità, il gusto di vivere di un popolo.

Pietà l'è morta, e ritornano scene che sembrano cancellate dalla coscienza e dalla mente: le barelle con gli infermieri che corrono, i volti sconvolti dai grumi e dal terrore, i racconti smarriti di chi ha vissuto una trama inconcepibile e misteriosa. Ammazzano anche la speranza.

6 giugno 1993

TANTO RUMOR PER...

Calma, ragazzi. Non mi sembra sia scoccata l'ora fatale, quella dell'ultimo giudizio. Non siamo nella valle di Giosafat ma in Italia. È vero che è sparito il Psi e che la Democrazia cristiana agonizza, ma se ne andarono anche i dinosauri, e gli altri animali cercarono di sopravvivere: la giraffa allungò il collo per poter raggiungere le foglie tenere sulla cima degli alberi.

A leggere, o ad ascoltare, certi commenti di quegli esperti di pronto intervento che accompagnano in tv e sulla stampa le vicende elettorali, sembra che ancora una volta la Repubblica è vittima del «destino cinico e baro» (la battuta era di Saragat, desolato per una batosta): che dramma, la vittoria della Lega.

Non sono un seguace di Bossi, non voto a Milano, troverei velleitario, alla mia età, l'uso del profumo «Dur»: ma non capisco perché è terribile la scelta del sindaco fatta dal popolo invece che da Bettino Craxi.

C'è addirittura chi, sgomento, pensa di andarsene, di emigrare: a me, francamente, non pare che questo dottor Formentini abbia l'aria di un Ceausescu.

Mi permetto un piccolo suggerimento: perché non giudicarlo alla prova dei fatti? Sulla nettezza urbana, ad esempio? Ci sono le strade della metropoli segnate da cataste di immondizia che sprigionano effluvi micidiali e offrono favorevoli occasioni ai topi. Non mi pare una questione ideologica, c'è chi colloca la sede dell'amore nel cuore e chi più giù, ma resta sempre un rapporto tra signori e signore. Oltre alle Mani Pulite sotto con i marciapiedi. Risulta evidente, all'ombra della Madonnina, e anche dalle altre parti, che la gente, così amata nei comizi, avendone piene le tasche del passato cercava soluzioni nuove per il futuro: e a Torino, alla faccia onesta e sconsolata di Novelli, hanno preferito il volto rubicondo e inedito del professor Castellani.

È per questo che a me sembra patetico e inutile quello che definirei il Quadrato di Montecitorio, malinconico erede di quello epico di Villafranca: quegli onorevoli che si ritrovano, in una incredibile alba romana, per discutere del loro incerto avvenire non sanno che ormai i giochi sono conclusi.

Questa voglia di cambiamento, che per qualcuno

ha anche il sapore di una strage, comporta certamente delle ingiustizie; forse saranno colpiti anche degli innocenti.

Ma una classe politica che ha appioppato a ogni cittadino, anche ai neonati, un debito di 30 milioni ha poche attenuanti. Forse hanno dato per ottenere il consenso, pure quando non avevano niente da distribuire: ma, come dimostra anche la Montedison, i nostri atti e i nostri debiti ci seguono.

I democristiani accusano della catastrofe che li ha colpiti Martinazzoli: il quale ha la sola responsabilità di avere tentato di ripulire una casa non infestata dai ragni, ma dalle tartarughe del potere. Dietro lo scudo, abusivamente crociato, si nascondono e si proteggono certi nomi che stanno animando le cronache giudiziarie.

E cosa può fare Del Turco, a che serve la sua tenacia paesana, quando deve gestire un partito che non ha perso solo miliardi, ma soprattutto credibilità?

Con un vecchio leader che riceve un avviso di garanzia al giorno, e vaga, malinconico turista, sotto i tetti di Parigi?

Capisco la fortuna di Occhetto: che non ha dalla sua, oltretutto, Signorile, ma il vero compagno Greganti, e che raccoglie i consensi di una sinistra in cerca di collocamento.

Occhetto ha capito che il comunismo era giù di moda e si è adeguato, e ha affrontato con coraggio la concorrenza di Rifondazione; i nostalgici dell'Urss sono prigionieri di un sogno seppellito dalle macerie del Muro di Berlino.

Poi Tangentopoli lo ha sfiorato ma non colpito, e alla fermezza del vecchio stalinismo ha sostituito la disponibilità di chi si adegua alle circostanze: pur di farcela, si è alleato con tutti.

Ha rispecchiato, in fondo, il piccolo mondo di Botteghe Oscure: dove c'è chi rimpiange Bob Kennedy e, forse, anche qualcuno che pensa con mestizia ai bei giorni di Stalin.

Hanno cambiato i posti in orchestra ed è augurabile che mutino anche gli spartiti: via quelli che hanno speculato sui morti della Baggina, sui malati di Aids con la collaborazione del ministero della Sanità, e con il contributo dei fabbricanti di medicinali, e sui sani con le tasse infernali inventate dal dicastero delle Finanze; vorremmo che gli autobus, d'ora in poi, transitassero in orario, e senza tirarsi dietro delle bustarelle. Tutto qui. Altro che appuntamento con la storia: con i passeggeri.

24 giugno 1993

MODESTE PROPOSTE

Mi rivolgo, e con tutta umiltà, perché non hanno bisogno dei miei consigli, e possono benissimo sbagliare da soli, al professor Valentino Castellani e al dottor Marco Formentini: due vincitori. Dovranno amministrare Torino e Milano, auguri. Per loro e per i cittadini.

Secondo i commenti degli esperti della politica rappresentano il nuovo: hanno rotto gli antichi schemi e messo in crisi il vecchio potere. Sono diventati sindaci non per gli intrallazzi di un tempo, le estenuanti trattative e i conseguenti baratti tra partiti, ma per il consenso della gente.

«Che se il popolo si desta / Dio si mette alla sua testa» raccontavano i versi scolastici. Evidentemente il discorso non vale per la Dc: la croce, questa volta, deve portarsela da sola. Il Signore si è astenuto.

C'è il rischio che Formentini e Castellani, se ascoltano certi discorsi, siano indotti a considerarsi, per il largo consenso ricevuto, dei condottieri rivoluzionari: a immaginare come loro modelli Giuseppe Garibaldi o Abraham Lincoln o Simon Bolívar. Gli alfieri di un altro mondo, di un'inedita filosofia: quella, per esempio, della sinistra che guarda al centro.

Dovrebbero ricordare una battuta di Eduardo De Filippo: «I messaggi li portano i postini», e avere in mente chi, sul marciapiede, rivolge invece lo sguardo in direzione di un autobus che non arriva.

È un po' ridicolo analizzare se un voto è moderato o progressista; Deng Xiaoping insegna che non è importante se il gatto è nero o bianco: quello che conta è se piglia i topi. Solo l'onesto e ovviamente depresso Diego Novelli si consola pensando che il suo avversario ha avuto il sostegno della «marmellata»: l'importante, come dimostra Tangentopoli, è non sporcarsi le mani.

Non si tratta, in municipio, di discutere di aree di appartenenza, ma di aree fabbricabili: dopo la raccolta dei consensi quella dei rifiuti, gli asili, i trasporti, i vecchi e i poveri, le scuole, i giardini, gli spazi per i giovani, la cultura. Che non è soltanto una mostra di Pablo Picasso, ma anche alzarsi in tram per cedere il posto a un'anziana signora. La gente, a cui tutti dichiaravano, nei comizi, uno sconfinato amore, non vibra in attesa dell'unità delle sinistre, ma di una auspicabile uniformità delle imposte: vorrebbe che si tentasse almeno di farle pagare a tutti.

La voglia di cambiamento investe ogni campo, anche il linguaggio: non è esemplare quello usato dal senatore Umberto Bossi nei confronti di Nando Dalla Chiesa, ma dà da pensare una lamentela del professor Castellani, offeso perché lo rimproveravano «di appiattirsi sul Pds» anzi, anche di peggio: «Mi hanno detto che sono comunista».

Guarda come cammina in fretta la storia: quello che

ieri era motivo di orgoglio, oggi è diventato un insulto. E come va svelto anche Achille Occhetto, che per guadagnare voti non si è molto preoccupato di selezionare i sostegni: a Torino e a Catania ce l'ha fatta con Alleanza democratica, ha perso a Milano e ad Agrigento con Rifondazione e con la Rete, gli è andata bene a Ravenna, ad Ancona e a Siena quando ha capeggiato liste di sinistra.

Il suo atteggiamento invita ai ricordi, a quell'enciclica, *Mater et magistra* che fu così commentata: «Mater et magistra va bene per la sinistra, Madre e maestra va bene per la destra, e se ci guardi dentro va bene per il centro». Inutile, almeno in questa circostanza, domandarsi chi è Occhetto o con chi sta: prima o poi ce lo farà sapere. Ma intanto ha resistito all'ondata del rinnovamento: che ha visto sparire dalla serra del potere il Garofano e appassire il Biancofiore. La Quercia, notoriamente, sfida i fulmini e i secoli: ed esce quasi indenne dalle tempeste della corruzione.

Provoca un certo turbamento vedere che i socialisti non avranno un consigliere né a Milano né a Torino: dove è andata a finire la classe operaia? Paolo Pillitteri come ultimo dei Mohicani? Il Psi ha al suo attivo, a quanto mi risulta, una sola conquista, a Treviglio, dove una specie di milite ignoto dell'ideale, il ragionier Luigi Minuti, un impiegato di banca, ha battuto la Lega ed è entrato da trionfatore in Comune.

I partiti tradizionali sono stati condannati: non è vero che debbono ripartire da zero, ma da sotto. Che cosa si riuniscono a fare le direzioni del Pli o dei socialdemocratici? L'ultimo, per favore, spenga la luce. E i repubblicani? Tutti così piccoli e così inquisiti.

Ormai, più che di formidabili strategie, c'è bisogno di pacati e realistici programmi: più dell'etichetta vale il contenuto della bottiglia. Se è una rivoluzione sta riscoprendo valori che sembravano perduti: anche i treni in orario non sono solo una trovata propagandistica dei fascisti. Non sto a dire il perché, ma è una usanza piacevole.

È arrivata l'ora di cambiare: ma non basta la voglia, occorrono i mezzi.

Tra una riforma e una rinascita c'è qualche differenza. Credo che la società italiana abbia bisogno soprattutto di chiarezza, di rapporti leali: deve finire da parte dello Stato quell'aria punitiva. Che troppo spesso colpisce i più indifesi.

Ci sono nell'Europa della Cee 20 milioni di disoccupati: si angoscerebbero se i loro problemi fossero risolti da governi «moderati»? E se le città diventassero più sicure anche per «le classi subalterne»? Se godesse dello stesso rispetto tanto chi è come chi ha? Perché non considerare intelligenti e onesti anche quelli che non la pensano come noi? Lo so che è faticoso, ma si può tentare.

4 luglio 1993

FANTASMI

Si conclude un'epoca che ha segnato mezzo secolo di vita italiana. Una storia cominciata nel 1945: c'erano ancora i governatori alleati, gli sciuscià (chi ricorda questo nome?) pulivano le scarpe ai soldati dell'Us Army e del re d'Inghilterra, le «segnorine» facevano compagnia anche ai disertori nella pineta di Tombolo, le macerie invadevano i marciapiedi, i fascisti di Salò si nascondevano sotto i letti, occorrevano le tessere con i punti per mangiare e per vestirsi, Guglielmo Giannini interpretava il rancore degli epurati e l'infelicità della gente.

Al Quirinale risiedevano provvisoriamente i Savoia: un incolpevole re di maggio che si preparava a traslocare. Si processavano i collaborazionisti, circolavano la «amlire», la propaganda elettorale inventava manifesti che riproducevano, con invogliante realismo, sfilatini di pane croccante perché, come insegnava uno scrittore marxista, prima la pancia piena, poi la morale, e un confine divideva il mondo del Bene da quello dell'Oppressione. Da dietro i reticolati dei «bolscevichi» i prigionieri dell'Urss invocavano: «Mamma, votagli contro anche tu».

C'erano tre grandi partiti; due sono praticamente finiti, il Pc ha cambiato faccia e programma. È caduto un Muro e sotto i detriti sono scomparsi i socialisti, i comunisti e i democristiani, e la polvere rende quasi irrespirabile l'aria. Il dollaro è oggi la moneta che conta. I tribunali si stanno occupando di una classe dirigente che i cittadini considerano traditrice. Sono mille le cause avviate: che numero fatale. O sbarcano a Marsala o sbancano il Paese.

Le ragazze dai facili costumi, anche da un punto di vista sartoriale, si spogliano di ogni ritegno, e una finisce a Montecitorio. Questa sì che è democrazia: offre a tutti le stesse opportunità. E poi la verità non si presenta sempre nuda?

Al Quirinale risiede non più il discendente di una dinastia ma un rappresentante del popolo. Anche su di lui c'è polemica, e non lo risparmia il sospetto. La protesta dilaga: la cavalcano tutti, si dice alla tv, da sinistra e da destra, ma bisognerebbe anche capire in che direzione galoppa e se non ha troppi paladini sul groppone.

Un giornalista inglese ha scritto: «C'è ben poco in Italia che conta meno dello Stato». Da allora, dal dopoguerra, abbiamo avuto 51 governi, durata media dieci mesi.

Gli italiani, nell'intimo, disprezzano i potenti, ma

nella forma sono rispettosissimi. Le istituzioni non si toccano. Giovannino Guareschi venne condannato per avere disegnato una vignetta in cui si vedeva Luigi Einaudi che, invece dei corazzieri, passava in rivista una fila di bottiglie di Nebbiolo. Il vilipendio delle autorità e degli istituti è sempre in agguato. L'esercito, di solito, si infanga, e così la bandiera, mentre si offende la religione e si ingiuria l'Arma dei carabinieri. Ma c'è qualcuno che se la sente di difendere questo Parlamento che sta impegnando a fondo la magistratura?

Nel crollo della Democrazia cristiana c'è un personaggio che, a mio parere, si salva, e non solo perché gli sono amico: Mino Martinazzoli. Ha tentato di rianimare un corpo esangue e impresentabile. Le maggiori responsabilità della catastrofe vanno alla Dc, alla sua vocazione alle transazioni e ai compromessi, al malgoverno che l'ha vista sempre protagonista. Non poteva bastare un segretario integerrimo. Il trasformismo le ha tolto credibilità, si è sempre adeguata.

Amintore Fanfani si spostò a destra quando Aldo Moro si mise a sinistra, Fernando Tambroni negli anni Cinquanta cambiò rotta tre volte, Fiorentino Sullo, che pareva un estremista, cercò poi di farsi eleggere dai socialdemocratici.

La Dc ha avuto in mano tutto: Iri, Eni, Efim, Egam, Finsider, Finmeccanica, Fincantieri, Rai, Stat, Italstat, Sme, Alitalia, Agip, Anic, Sofid, Gepi, e il 90 per cento delle casse di risparmio, e poi le terme di Stato, l'Ente cinema, e da tutti ha preso soldi, e non c'è stato scandalo nel quale non si siano distinti i suoi seguaci. Ha scritto Corrado Alvaro: «La democrazia è anche sapere quello che c'è nelle tasche, oltre che nella testa, di nostri rappresentanti».

E la lottizzazione è anche più grave delle tangenti: non c'è istituzione redditizia che i partiti non abbiano considerata un loro possedimento. E che patti, che alleanze, per arrivare alla spartizione dei buoni posti e delle cariche. E che decadenza dai tempi di Alcide De Gasperi, solo dopo quando è morto lo hanno battezzato «il grande statista». Rispondeva, più che ai Comitati civici e ai monsignori, alla sua coscienza. Non fu amato e non fu capito nemmeno dai suoi. A destra lo bollavano come austriacante, a sinistra lo chiamavano «l'odioso cancelliere».

Si deve a lui gran parte della ricostruzione e dello sviluppo economico, alle sue decisioni, alle sue scelte. Si affidò alla sola alleanza allora possibile, all'America, e ricevette gli aiuti del Piano Marshall. Accettò anche le concezioni di Harry Truman in cambio della protezione e dei finanziamenti: libera iniziativa, capitalismo senza limitazioni. Qualche conseguenza la paghiamo ancora.

I cattolici debbono ricominciare partendo dal battesimo, che ripulisce da ogni peccato. E molti onorevoli, spesso tali solo per la carica, debbono sgomberare e non è più vero, come scriveva *Le Monde*, che da noi «non si lascia la vita politica che per il cimitero».

Giù la vecchia Dc, cancellati i «minori», liberali, ex saragattiani, repubblicani, sparito perfino come sigla il Psi. Non ce l'ha fatta a superare con onore la soglia del secolo. «La nave va» diceva con orgoglio Bettino Craxi, esaltato presidente del Consiglio, e quelli che intravedevano gli scogli venivano insultati: sfascisti, Cassandre, catastrofisti.

Ma per sedici anni uno dei protagonisti del Caf è stato il padre padrone dei socialisti, un arbitro dei nostri destini. Il mito si è infranto in ventotto secondi, il tempo di una rapida ripresa televisiva, che è anche condensata in un titolo del *Corriere della Sera*. Il 17 dicembre 1992, alle ore 17 (tragica cifra), una piccola folla, davanti al palazzo di via del Corso, accoglie con fischi e con grida il segretario dei seguaci del Garofano: «Ladro, buffone, scemo».

Certo, il mondo è crudele, e le donnette di Parigi

lavoravano a maglia sotto la ghigliottina, mentre cadevano le teste, e l'ondata purificatrice travolge destini e reputazioni, e forse anche qualche innocente. Ma una tradizione, una leggenda sono finite: quella degli apostoli laici, dei redentori del proletariato, della plebe umiliata. Al «signor padrone dalle belle brache bianche», dileggiato dai cori delle mondine, più che giusti salari per i lavoratori si sono chiesti generosi «contributi» per le cosiddette campagne, non sempre elettorali, viste le inchieste giudiziarie.

Pietro Nenni, il vecchio Nenni, diceva: «Non voglio andare con i comunisti, ma neppure con i missini». E spiegava: «Se il socialismo non è umano non è niente». E il povero Ottaviano Del Turco con chi deve parlare se gli hanno tagliato perfino i fili del telefono? E a chi può rivolgere i suoi appelli?

Certo, dal 1945 a oggi se ne è fatta di strada, e c'è stato anche del buono. Ma che prezzo abbiamo pagato per la libertà? Adesso gli italiani decidono di cambiare treno per andare avanti. Molti, probabilmente, sono saliti sul primo convoglio che passava, senza chiedersi in che direzione viaggiava: gli è bastato sapere che avevano cambiato i macchinisti.

11 dicembre 1993

DIAVOLI E CRETINI

È difficile immaginare il futuro di un Paese nel quale i contrabbandieri di sigarette, «minacciati» dalla legge, vanno a protestare in prefettura. Per sopravvivere si sono inventati un mestiere. Il traffico di tabacco sta a Napoli come la pizza: si può risolvere il problema, dicono le autorità, non eliminando le «stecche» clandestine e chi le procura, ma distribuendo alle bancarelle licenze di commercio ambulante. È un riguardo, a mio parere, che va esteso anche ai «femminielli», che fanno parte della tradizione locale. Si possono redimere, forse, dandogli la «partita Iva».

Affermano i testi sacri: «Beato l'uomo perché non conosce la sua sorte». Sia felice l'italiano che non sa neppure ciò che accadrà domani: i saggi di una volta consigliavano ai loro contemporanei di bearsi delle cose passate. Ritengo che la ricetta sia valida anche per noi. Non abbiamo alcuna fiducia nel presente e tanti dubbi sul futuro, e capisco perfino quei tedeschi che mentre il Reich crollava dicevano con rassegnazione: «Godiamoci la guerra».

Non so quello che ci prepara il 27 marzo: mi pare una scommessa sui cavalli, e non mi sembra di intravedere nuovi fantini. C'è tanta confusione di casacche e di colori: e penso che, a corsa terminata, vedremo allearsi anche scuderie che adesso sembrano rivali. Partono alla conquista dei seggi molte Armate Brancaleone. Non c'è nessuna certezza: crediamo solo in un'altra imminente stangata. Crescono ogni giorno il debito pubblico e la sfiducia nelle istituzioni. Il governatore della Banca d'Italia va a rassicurare Scalfaro: tranquillizzi invece i candidi risparmiatori che temono per i loro libretti e per i Bot.

Dopo tanti inni ai giudici di Mani Pulite, c'è già chi trova eccessiva questa ondata di nitore, che non risparmia nessuno: quando non scatta l'ordine di custodia soffiano la calunnia, la diffidenza, il sospetto. Non c'è categoria che si salvi: dagli imprenditori ai giornalisti, agli stessi magistrati. Agiscono per amore di giustizia o di carriera? Debbono applicare il codice o guidare una rivoluzione?

Quando non si trova una spiegazione logica, entra in scena il misterioso Grande Vecchio. Che non può esistere: perché per combinare un così devastante bordello ci vorrebbe un genio della perfidia, e noi più che da intelligentissimi diavoli siamo stati guidati da banali cretini.

Quando la corruzione, come si dimostra, diventa sistema, non ha bisogno di angeli del male: bastano squadre di burocrati, di politicanti, di maneggioni, protetti dalle bandiere e da solide e còllaudate complicità.

Tangentopoli segna la fine di un mondo: quello delle «grandi famiglie» e dei partiti, che già erano entrati in crisi con l'uccisione di Moro, delle discussioni sul tempo libero e delle crociate di Celentano a favore delle foche, degli slogan: «La Repubblica è fondata sul lavoro», e senti le urla dei disoccupati, o anche: «Chi produce più acciaio è più forte», e chiudono gli altiforni, e ancora: «Fate l'amore non la guerra», ma attenti all'Aids.

Chiude l'epoca della società dei consumi, mentre cala anche lo smercio di biscotti e di mortadella, della chiamata di leva, perché si richiedono soldati professionisti, e i giovani preferiscono occuparsi dei vecchi del servizio civile piuttosto che dei bambini somali, la stagione della *griffe* e del *look*, dello *status symbol*: mentre sembra che la più grave difficoltà chè questo popolo dovrà affrontare è la sistemazione delle reti televisive della Rai e di Berlusconi. Leggo un titolo: «Bertinotti sogna Canale 5 di Stato». Per questo hanno rifondato il Pc: dalla conquista del Palazzo d'Inverno alla «Ruota della Fortuna».

Che tristezza. Nessuno crede più nello «stellone» che deve salvare la disgraziata Patria. Già Vittorio Emanuele III si assicurava presso i Lloyd's di Londra: e neppure i tangentari si fidavano dell'Italia. Fateci caso: non c'è bustarella che non sia finita su un conto svizzero.

Di certo c'è solo un fatto: non saremo più quelli di prima.

18 febbraio 1994

TRISTI AMORI

Se fossi un candidato non darei un credito eccessivo ai sondaggi. Non metto in dubbio la serietà della Doxa o del Cirm, ma ho scarsa fiducia nella lealtà degli intervistati. Sono ambigui non solo con l'ufficio delle imposte, ma perfino con il confessore. «Bugie commerciali» sussurrava alla grata un signore che faceva lo champagne con le polverine.

Come si fa a rispondere alla terribile e tradizionale domanda: «Quante volte?», senza avere paura di esagerare? Mi riferisco soprattutto ai cosiddetti «peccati della carne»: qual è il comportamento accettabile del trasgressore medio, del padre di famiglia, per non apparire un lugubre vizioso o un rassegnato impotente?

Ma peggio, molto peggio, quando uno deve riconoscere le sue propensioni politiche.

Ci vuole un certo coraggio ad ammettere: «Io sto con la Ombretta, intesa come Fumagalli Carulli: perché sono anticomunista, e per me la signora è un simbolo. È la nuova Giovanna d'Arco, che sente le voci di Mastella, di D'Onofrio, di Casini, cristiani di centro, anche se, in realtà, la predicazione di Gesù era rivolta soprattutto a quelli della periferia. La vedo sulle barricate della libertà con un completino da pomeriggio, senza guarnizioni, maniche a raglan, cade un po' davanti ma ci vuole pazienza». Oppure: voto per la Titti Parenti, magistrato, che si sente incompresa dai colleghi e capita da Berlusconi: ma chi è che soffia sui piatti della bilancia? C'è più sabbia in certi uffici dei tribunali che nel Sahara? Vuol dirci da che parte arriva il vento?

E la Rosi (non ce l'ho con le signore: anzi, ma mi pare doverosa la precedenza) perché in tv prende quell'aria di superiorità, di suprema ironia, quando parlano gli avversari? Perché sorride sempre? Che motivo ne ha? Almeno si guardi attorno.

Debbo delle scuse pubbliche a Fausto Bertinotti: l'ho bollato come vacanziere dolomitico, associandolo a un estremista della mondanità: non lo merita, ha abitudini modeste, e mi perdoni.

Ma, Signore, è possibile che uno abbia come programma l'uscita dalla Nato? Ma non si è accorto, vedi la Iugoslavia, di ciò che accade nel mondo? Lo sa che chi vuole avere un'idea del Muro di Berlino deve andare al museo che hanno aperto al vecchio Cheek Point Charlie? Vuole rifondare il Partito comunista: bravo. E a che ora si parte per le Crociate? C'è uno sconto per le comitive?

E chi è l'intrepido che ha la forza per ammettere: «Sto con l'onorevole Ferri, leader dei socialdemocratici, perché aderisce anche al Wwf, che protegge la natura, e sono impegnato per la salvezza della foca nana, del panda e dei superstiti seguaci di Saragat».

Ferri è quel bontempone che inventò il limite di velocità, mentre avrebbe dovuto stabilire, per gli esponenti del suo partito, quello dell'incasso.

Davvero c'è chi non si turba alla visione della cravatta dell'onorevole Speroni (Lega Nord), e non prova pena per il senatore Bossi, costretto a stare accanto al dottor Berlusconi ma con il naso turato? Ogni tanto gli italiani sono invitati, per sopravvivere, a mettere a rischio la respirazione.

Ecco, Bossi suscita qualche umana simpatia: nonostante i proclami, anche la dichiarata virilità corre dei rischi: perché quell'accessorio, dicono gli esperti dalle mie parti, ha bisogno di pace. E lo scudo di Alberto da Giussano può poco contro le insidie del Biscione. Insomma: come può essere esplicito il povero cittadino che ancora non ha capito bene come si usano le schede, e dovrebbe accordare fiducia a delle alleanze, quelle progressiste comprese, dove il legame più forte è il sospetto e la rancorosa vigilanza?

La nostra vita democratica è basata sulla coppia:

Martinazzoli-Segni, Berlusconi-Fini (il Cavaliere è poligamo), Occhetto-Bertinotti, tutte unioni senza amore, e in attesa di divorzio. Capisco la tristezza di Pannella, costretto allo scapolaggio.

Impossibile sapere che cosa si nasconde davvero nel cuore, e soprattutto nella confusissima testa, dei sudditi di questa travagliata Repubblica.

3 marzo 1994

IDEALISTI E POLTRONE

E adesso, pover'uomo? Non parlo solo per me: sono abituato a perdere dai tempi di Ferruccio Parri, un matto che voleva, nientemeno, conciliare la libertà politica e la giustizia sociale.

Riconosco i miei limiti; figuratevi che una volta dissi a Berlusconi: «Lasci perdere la tv», e sapete come è andata. Guai a non finire per Rizzoli e Mondadori, ma il Cavaliere, impavido, avanti e con tre reti. E, in più, con Emilio Fede.

Più tardi ho continuato: «Lasci stare la politica», e se volete avere una idea di come l'avventura è finita, chiedetelo a Occhetto.

Il segretario del Pds aveva costruito, così diceva, «una gioiosa macchina da guerra», ma si è visto subito che c'era qualcuno che spingeva troppo sull'acceleratore. Alludo al compagno Bertinotti. E anche per i progressisti c'è stato poco da ridere. Forse la compagnia era un po' troppo colorita: c'erano innovatori che fino all'altro giorno consideravano la Rivoluzione francese uno spiacevole incidente. Gente decisissima a marciare sul Palazzo d'Inverno, ma non fuori orario: solo per andare a prendere il tè delle cinque.

E poi, quei tipi patetici, sempre alla Bertinotti, che

continuano a salutare con il pugno chiuso; insopportabili come quegli altri che alzano l'altro braccio, e lo tengono aperto.

C'era stato anche il consueto manifesto con le firme degli intellettuali: è una cerimonia che non ha mai portato un voto, ma solo qualche brivido di vanità. Si distingueva a Bologna un primatista della sottoscrizione: in un anno una trentina.

Ho assistito, in parte, alla estenuante notte televisiva, durante la quale si è proiettato di tutto; anche qualche nota comica. Come quella bionda giornalista, di cui mi sfugge opportunamente il nome, che intervistata da Santoro raccontava pressappoco: «I miei amici dicono che con la vittoria del padrone della Fininvest corro il rischio di trovare chiusi i cancelli della Rai».

Perché, Berlusconi dovrebbe temere qualche fuga? E quella che diceva, con la triste voce di chi sta perdendo ogni speranza: «Non vedremo più Sabina Guzzanti fare l'imitazione del Berlusca». Il mondo ha dovuto fare a meno di Leonardo da Vinci, ma io spero che il nuovo governo non ci privi di questi onesti piaceri.

Ma dài: e mi vengono in mente quei democratici che volevano andarsene da Milano perché aveva vinto il leghista Formentini. Mi dicono che, dopo avere proclamato la dolorosa partenza, ci hanno ripensato: ma dove andranno adesso che si sta imponendo il Biscione? Non c'è che Oporto, e magari, come la storia vuole, con conseguente crisi mistica.

Dall'altra parte leggo che Gustavo Selva annuncia ritorsioni sugli oppositori: si calmi. Lui è proprio di quelli che dovrebbero, in ogni caso, credere nel pentimento e nella conversione. In questo Paese si sono cambiate più bandiere che mutande. E gli alleati dei vari gruppi non brindino insieme: la ricetta del cocktail ha tutta l'aria di essere stata inventata da Lucrezia Borgia.

Allora: la Repubblica vuole cambiare, ed è un esercizio assai complicato. «Itala gente dalle molte vite» dice il poeta, sempre unita nella conquista della torta, ma scatenata al momento di tagliare le fettine. Siamo afflitti da idealisti che stanno con i rossi, con i verdi o con i bianchi non per un richiamo del tricolore, ma della poltrona.

Lunedì sera, a funerali avvenuti, è stato dato il formale annuncio del decesso della Prima Repubblica; e come scrisse una volta Mino Maccari, rivolgendosi a un ministro che aveva anche dei figli: «Eccellenza, facciamo voti che sian meglio i nipoti».

Addio alla Democrazia cristiana: vanno riconosciuti dei lontani meriti, ma aveva anche distribuito troppe croci, e senza scudo, per chi doveva portarle.

Addio ai socialisti, passione della mia giovinezza: e perché vuole dimettersi l'onesto Del Turco da qualcosa che non c'era più?

Addio ai repubblicani, ai liberali, ai socialdemocratici, umili ma remunerati portatori d'acqua di tutti i governi, perennemente ossessionati dalla conquista di qualche vicepresidenza, perché bisogna sapersi accontentare.

Silvio Berlusconi, bisogna ammetterlo, ha fatto un miracolo: ha camminato sulle acque. Ora però l'esercizio si fa più complicato: bisogna saper nuotare. Siamo un popolo di poeti, di navigatori, di santi e di permalosi: ricordiamo soprattutto gli sgarbi e le promesse. Lui ne ha fatte tante.

31 marzo 1994

SPERANZE E ILLUSIONI

Quando moriva un sovrano toccava a un cerimoniere darne il triste (ma non sempre) annuncio al popolo: «Il re è morto. Viva il re». Come ci si regola quando il decesso colpisce una repubblica? La nostra, la Prima, si è spenta lentamente durante il processo Cusani, ammazzata da una dose eccessiva di bustarelle.

Modesto, mi pare, il cordoglio, inavvertibili i rimpianti. Eppure non sono stati sempre anni terribili: il guaio è che chi riesce a salire sul trono del potere non si sposta neppure a colpi di bulldozer.

La rivolta non è scoppiata sulle piazze, ma in tribunale: niente barricate, ma avvisi di reato. È toccato ai magistrati il ruolo dei sanculotti: e i rivoluzionari, stavolta, erano dotati non solo di pantaloni lunghi, ma anche protetti dalla toga.

E adesso, via con la Seconda. La campagna elettorale, che ha avuto come simbolo la freccia bagnata nel curaro, ha promesso ai cittadini una lieta stagione, all'insegna del nuovo. Che non sempre, per la verità, coincide col bello. Speriamo.

Anch'io, come tutti, cerco di fantasticare sull'Italia futura, su come la vorrei. Ma ricordo il racconto che mi fece una volta Riccardo Bacchelli.

Giuseppe Mazzini, quando rimpatriò per andare a morire a Pisa, passando da Roma rifiutò di uscire dalla stazione «per non vedere» disse «la città dei miei sogni».

Lo so che è un errore abbandonarsi alle illusioni, ma non bisogna neppure uccidere la speranza. Sono di scuola zavattiniana: appartengo a quel tipo di emiliano per il quale «buongiorno vuol dire buongiorno». Ambirei, dunque, nel futuro, a un maggior rispetto per le parole e soprattutto per i fatti.

Ogni anno, a primavera, sotto la gronda della torre antica, non torna più la rondinella amica, e a Roma fanno lo stesso i conti dell'erario. Non tornano. Come previsto, la colpa è sempre di qualcosa che non si poteva indovinare: la produzione è calata, gli affari non andavano bene e il fisco ha incassato di meno.

La Seconda Repubblica, per favore, ci dica come

marciano effettivamente le cose, è ragionevole augurarsi che, su 57 milioni di abitanti, ci sia qualcuno che sa fare le somme. Per le sottrazioni avevamo già degli specialisti.

Non mi aspetto nessun governante dotato di virtù taumaturgiche e della bacchetta magica: è ragionevole, invece, pensare che, dopo tanti scandali, ci sia un ritorno alla onestà, mentre dovrebbe finire il tempo delle formule sconsiderate e anche quello delle alleanze ispirate dal *prêt-à-porter*.

Cadranno in letargo, spero, tanto i Patti per l'Italia, i Poli delle libertà, le infinite sottospecie dei progressisti: Occhetto vorrebbe Ciampi presidente del Consiglio, Bertinotti non ci pensa, e mi sembra un esercizio che non gli costa neppure tanta fatica. Bertinotti ha un animo certamente generoso: crede che anche lavorando di meno si può ottenere la stessa busta paga. È uno che quando vede uno sciopero si rallegra: è presumibile che si presentino molte occasioni per farlo sollazzare.

Suppongo che il futuro riservi a Bossi meno occasioni per insultare i cobelligeranti Berlusconi e Fini: qualche generale si accorgerà che il suo esercito è assai esiguo.

Torneremo presto a votare, e con un altro sistema: l'ultima invenzione, che doveva farci fare un passo avanti, ha confuso ancora di più l'itinerario. Altro che governo e opposizione: ci sono più simboli sui manifesti che stelle in cielo. Dovevamo avere i rossi e i bianchi (tanto per fare un esempio), e siamo di fronte al catalogo del Super Iride. Tredici distintivi: tenere presente che le tribù che non vanno d'accordo e si ammazzano in Somalia sono 15. Altro che *O di qua o di là*: c'è chi è in mezzo e ondeggia paurosamente in tutte le direzioni.

E a quali straordinari esercizi di equilibrismo, a che meravigliosi adattamenti abbiamo assistito. Altro che l'orso, che diventa bianco al Polo Nord e bruno quando alloggia nei Carpazi o nella Marsica.

Si è vista Rossana Rossanda (*manifesto*), i casi della vita, che doveva marciare accanto all'ex dc Bartolo Ciccardini e all'ex craxiano Alberto La Volpe (*Tg2*). Nella «gioiosa macchina da guerra», definizione di Achille Occhetto, c'è stato posto per tutti, specialmente nei servizi di cucina. Sarebbe bello se, nella Repubblica appena nata, il capo, l'inquilino del Quirinale, lo scegliessero i sudditi, invece che nascere dal consueto compromesso tra i partiti. Lo si fa per il sindaco che, in fondo, ha minori responsabilità.

Gradirei un'Italia diversa: capisco quelli che dicono: «Questa non mi piace». Pensate alle insidie e ai guai che si nascondono dietro certi vocaboli come «statalismo», «lottizzazione», «assistenzialismo». Quanti disastri economici e morali. E quante illusioni e che rovine hanno provocato la demagogia, il tornaconto, l'incoscienza di certi governanti.

Adesso i sindacati proclamano: «Pensioni: l'età non si tocca». Purtroppo, dico io che proporrei qualche riduzione. Ma ricordate quando c'era chi smetteva di andare all'ufficio a trent'anni perché avevano inventato gli sconti: contava l'università, il servizio militare, il periodo partigiano; ovvero tutte le scuse sono buone per non far niente.

Ecco: vorrei che la nuova Repubblica fosse ancora fondata sul lavoro: ma non su quello degli altri.

Sarei molto lieto se i verdi, gli ambientalisti, gli animalisti, che si preoccupano per gli alberi, l'aria, i gatti, prendessero anche a cuore la salute nazionale. Mio Dio, quanti invalidi! Specialmente nell'infelice Sud: la fragilità, e l'assegno mensile della previdenza, sembra si ritrovino già nel Dna. L'Inps si mangia un quinto del suo bilancio in pensioni di invalidità: il doppio della media europea. Sarebbe un evento straordinario e auspicabile se a Palazzo Chigi capitasse anche un matto capace di rivolgersi ai compatrioti con un discorso tipo quello di Churchill che diceva: «Sono sempre disposto a imparare, anche se non amo che mi si diano di continuo lezioni», ma aveva anche il coraggio di avvertire: «Vi prometto lacrime e sangue». Che è un programma poco allettante, ma leale.

In questo senso, uno che non scherza sarebbe il segretario di Rifondazione comunista, al quale non è giunta ancora notizia della caduta del Muro e qualcuno dovrà anche decidersi a comunicargli, con i dovuti riguardi, si capisce, che Stalin se ne è andato e vogliono perfino sloggiare Lenin dal mausoleo: lui, se comanda, tassa i Bot oltre i 200 milioni e impone una patrimoniale progressiva. È uno che urla anche «Viva Cuba», mi divertirebbe se andasse a farlo all'Avana, ma in fila con la gente davanti alle botteghe.

Vorrebbe anche uscire dalla Nato: ma è proprio sicuro che noi ci siamo entrati? Voglio dire: che qualcuno, in senso militare, ci prendeva sul serio?

E facciamolo questo esercito di professionisti. Scegliamoli, prima di tutto, orfani: assolutamente di mamma. Che poi abbiano una vera attitudine alle armi è secondario.

Le battaglie nelle quali ci siamo veramente distinti sono quelle alla «società dei consumi», che ora vorremmo incrementare, e al tempo libero, che con tanti disoccupati e cassintegrati sta diventando sempre più allarmante.

Vorrei che nel futuro Leoluca Orlando Cascio rivedesse qualche aspetto della sua filosofia: è proprio sicuro, con tutto quello che accade, che il sospetto è l'anticamera della verità? Se sapesse le chiacchiere che lo riguardano.

E mi parrebbe una grande trovata se si facessero meno leggi, in un Paese che ha già 130 tipi di imposte. La nostra Repubblica non scarseggia di norme, ma di persone disposte a rispettarle. Ricordate il limite di velocità? Avete provato a osservare quanti automobilisti, fatta eccezione per la provincia di Bolzano, si allacciano la cintura di sicurezza? Abbiamo una spiccata genialità per le invenzioni truffaldine: a Napoli avevano provato a lanciare la maglietta con la cinghia disegnata, incorporata. Del resto ho incontrato all'aeroporto di Mosca tre devoti di san Gennaro che andavano a vendere icone false ai russi.

Dopo i governi ponte, auspicherei qualche governo strada: per camminare.

8 aprile 1994

IL DOVERE DELLA MEMORIA

Oggi negli stampati turistici Dachau è descritta come «una amena località famosa per le trote e per il vinello». È stato proprio un poeta tedesco che ha scritto: «Con la morte si spengono le fiamme dell'odio». E aggiungo: anche gli impulsi della memoria. È vero; ma credo che perfino nel decesso ci sia qualche differenza, tra la fine, per esempio, dei milioni di ebrei che passarono per i camini di Auschwitz e quella di Höss, il comandante del Lager, che venne impiccato, dopo un processo, al centro del campo.

Un programma della Rai, «Combat film», fatto soprattutto da riprese inedite, girate da operatori americani durante la guerra, e seguito da una sopita discussione, ha riacceso la polemica: qualcuno ha voluto riabilitare Salò? Stessi valori per la Resistenza e per i combattenti della X^{a} Mas? Erano eroi i sabotatori mandati oltre le linee alleate, poi catturati e fucilati dalla V Armata o dagli inglesi?

Ma forse è colpa del tempo e dei tanti guai di oggi che cancellano le angherie di ieri (e anche perché i «nostalgici», per evidenti ragioni anagrafiche, tendono a scomparire) se il passato si fa sempre più lontano.

Forse è anche una responsabilità di noi che c'eravamo e che avremmo dovuto parlare ai nostri figli di quegli anni e di quelle sconfitte: Mussolini non era soltanto il padre del pianista, ma portò «l'Italia di Vittorio Veneto», come disse presentandosi al re, quella del 1918, a Cassibile (1943), data che segna il disastro e la richiesta di armistizio.

Era, allora, un grande politico? È vero che, quando salì al potere, godeva di tante simpatie: anche il mite De Nicola, a Napoli, alzò la mano, per salutare le quadrate legioni di camicie nere in partenza per Roma.

Piaceva ad Arturo Toscanini e a certi popolari di allora, come Giovanni Gronchi, che divenne sottosegretario del duce, e anche a Benedetto Croce, che nel 1935 offrì la sua medaglietta di senatore alla patria che andava a conquistare l'Abissinia.

Fu quello il massimo dello splendore: anche parecchi comunisti entrarono in crisi, e il cardinale di Bologna, Nasalli Rocca, diede a quei colonialisti tanto in ritardo sulla storia la sua croce pastorale, e quello di Milano, Schuster, definì il Fondatore dell'impero «l'uomo della Provvidenza», compromettendo dunque anche Dio. Oggi c'è chi ha promosso la causa di beatificazione: fu l'ultimo che ricevette il capo del governo lacustre che stava avviandosi sulla strada che porta a Dongo.

Che ne sanno i giovani di queste vicende? Le sequenze trasmesse dalla tv ispiravano orrore e pietà. Pietà per tutti: anche per quel giovanotto legato a un palo che, sprezzante, fumava l'ultima sigaretta aspettando la scarica del plotone di esecuzione, certo di cadere per una nobile causa.

Bisognerebbe spiegare come si arriva a quella folla disumana e inferocita di piazzale Loreto: che cosa faceva la Wehrmacht, quali erano gli ideali del nazismo, che cos'erano i rastrellamenti, che paese è Marzabotto, a 20 chilometri da Bologna: non è solo, con la sua necropoli, testimonianza del mondo degli etruschi, ma di una rappresaglia che ha reso il suo nome, con quelli di Lidice e Oradour, tristemente famoso.

Salò voleva dire anche la persecuzione degli ebrei, i 90.000 dispersi in Russia, le umiliazioni patite in Grecia e le croci con nomi italiani piantate nel deserto.

Quei volontari innocenti, attirati anche dai manifesti di Boccasile, dalle predicazioni sulla vita eroica, andavano a «combattere e a morir», come diceva un loro inno, forse per «difendere la razza»?

Il leader della destra, di quella che era considerata l'erede di Mussolini, è ora Gianfranco Fini: è bolognese come me e l'ho visto fotografato accanto al padre: da bambini giocavamo assieme nella squadretta di calcio della parrocchia di Sant'Isaia.

Fini pensa, come è noto, che Mussolini è il più grande statista di questo secolo: ed è una tesi che è finita, con stupore, anche sulle prime pagine dei giornali stranieri. Non è più il capo del Msi, ma di Alleanza nazionale e piace molto agli elettori.

Tredici su cento sono con lui: e si capisce. È intelligente, in televisione si comporta senza alterigia, non perde il controllo e ha passato da poco i quaranta. Non deve spiegare le sue scelte con degli errori ma con delle convinzioni e non ha niente a che fare con l'epoca della partitocrazia. È una persona onesta e gode del rispetto anche di insospettabili antifascisti.

Il suo elettorato è soprattutto meridionale: l'esperienza di Salò non li ha toccati. Ricordano, credo, i dubat che sfilano sulla via dell'Impero, non i soldati dell'8 settembre avviati ai vagoni che li porteranno in Germania.

30 aprile 1994

LA SFIDA DELLA VERITÀ

La prima volta si è rivolto agli italiani «a reti unificate»: l'ultimo discorso lo ha pronunciato a Oropa, tra i pellegrini, forse perché sentisse anche il Cielo.

Oscar Luigi Scalfaro è un cattolico Doc; porta il distintivo con la croce all'occhiello. Le sue propensioni, in materia di fede, vanno ai mistici: chissà che fatica gli costa doversi dedicare invece che alle *Lettere* di santa Caterina ai verbali dei capoccioni del Sisde.

Nella più recente allocuzione, oltre al solito elogio dei consueti valori: Dio, la Patria, la Famiglia, c'è anche una specie di invocazione alla verità. E all'appello, sinceramente, mi associo. Perché questo Paese sta vivendo nell'incertezza. Si moltiplicano i dubbi o le premesse, non si arriva mai alle conclusioni. Insomma: Craxi deve tornare. Ma quando? Anche Riina è stato in giro per vent'anni: sempre flebite?

Da mezzo secolo discutiamo se le salme dei Savoia possono essere riportate tra noi. Honecker è stato uno dei costruttori del Muro di Berlino, ed è morto in esilio; i tedeschi hanno detto ai parenti: «Seppellitelo dove vi pare». La Lega sostiene questo governo, ma Bossi avverte i suoi: «Il movimento di Berlusconi è il nostro nemico».

Anche Mediobanca, secondo i titoli dei giornali, è un santuario (proprio come Oropa): ed è aperta una discussione, e forse anche un processo, per dei conti che non tornano. Oscar Luigi Scalfaro ha diritto, e non solo per la carica che ricopre, al rispetto: sono convinto che i soldi che entrano nelle sue tasche corrispondono all'onesta mercede che compete a chi serve lo Stato, e che quelli che escono discretamente finiscono nella cassetta delle elemosine.

Ma invece di sfidare chiunque a dar prova di una sua illegalità, si misuri con se stesso. Si sottoponga, come un qualunque cittadino, a un controllo. Non è un esercizio umiliante, è una dimostrazione di buona coscienza e di grandezza d'animo.

Riepiloghiamo: tutto comincia con la testimonianza di Maurizio Broccoletti. Non è un comico. Dice ai giudici che il servizio, che di segreto pareva avesse soprattutto il maneggio dei denari, passava ogni mese una somma di 100 milioni ai ministri dell'Interno. Smentite come se piovesse. Oscar Luigi Scalfaro si rivolge, nientemeno, alla nazione.

Quei fondi erano, certamente, riservati: però anche con il riserbo non bisogna esagerare. È proprio di ieri la dichiarazione del prefetto Lauro, capogabinetto di Scotti e Mancino, che conferma l'arrivo puntuale dell'obolo, «regolarmente utilizzato secondo norme di legge» e sotto il controllo del massimo rappresentante del governo.

Punto 1. Allora è vero: l'assegno c'era. E perché fino a oggi gli indiziati negavano? Punto 2. Come fa Scalfaro a garantire che i suoi compagni di partito e di poltrona hanno gestito quelle somme esclusivamente «a fini istituzionali»? Punto 3. Ci vuole dire quali sono? Non mi considero così sprovveduto da non sapere che i servizi sono anche «bassi», e non tutto può essere raccontato alla piazza: ma ai giudici, a porte chiuse, o a qualche specifica commissione di galantuomini, c'è qualcuno deciso a raccontare come è andata? Lo chiede Fini (Alleanza nazionale), lo vorrebbe sapere Bassanini (Pds), forse anche la gente, sempre citata nei sermoni dei politici e nelle trasmissioni televisive impegnate, sarebbe soddisfatta se si controllasse una certa contabilità. Perché qualcuno che registrava i movimenti di cassa, oltre a quelli degli spioni, c'era di sicuro.

Il presidente della Repubblica non si indigni: si spieghi. Non è in discussione la sua rettitudine, ma un sistema. Qualcuno ha detto: «È la carica che fa conoscere l'uomo». L'aria dei vari palazzi, della giustizia, della finanza, del potere, è inquinata dai veleni: Scalfaro può spalancare anche le finestre del Quirinale.

1° giugno 1994

IL SUO MOMENTO PIÙ BELLO

Aveva ragione Charlie Chaplin che nelle sue memorie ha scritto: «Il successo rende simpatici». Leggete le prime pagine di lunedì scorso: «Valanga Berlusconi», «Berlusconi in trionfo», «Berlusconi sbanca l'Europa», «Berlusconi vince la sfida», e infine il rassegnato sussurro del *manifesto*: «Buonanotte».

Abbiamo finalmente anche noi una leggenda, una storia che sarebbe piaciuta a *Selezione* di una volta: dopo l'ex commesso del Missouri, dopo il venditore di noccioline, dopo l'attore di serie B, che per volontà del popolo entrano alla Casa Bianca, ecco un imprenditore italiano che si è fatto da sé (e magari anche con l'aiuto di qualche amico) che in tre mesi inventa e lancia un partito, vince le elezioni ed entra a Palazzo Chigi. Da capotavola.

Piaceva: e adesso lo esalta una straripante conferma. Incontra sempre di più. Cresce il consenso e si adeguano le prose dei commentatori. C'è già chi assicura che questo governo durerà tre anni, chi ne prevede addirittura quindici. Perché no? Ci fu anche chi tenne botta per venti.

Di solito i nostri politologi sono imbattibili nel prevedere il passato, ma il futuro di Silvio Berlusconi è sicuramente roseo. Se avrà qualche fastidio non sarà provocato dagli avversari, ma dai collaboratori. Ho visto a «Blob» qualche maliziosa scenetta del trionfo: Emilio Fede risponde al fischio del padrone, ma lo sciocco entusiasta è ancora più fastidioso del coglione composto. Poi il garrulo portavoce, con il sorriso incorporato, eccede in sicumera: qualcuno dovrebbe spiegargli che sta a piazza Colonna, e non a Downing Street. Sembrano particolari trascurabili, nell'ora dell'apoteosi, ma disturba quando nel coro c'è qualcuno che stona. La supponenza porta infallibilmente in scena Achille Starace.

E a proposito: c'è invece un altro Achille che se ne va: Occhetto. Non è stato un mito, come Togliatti, come Longo, come Pajetta e come Amendola, non aveva dietro l'esilio, la prigione, e non era neppure, come Berlinguer, una figura quasi ascetica: alle sue spalle non c'erano i pescatori di Stintino, ma gli intellettuali di Capalbio. Sfumature, magari: ma si è trovato di fronte a compiti più grandi di lui, e magari di tutti noi.

Ha dovuto chiudere con il passato epico e crudele e inventare il Pds, che non si sa bene ancora che cos'è. Ha rotto, ma era difficile costruire. Dietro la bandiera dei «progressisti» c'era gente che trova troppo di destra Trockij, o troppo di sinistra Maria Antonietta: niente brioches, perché dopo pretendono anche il caffelatte.

Il crollo dei vecchi partiti ha segnato anche il destino del Pci: che ha avvertito per primo il cambiamento, ma non si è reso conto che dal diluvio si sarebbe salvato, nella parte di Noè, soltanto un imprevedibile Silvio.

Il Cavaliere ha capito che c'era un vuoto nell'offerta delle merci: e ha aperto un nuovo supermarket. Lo ha chiamato «club»: che dà subito l'idea di un incontro di gentiluomini, e non di una bocciofila, di un circolo, come potrebbe insinuare la presenza di Mastella.

Ha trovato non solo l'adesione di qualche superstite dei liberali e dei democristiani in cerca di un imbarco, ma l'adesione della gente.

Tutto è cambiato dopo Berlino, e non dopo Pontida, come crede l'onorevole Bossi. Caduto il Cremlino, finito anche l'alibi dell'anticomunismo, come giustificazione dell'arbitrio e del furto.

Poi è arrivata l'affermazione della Lega, che ha interpretato per prima il malessere popolare, e l'esplosione di Tangentopoli. È finito il culto dell'ideologia, e ai predicatori si sono sostituiti i manager.

Anche i poveri sperano che uno che ha fatto i soldi provveda anche per loro. Sessantasei italiani su cento si fidano di Berlusconi. Ad Arcore, citando nientemeno Mao, dicono: «Siamo anche noi un movimento dei cento fiori». E Berlusconi-Sgaravatti raccoglie ex cantanti, ex generali, ex calciatori e perfino un ex astronauta e un signore che si chiama Giacomo Leopardi. Notoriamente all'insegna del nuovo.

Altro che Occhetto: l'onorevole Berlusconi sì che ha fatto della sua azienda, la Fininvest, una «macchina gioiosa» per conquistare il potere. E con l'aiuto di Dio, di Fiorello, di Sgarbi e dei suoi avversari e perfino degli alleati, c'è riuscito. Berlusconi di certo sa che il successo non basta ottenerlo: con il tempo, bisogna meritarlo.

16 giugno 1994

ANCHE PER LOTTIZZARE CI VUOLE STILE

Che farsa le nomine Rai. Poche chiacchiere: anche per lottizzare ci vuole mestiere. La spartizione deve rispettare un suo cerimoniale e richiede anche un minimo di stile. È un esercizio antico: lo praticavano anche i patriarchi della Bibbia. Tanto al primogenito e il resto a quelli che sono arrivati dopo. E sia festa per il figliol prodigo: lo si metta in lista, o gli si dia almeno la presidenza di un ente pubblico. Nei romanzi russi si racconta addirittura la divisione delle anime: forse è da lì che si ispiravano i democristiani. I servi erano considerati tali: anche dai nostri politici, direi.

Vorrei chiarire subito per il lettore candido o disinformato che la mia pacata ironia non nasce da una delusione: non sono un candidato trombato. Potrei anzi essere considerato come quelle ragazze che la gente considera virtuose anche perché nessuno ha mai attentato alla loro virtù.

Le cronache hanno spesso fatto il mio nome come uno dei possibili massimi dirigenti della Rai. Ho letto di mie estenuanti conversazioni con i presidenti delle due Camere: loro a insistere e io, duro, a rispondere di no. A un certo momento ho poi saputo che persistevo nel diniego, ma insomma, sono anch'io italiano, e a una carica prestigiosa non si dice facilmente di no.

Tutte balle, fratelli. Mi hanno cercato con benevola insistenza soltanto dalle redazioni: volevano conferme, ma non ho avuto nessun dialogo né con l'onorevole Irene Pivetti, che non conosco, e me ne dispiace, né con il senatore Carlo Scognamiglio, che conosco ma non frequento.

Se dico che non ho alcuna propensione, e non ne ho avuta neppure in passato, per gli incarichi che presuppongono etichette o disponibilità di tipo ideologico, che non vorrei fare la parte della volpe che insegue l'uva, mi piacerebbe tanto essere creduto. Ho anche il senso, spero, dei miei ristrettissimi limiti: non so leggere un bilancio, sono favorevole allo scambio di idee, a condizione che ce ne siano da tutte e due le parti, ho difficoltà a dirigere me stesso, e in più una visione della vita e dei rapporti umani ormai consolidata, e in più sei by-pass coronarici.

Poi non mi piacciono le aziende dove non si premia, non si castiga e tutti comandano. Questa è la Rai. Ma anche questo è il governo dei «nuovi»: che ha i vizi del vecchio, a quanto appare, e in più la goffaggine. Fa ridere l'idea che mentre a Napoli si discutevano i destini del mondo, a Roma ci fosse chi si angosciava per il futuro del dottor Malgara. Da queste parti il concetto di indipendenza, è dimostrato, non esiste. Perfino il papa deve fare i conti con lo Spirito Santo. La legge dice che le nomine del consiglio di amministrazione di viale Mazzini competono al professor Scognamiglio e alla dottoressa Pivetti: che pensavano, questi candidi ragazzi, di agire in nome del popolo italiano, invece hanno scoperto che si muovono per conto di Silvio Berlusconi.

Le loro scelte non hanno soddisfatto il presidente del Consiglio «la cui ira ha attraversato l'aria del vertice G7» - *la Repubblica*: ovvero, il ciclone del Golfo. E ancora: «Berlusconi congela la Rai» - *l'Unità*: ovvero, le correnti del Golfo.

Lasciamo perdere: ma è possibile che il più assillante problema di queste ore confuse sia la tv, mentre crolla il dollaro e sta poco bene la lira, cresce il terrorismo ma non l'occupazione, e per tirare fuori cinque nomi di galantuomini (anche una signora ci sta sempre bene, per la moderata gioia delle femministe) si debba ricorrere a queste manovre? Tanta arroganza per mandare a casa i Professori e poca decisione per trovare i sostituti. «Risse da cortile» ha commentato con disgusto Berlusconi. D'accordo.

Perdoni l'irriverenza: ma che governo è questo? Con gli impegni internazionali, le fatiche, le cerimonie, i menù (ho saputo degli inconvenienti di cui ha sofferto il primo ministro giapponese, che ha dovuto più volte ritirarsi a meditare sulle insidie che si nascondono nei pesci), con tutte le noie del summit non credo che il nostro attivissimo inventore di Forza Italia abbia avuto modo di seguire le ultime esibizioni dei suoi alleati.

Dice Umberto Bossi, il Masaniello del Nord: «Se

vuole, Berlusconi può dimettersi e andare all'opposizione. Ma non creda di approdare alle elezioni». Lo dice Bossi, non Massimo D'Alema. Pierferdinando Casini, nello stesso tempo, chiede un vertice di maggioranza. Esagera: viste le facce che circolano non si tratterà di sicuro di una cima o di una vetta, ma mi pare legittima la sua preoccupazione: «Qui ormai ognuno va per conto suo».

Mi creda, onorevole Berlusconi: questi forse vanno, ma non sanno dove. Suggerisca all'onorevole Gianni Pilo di farglielo sapere. E avanti: l'irruente Marco Taradash, che si presenta come «riformista», o Lista Pannella che, visti i risultati, un elenco sembra proprio superfluo, quello che voleva la rivoluzione a viale Mazzini, ora probabilmente si accorge che le sue cannonate non erano altro che dei boom, ma provocati con la bocca. Basta con la partitocrazia, avanti con il merito, ma sempre con l'antico programma: «Chi non è con noi è contro di noi».

E adesso il piccolo tamburino della maggioranza commenta: «Ci azzuffiamo su cose secondarie». Scusi: quando vi deciderete ad affrontare le principali? Ha sentito o no quello che dice, saggiamente, la signora Pivetti?: «È il momento di governare». Fate qualche sondaggio, e vi accorgerete, cari onorevoli, che la gente comincia a dare segni di perplessità: sarebbero questi i nuovi?

Non è malevolenza la mia; mi conforta il pensiero di Kaiser, il direttore della *Washington Post*: «Credo che un giornalista debba prendere i governanti sulla parola, e continuare a lavorare». È quello che cerco di fare: non mi aspetto meno tasse e più lavoro: per il momento, basterebbe un po' più di pudore.

23 luglio 1994

COMPLIMENTI

Non è il caso di scandalizzarsi se la polemica parlamentare si fa più aspra. È sempre andata così, ma Lloyd George diceva che «ogni insulto deve essere una scintilla di storia». Se non sbaglio dalle parti di Montecitorio siamo al falò.

Chi ha qualche anno, qualche lettura o qualche ricordo, sa che l'ingiuria si accompagna alla politica. Il Benito Mussolini ateo, riferisce l'anarchico Paolo Valera, considerava un prete «un metro quadrato di merda». Forse per restare in argomento Gabriele D'Annunzio aveva battezzato Luigi Facta «Cagoja»: i meriti, quando si tratta di villania, non contano; e i comunisti cantavano strofette contro Alcide De Gasperi l'«odioso cancelliere».

Del resto Winston Churchill definiva Gandhi «quel sedizioso fachiro mezzo nudo», e diceva di Charles De Gaulle: «Di tutte le croci che ho portato nella vita, la più pesante è quella di Lorena». Roosevelt gli forniva la spiegazione: «Il Generale ha il complesso del messia». Però anche nell'offesa sarebbe apprezzabile un certo stile. Al Parlamento inglese una deputatessa molto brutta attaccava con violenza il primo ministro Harold Wilson: «Se fossi vostra moglie,» gli gridava «vi manderei al diavolo». E Wilson, serafico: «E io, signora, se fossi vostro marito ci andrei subito». L'ho conosciuto: un gran signore. Si ritirò dal potere con suprema eleganza. Nell'ora del congedo disse: «Non darò consigli al nuovo comandante, e non sputerò dal ponte per fargli dispetto». Mantenne la parola.

È stato l'inventore della politica dei redditi, cavallo di battaglia di Ugo La Malfa. Socialista, ma non marxista. Gli chiesi come doveva essere chi ha la responsabilità del governo: «Deve mantenere uno stretto legame con l'opinione pubblica, con il partito, ma anche con il mondo economico e con i sindacati. E poi mostrarsi paziente e aperto, disponibile. Non deve eccedere anche quando le cose non sembrano andare troppo bene».

Riprendo il discorso: ho l'impressione che tra gli onorevoli si stia imponendo il «dolce stil nuovo». La onorevole Tiziana Parenti, Titti per gli intimi e per qualche cronista, affronta il collega Vittorio Sgarbi con poca grazia: «Stai zitto, tu, che per parlare sei pagato». Non è poi una grave offesa, perché certe cose, di norma, non si dicono per niente.

Rabbiosa, ma in fondo anche misurata, la reazione del famoso critico d'arte: «Sei una mezza troia» (*La Stampa*, 22 luglio). C'è un qualche senso di riguardo: non ha detto intera. Quando è davvero arrabbiato, l'onorevole Sgarbi usa un altro linguaggio: Di Pietro è un assassino, mentre, se ne avesse la possibilità, vorrebbe realizzare un forte desiderio. Dichiara testualmente ai giornali: «Il vicepresidente del Consiglio Roberto Maroni lo prenderei a calci nel culo». Ha sempre il gusto del particolare e dell'esattezza: precisa dove, come per la signora Parenti stabilisce quanto: mezza.

Si ribella anche al grande capo, Silvio Berlusconi, e manda all'aria tutta l'aneddotica libertina: è «spallato». («Spallato», secondo il *Novissimo Dizionario Palazzi* significa «indebolito di spalle, detto di cavalli e di altre bestie da soma».) Ma suppongo che in questo caso il fine intellettuale alluda ad altri accessori.

Berlusconi, invece, è soddisfatto e dichiara: «Ho un complesso di superiorità che non riesco a frenare. Non c'è governo migliore». Dicono gli psicoanalisti che questa convinzione rivela invece inferiorità e insicurezza. Non è opinione solo dei critici più aspri, come Giorgio Bocca: «Stia zitto, dopo avere fatto la figura del peracottaro. Non faccia ridere», ma lo confermano anche i seguaci. Dice Alessandro Meluzzi (Forza Italia): «La verità è che siamo affetti da cretinismo e ci stiamo suicidando». Non credo che sia vero, ma c'è gente che tra i devoti del Cavaliere, a differenza di Sgarbi, eccede nelle valutazioni.

Faccio un esempio, sempre documentato e tratto dalle letture quotidiane.

L'onorevole Francesco Tabladini afferma che il suo compagno, l'amico, il fratello, chissà come si chiamano, tra loro, il dottor Gianni Pilo, il cosiddetto mago dei sondaggi, «è solo un pirla». Così si distrugge un mito e si abusa di voci dialettali del Nord, usufruendo del linguaggio della Lega.

Il dottor Pilo, che è colto e sensibile, risponde all'«ignorante» Tabladini, citando Aristotele e Montesquieu, e Tabladini, che non sarà erudito ma di sicuro è svelto, risponde: «Devo ammettere che mi sono sbagliato. È pirla due volte».

Non c'è pace a Roma, neppure al *manifesto*. Leggo: «Rissa Rossana Rossanda-Valentino Parlato». Rossanda: «Né con Biondi né con Di Pietro». Va bene: con De Lorenzo e Di Donato?

Non è sola: può trovare appoggio, magari in Tiziana Maiolo, che è partita dal quotidiano comunista per arrivare a farsi eleggere nelle liste compilate ad Arcore. Nessuna novità, anche questa volta: Georges Clemenceau, che non sapeva niente ma capiva tutto, diceva: «Traditore è chi lascia il suo partito per iscriversi a un altro, convertito è colui che molla quest'altro per iscriversi al vostro».

Entra in scena, fatalmente, anche Giuliano Ferrara, che conferma la sua ostilità per i giudici: «Non si può consegnare la chiave della politica italiana in mano al pubblico ministero, perché queste cose succedono solo nella repubblica delle banane».

È una originale divisione del mondo e del diritto da un punto di vista ortofrutticolo; ma gli risponde, irritato, l'ex onorevole Giovanni Galloni del Csm, il consesso dei giudici, che non ha gradito l'allusione al clima tropicale: «Prima di parlare di repubblica delle banane il ministro Ferrara dovrebbe dimettersi».

Per governare, diceva un famoso politologo, bisogna vedere oltre gli avvenimenti. Sono sicuro che l'onorevole Berlusconi lo farà: anche per liberarsi dallo spettacolo che lo circonda.

6 agosto 1994

PAROLE, PAROLE, PAROLE

Per favore: cinque minuti di intervallo. Non se ne può più: almeno questa è la mia sensazione. Mi riferisco alla Rai: al decreto, alle nomine, alle polemiche. E giù con le dichiarazioni e avanti con i dibattiti: Taradash, Storace, Paissan, esperti del ramo e ospiti fissi delle nostre serate.

Pare che l'Italia non abbia altri problemi: d'accordo che una stampa e una tv libere sono alla base di una democrazia sana, ma un eccesso di chiacchiere è invece sintomo di una democrazia malata. Abbiamo un vivo interesse per i programmi: ma soprattutto per quelli del governo.

Confesso una accresciuta comprensione per le difficoltà tra cui naviga Silvio Berlusconi: non ha scelto un grande equipaggio e ogni giorno, suppongo, avvertirà gli inconvenienti di una selezione sbagliata. A suo conforto va detto che anche Gesù, che probabilmente (lo riconosce anche Emilio Fede) era più dotato, non fu felice quando si tirò dietro un paio di membri della compagnia, e ci fu chi tradì, e chi fece finta di non avere capito. Ma deve essere un bell'imbarazzo avere a che fare con ministri ai quali il Signore, per eccesso di generosità, ha fatto il dono della parola.

Non è possibile che ogni giorno da Palazzo Chigi

e dintorni esca qualche rivelazione, o proposta, o giudizio che il mattino dopo deve essere prontamente smentito. Pare quasi che la categoria dei giornalisti sia formata da malvagi o da cretini: il che, non fosse altro che per ragioni statistiche, non corrisponde al vero.

Se uno guarda ai nostri comportamenti sindacali, potrebbe anche interpretarli come una prova di stoltezza collettiva: ma sarebbe un errore. Certo, solo spiriti stravaganti ed eccentrici possono proporre, per aumentare l'occupazione, la settimana lavorativa sbrigata con quattro rapide presenze: come se gli editori, che non se la cavano tutti brillantemente, allargassero poi le assunzioni. A mio parere, invece, bisognerebbe impegnarsi di più per fornire un prodotto migliore: con bilanci in attivo crescono le occasioni di impiego.

E mi sembra anche una canzonetta lo sdegno periodico e infruttifero dell'Usigrai, sindacato dei giornalisti Rai, che ha accettato la divisione delle reti fra tre partiti e la lottizzazione come criterio di stima professionale, e i Robespierre si sono poi calmati di fronte a un passaggio di categoria o alla politica. Quante carriere dietro la cosiddetta lotta di classe, sezione B.

Ma voglio riprendere, anche per consolarmi, il discorso sui cultori dell'esternazione del giro Berlusconi. Comincia Fabrizio Del Noce, che confida a un attento cronista della *Stampa* il suo successo nelle manovre di viale Mazzini: ha piazzato quattro o cinque, non ricordo bene, dei suoi candidati. Che successo. Ma che scandalo: segue smentita. Il collega, famoso per i suoi scoop e anche per la sua filosofia, conferma e spiega che la notizia, qualunque sia, e in qualunque modo l'abbia avuta, la dà; questa sarebbe del resto la regola del mestiere.

Forse io non l'ho ancora imparata: perché, per me, una confidenza non è un'intervista, uno sfogo non è un colloquio. Ma sono vecchio e datato: e portato a distinguere. Certo, ci sono informazioni che non si possono tacere, quando, immagino, interessano anche al magistrato o alla polizia. Se so che si trama un delitto, che qualcuno può morire, non ripeto il comportamento di Kirk Douglas in *Asso nella manica*: non faccio un «colpo», ma una denuncia.

Detto questo mi sembra stucchevole il gioco del sasso lanciato e della mano ritratta. Mi pare un grave sbaglio pensare che i cittadini di questa Repubblica sono un branco di fessi.

Il presidente del Consiglio dovrebbe prendere qualche energica decisione per qualche suo collaboratore che applica alla perfezione la formula: «Dice tutto quello che pensa, ma non pensa a tutto quello che dice». Mi riferisco, a proposito, ad Antonio Guidi, ministro della Famiglia, che non ha ancora capito che una faccenda sono le «Funari News» e un'altra il governo. Questo signore si distingue per un eccesso di dichiarazioni: l'ultima, clamorosa, è l'allarme che ha lanciato, «a scopo preventivo», su un possibile traffico di organi di bambini stranieri, favorito dalle adozioni. Una vicenda di bimbi cavia, terribile, sulla quale il tutore dei nostri focolari non ha neppure l'ombra di una prova. Un magistrato, il dottor Occhigrossi, gli ha intimato: «Fuori i fatti», ed è la stessa richiesta che gli ha lanciato un esperto in trapianti, il professor Sirchia.

Abbiamo già tanti guai: è proprio il caso di inventarne degli altri? Di angosciare la brava gente con uno scenario disumano, e con una sola e risibile giustificazione: potrebbe accadere? Questo Antonio Guidi è, nel suo piccolo, un maestro della rettifica: potremmo considerarlo il Grande Incompreso. Una volta ha un'idea: diamo anche ai gay la possibilità di adottare un figlio. La proposta suscita alcune considerazioni di carattere tecnico e molte perplessità: e il ministro deve adeguarsi e sconfessare se stesso.

Poi gli viene in mente di paragonare l'aborto terapeutico a certe iniziative dei nazisti, quando predicavano la superiorità della razza, la loro, naturalmente. Altro fracasso, altra marcia indietro.

Approfitta del funerale per proclamarsi amico di Domenico Modugno, presentato come «compagno di battaglie». Immediato intervento della vedova: «Mio marito non avrebbe mai lavorato con Guidi». Ragioni ideologiche.

Forse ci sarebbe un rimedio: lasciar perdere i professionisti della conferenza stampa, gli onorevoli del pronto discorso, gli ossessionati dalla notorietà. Non hanno niente da dire e lo dicono troppo spesso. Pare che Berlusconi, insoddisfatto, cambi portavoce. Cambi anche, se può, qualche ministro. Non si creerà di sicuro un vuoto.

7 ottobre 1994

A PROPOSITO DI DEMOCRAZIA

Non ricordo chi lo ha detto ma sottoscrivo, anche se si tratta di Francesco Storace (An), che non segnalerei come modello di tolleranza: «Non condivido le tue idee, ma mi batterò perché tu possa esprimerle e difenderle».

Cinquanta studenti autonomi, anche dalla logica, hanno presidiato l'aula dove l'ex missino doveva confrontarsi con il senatore progressista Stefano Passigli e con il sociologo Bechelloni.

Questa è o non è censura preventiva? Perché non ascoltare anche chi non la pensa come noi? La democrazia è conveniente quando siamo in due a decidere, e l'altro è indisposto?

Fino al momento in cui scrivo questa nota, la protesta giovanile s'è svolta in un clima composto e sereno. Perché questo comportamento becero? Penso che il concetto di antifascismo coincida anche con la virtù della comprensione: ci fu già chi affrontava gli avversari ideologici con il manganello e con l'olio di ricino, che non favorisce di certo il fluire delle diverse opinioni.

In questa storia c'è anche un'aggravante, una ulteriore complicazione: dicono che Rifondazione comunista ha giudicato sfavorevolmente l'onorevole Passigli perché ha consentito a discutere con l'onorevole Storace. Sono anche questi atteggiamenti di Fausto Bertinotti e compagni che portano voti alla destra: gli estremismi si scontrano. Bertinotti ricorda un famoso discorso di Georges Marchais, segretario del Pc francese: «Noi comunisti abbiamo una posizione chiara: non siamo mai cambiati, noi non cambieremo mai, noi siamo per il cambiamento».

Prima vuole uscire dalla Nato, poi vorrebbe tassare i Bot, e immaginate la festa, adesso è disposto a dialogare, ma soltanto con se stesso. Che tipo.

Capisco i cortei, apprezzo meno il ritorno delle K. Okkupato mi fa tornare in mente Amerika, qualche automobile incendiata, qualche «esproprio proletario» di giubbotti di pelle o di salamini.

Un clima grigio e pesante grava sul nostro Paese, che vive ore di incertezza e cerca qualche soluzione per i molti problemi. Guai se si cadesse anche negli «scontri sociali»; la vita non può essere ispirata dagli slogan, dai «Boia chi molla» ma neppure «Scegli il tuo poliziotto».

Questi sono giorni confusi, e sembra di tornare indietro: i capitali fuggono ancora dall'Italia. Il potere politico contro quello giudiziario. Due anni fa i padri accompagnavano i bambini in piazza del Duomo, a Milano, e gli compravano il palloncino con la scritta: «Evviva Di Pietro». Adesso un sondaggio dice che gli preferiscono Silvio Berlusconi.

Il quale chiama Giuda l'onorevole Umberto Bossi, mentre Cesare Previti, che negli ambienti religiosi viene definito anche «Anima nera», strizza l'occhio alla Lega e spiega: «Abbiamo recepito la loro spinta al federalismo». E anche, suppongo, i risultati elettorali.

Si ha l'impressione che tra Quirinale e Palazzo Chigi ci sia una certa incomunicabilità, ma la colpa, secondo il presidente del Consiglio, sarebbe della disinformazione. E dire che ha ai suoi ordini tre o quattro portavoce che, evidentemente, non hanno niente da dire.

Di garanzia, da queste parti, ce n'è soltanto negli avvisi: ho parlato con diversa gente che dovrebbe intendersene, imprenditori e politologi, sindacalisti e finanzieri, non c'è nessuno in grado di fare ragionevoli previsioni. È un po' come all'inizio del campionato di calcio, quando i cosiddetti «tecnici» avanzano qualche pronostico: poi c'è sempre la squadra rivelazione che sbigottisce tutti. Non mi pare che, nel caso, si tratti della compagine governativa.

Francesco De Lorenzo, riferiscono le cronache, ha il tormento dell'ansia, Ferdinando Mach di Palmstein soffre le pene della depressione: li capisco, perché sono dentro, ma neppure fuori c'è tanta allegria.

Secondo uno studio dell'Ocse, l'operaio italiano è sempre più tartassato dal fisco: non deve avvilirsi, il ministro delle Finanze Giulio Tremonti sta pensando di liberarlo «dai vincoli fiscali» dopo i settant'anni, purché guadagni dai 18 ai 22 milioni all'anno. Per i superstiti si annuncia una lieta stagione.

Titoli dei giornali: «Lira a precipizio», «Attenti all'inflazione», «Marco a 1038». Un quotidiano crede di alleggerire l'amarezza del lettore: «Ma Dini è ottimista».

«L'ottimismo della volontà» diceva Antonio Gramsci, ma c'è anche una spiegazione di Samuel Beckett: «Quando si è nella merda fino al collo non resta altro che cantare». Forza con il coro. Ed ecco che Rocco Buttiglione, con quell'aria cordiale da organizzatore di spaghettate, che durante una trasmissione televisiva dimentica che c'è chi registra anche i dialoghi «privati», chi li diffonde, ed esegue il suo motivetto tentatore con Antonio Tajani, esponente di Forza Italia: «Venite con noi, mollate Fini e facciamo un bel blocco di centro».

Sul bello si potrebbe anche avere qualche riserva, ma Buttiglione insiste: «Ho pensato sempre bene di voi». Buttiglione è anche possibilista: «Si possono fare degli esperimenti. In alcuni posti andate con An, in altri con noi». Il Vangelo ammonisce: «Dite sì o no», ma da queste parti si ricorre sempre di più al «forse».

Intanto Fini, che conosce la fermezza degli alleati, tenta di riagganciare il Carroccio al grido di: «Tutti a bordo».

Mentre Francesco Cossiga toglie la sua prefazione al libro del dottor Di Pietro, che lo ha deluso: come non detto. L'editore ne annuncia un altro in arrivo. Non sarà facile trovare un autore per il prologo, visto il recente epilogo.

9 dicembre 1994

TEATRINI E CAPICOMICI

Dice il presidente della Repubblica: «Nervi calmi». E sogni belli: crisi economica, crisi politica, crisi delle istituzioni. La lira e la Borsa cadono in picchiata. Non ricordo un momento come questo: confuso, aspro, grigio. Un dramma che si consuma nella luce incerta di queste giornate che preludono al Natale: e i festoni di lampadine e le musiche di qualche zampognaro di circostanza non ispirano letizia.

Berlusconi da Essen (Germania) manda a dire che l'Italia «è un teatrino»; e l'alleato Bossi precisa: «Colpa del capocomico». Che ha scelto un cattivo copione, dei mediocri attori e ha perfino una smodata passione per l'applauso, mentre tendono a scarseggiare gli spettatori.

Si poteva sperare che avesse la genialità dei comici della commedia dell'arte, che avevano la fantasia dell'improvvisazione: non conosceva il mestiere dei governanti, ma in fondo Truman, che secondo me è stato un grande personaggio, aveva cominciato da commesso viaggiatore del Missouri e Reagan aveva puntato alla Casa Bianca da comprimario in film di serie B.

Dispone, mi pare, di quattro portavoce, e uno parla cinque lingue, più un numero imprecisato di volonterosi interpreti delle sue intenzioni e di laudatori della sua opera. Mi consenta di citare l'avvocato Previti, coordinatore, nientemeno, di Forza Italia, nonché ministro della Difesa. Riferendosi all'ingegner De Benedetti, inteso come Olivetti, proclama (*La Stampa*, 13 dicembre): «Aver dato a lui l'appalto dei telefonini è un abominio».

Ma chi è l'infame che si è reso colpevole di questa vergogna? Sta forse nei suoi dintorni? Ne ha ricavato vantaggi o ha adempiuto a una scelta doverosa? Gli atti del governo sono una forma di beneficenza, visto che Berlusconi ha parlato di «ingratitudine»? Sarebbero queste le «regole morali della Seconda Repubblica»?

Siamo ancora in attesa di sapere che cosa intende fare Berlusconi delle sue aziende, e la pausa di riflessione è durata sette o otto mesi. Mi rendo conto che è difficile e crudele privarsi di cose faticosamente conquistate, ma se è comprensibile l'attaccamento alla botte piena è sicuramente improbabile riuscire a ubriacare la moglie con le chiacchiere e le promesse.

Ferrara attacca Scalfaro, Berlusconi attacca i magistrati, che litigano anche tra di loro, l'onorevole Previti è indignato perché l'avviso di garanzia al suo capo lo potevano sbrigare perfino con una telefonata. Il tribunale, nella sua visione, è più o meno come la Fleurop: «Ditelo con i fiori». E poi ce l'ha con i magistrati: «Anche Scalfaro» dice indignato «dovrebbe essere inquisito, ma lo lasciano stare».

Ne è sicuro? E perché non provvede, invece che con delle interviste, con delle denunce? Che cosa ha fatto, di che cosa è colpevole? I sudditi hanno il diritto di sapere se il responsabile della sicurezza nazionale è anche cosciente dei discorsi che fa.

Stiamo vivendo in un clima di delirio, e non escludo che tra poco sui muri ricompaia, con versione al plurale, la leggendaria: «A ridatece i puzzoni».

Si è scatenata una offensiva che punta diritto sul Quirinale: è da lì che può riecheggiare il celebre motto che il generale MacArthur lanciò durante la guerra di Corea: «A Natale tutti a casa».

Alludo alla possibilità che vengano messi subito in discussione, secondo voci insistenti, e sfrattati gli attuali inquilini di Palazzo Chigi. E così Sgarbi va a «Domenica in» a mettere in imbarazzo la dolce e innocente Mara Venier, che non si attende una bordata di insulti al mistico primo cittadino; poi scatta, si fa per dire, Ferrara, che di quell'uomo che ha perennemente gli occhi rivolti al Cielo dice addirittura che «tratta sottobanco».

Conclusione (provvisoria); è il popolo, e forse Dio, che hanno voluto Berlusconi, e guai a chi lo tocca: stia attento il tribunale. Berlusconi vuole preservarci da un futuro «illiberale»: anche se questo presente non mi pare, viste le epurazioni, e certi proclami, molto tollerante. Guardate il comportamento della «garantista» Tiziana Maiolo, ex *manifesto*: «Caselli lavori, e zitto». E se parla la garantista Maiolo che cosa gli assicura?

Un grande diplomatico svedese, Dag Hammarskjöld, insegnava: «È solo degno del potere chi lo giustifica un giorno dopo l'altro». È così?

15 dicembre 1994

CHI PAGA IL CONTO

Penso che Silvio Berlusconi dovrà lasciare Palazzo Chigi: ha contro non solo gli oppositori, ma anche qualche alleato. Il ritorno ad Arcore, come ogni vicenda umana, ha aspetti lieti e tristi: ritroverà la famiglia ma anche i conti della Fininvest.

Mentre scrivo questa nota, il presidente del Consiglio è al Teatro Manzoni di Milano ad arringare i fedeli. Anche Mussolini salì sul palcoscenico del Lirico, e gli applausi dei camerati lo illusero. Credo che, in ogni caso, l'esperienza romana di Berlusconi è conclusa. Gli sarà difficile anche affrontare la nuova sfida elettorale: mi sembra improbabile che possa ancora contare sulle tre reti televisive da mettere al servizio dell'idea. Anche l'appoggio di qualche estimatore della Rai sarà fatalmente più prudente. C'è in tutte le avventure una prima volta, ed è irripetibile.

Non mi piace il modo con cui lo mandano a casa, e non condivido i sistemi e le speranze di certi suoi oppositori. Chi paga il conto di questa infelice impresa è l'Italia: il progetto è fallito per l'inesperienza del leader di Forza Italia, e per la incredibile mediocrità di gran parte dei suoi collaboratori. Ha ripescato alcuni scarti della Dc e di Craxi, e in più una banda di trasformisti e di convertiti dell'ultima ora. Si guardi attorno e osservi qualche volta anche le sue tv; che discorsi, che minacce, che sproloqui, e quanti insulti.

Non si lasci ingannare. Le cronache si occupano dell'onorevole Alessandro Meluzzi, ex Pci, ex Psi, arrivato alla capitale con il convoglio berlusconiano, che dice fiero: «Siamo pronti a salire sull'Aventino». E lo sa come andò a finire, lui che è già salito su troppi carri? Ora si scende.

Immagino che Silvio Berlusconi stia vivendo giorni terribili: non era preparato ai giochi della politica e si sente tradito. Ma come? Lui che si considera Unto dal Signore non ricorda che anche il Principale dovette fare i conti con Giuda? Non cade solo per le manovre dei nemici, ma per la difesa stolta dei suoi urlatori. C'è chi non l'ha lasciato lavorare in pace, ma anche chi l'ha coinvolto in assurde battaglie. Il soggiorno nelle stanze dei bottoni è stato breve, sette mesi: credo che solo Tambroni sia stato licenziato prima. Quattro.

Berlusconi ha vissuto momenti indimenticabili: Napoli, con i «grandi» e la luna tentatrice, e poi le notti del Cremlino; penso che abbia confessato alla moglie: «Ma chi lo avrebbe mai detto».

Io, certamente, no. Aveva conquistato tanta gente, arruolando nelle sue file anche personaggi discutibili. E promettendo un futuro più giusto. E poi si è ritrovato accanto qualche fascista *light*, secondo la felice definizione di un geniale produttore televisivo, niente olio di ricino, ma una specie di Coca-Cola senza zucchero, con il frizzantino della libertà, e la Lega di Bossi, oggi nella versione di difensore della democrazia.

Berlusconi ritiene di avere salvato l'Italia dai comunisti, ma non ce l'ha fatta con gli speculatori e i furbacchioni, con gli apostoli dell'epurazione. Il «nuovo» non lo abbiamo proprio visto, ma hanno resistito molti vizi del vecchio.

Forse adesso qualcuno gli consiglierà di fare appelli alla piazza: ascolti se stesso, se davvero vuole il bene di questo Paese. Non ci sono, come è stato scritto, guerre fatali: ma ci sono guerre perdute. E in fondo Arcore, se non è Versailles, non è neppure Sant'Elena.

20 dicembre 1994

MR SMITH VA A WASHINGTON

L'avventura di Silvio Berlusconi ricorda un film americano degli anni Trenta: *Mr Smith va a Washington*, regista Frank Capra. Racconta la storia di un bravo giovanotto del Montana di nome, nientemeno, Jefferson, un candido idealista che, eletto senatore, si presenta al Congresso con un insolito programma: lottare contro l'indifferenza e la corruzione perché, sostiene, «le cause perse sono le sole per cui vale la pena di combattere».

Però, a differenza dell'onorevole Berlusconi che può contare su tre reti televisive e su una grande casa editrice, ed è più smaliziato, per far sapere alla solita gente i suoi propositi, deve ricorrere al ciclostile e a volonterosi boys-scout che vanno in giro a recapitare il suo onesto messaggio.

Anche Silvio Berlusconi ha marciato su Roma per opporsi al vecchio e traviato mondo politico con il quale, peraltro, aveva serenamente convissuto: lo conferma la mai rinnegata amicizia con l'esule Bettino Craxi.

Basta con il partitismo e gestiamo l'Italia con spirito imprenditoriale: le sue promesse alla vigilia delle elezioni avevano entusiasmato tanti cittadini. Charlie Chaplin comincia il suo libro di memorie con un'affermazione: «Il successo rende simpatici», e Berlusconi, inventore della tv commerciale, proprietario di una catena di magazzini e di cinematografi, del Milan, una leggendaria squadra di calcio, costruttore di città modello, e poi assicurazioni, gestioni finanziarie, sette, dico sette, ville in Sardegna, era la dimostrazione clamorosa dell'intraprendenza, delle felici intuizioni.

Come Cristoforo Colombo insegna, è sempre complicato imbarcare l'equipaggio giusto: e fra gli alleati di Berlusconi c'era anche Umberto Bossi, fondatore della Lega, apostolo del federalismo e avversario tenace di Gianfranco Fini, l'altro associato, leader di Alleanza nazionale, un movimento con qualche precedente fascista.

Ma quando c'è da conquistare il potere l'accordo è abbastanza agevole: le difficoltà vengono poi. Negli stendardi di questa armata variopinta e raccogliticcia spiccava un motto: «Polo delle libertà e del buon governo».

Dopo sette mesi ci si è resi conto che la seconda parte della massima era un eccesso.

Con un discorso che è durato ventisei minuti, Silvio Berlusconi ha dovuto riconoscere che il tempo del suo travagliato soggiorno a Palazzo Chigi è scaduto. Ha descritto Bossi, che ha messo in crisi la compagnia accordandosi con i nemici, come la moderna versione di Giuda, truffatore di chi ingenuamente lo ha votato, e per dar forza al ragionamento ha dottamente citato Abraham Lincoln (molti italiani sanno che ha liberato gli schiavi) e Jacques Maritain, il filosofo cattolico che esalta la fiducia nella ragione e i diritti dell'uomo, ma che per una robusta parte degli ascoltatori poteva anche essere il portiere del Marsiglia Football Club.

Nelle infinite conferenze stampa televisive, che spesso erano dei monologhi, il Berlusconi sconfitto si è presentato infatti come un centrattacco che non poteva far gol, perché la squadra non ha giocato per lui.

Il bilancio del suo governo era la geografia di un fallimento; si salvano tre o quattro ministri, fra uno stuolo di incapaci e di riciclati. Si era impegnato a creare un milione di posti di lavoro, e alla fine del 1994 i disoccupati sono cresciuti di oltre 400.000 unità. L'inflazione ormai è al 4 per cento. Il debito pubblico ha superato i due milioni di miliardi. I cambi dimostrano ogni giorno la debolezza della lira. I capitali scappano all'estero. Perfino il cardinale di Bologna, Biffi, ha predicato che i milanesi sono pessimi amministratori della cosa pubblica.

Va anche riconosciuto che Berlusconi ha avuto contro un'opposizione confusa, che non ha proposto affascinanti alternative, con i popolari a lungo incerti se seguire gli ex comunisti del Pds o aggregarsi a Forza Italia, con Berlusconi. Rifondazione è addirittura un alibi per la destra: a Bertinotti e compagni pare che la bandiera rossa sventoli ancora sul Cremlino. Se si va a votare qualcuno provvederà a ricordarlo. Non sanno cosa diceva Stalin: «A chi ha la testa rivolta al passato bisognerebbe tagliarla». Lui provvedeva.

Bossi aveva battezzato il presidente del Consiglio Berluskaiser: ma era un imperatore costretto a continui compromessi. E a smentirsi con eccessiva disinvoltura. Qualche esempio. Il 15 luglio proclamava: «Il decreto Biondi non si cambia. O passa così o tutti a casa». Tre giorni dopo: «Il decreto Biondi va modificato. E vi rivelo che io stesso all'inizio ero contrario».

Berlusconi ha una certa considerazione di sé; da qui uno smisurato culto dell'immagine: si affida a un operatore di fiducia, che sa graduare le luci e le rughe. Anche Mussolini aveva incaricato un ex massimalista convertito, Bombacci, di scegliere e far circolare le fotografie più suggestive.

Sono di Berluskaiser certe pacate affermazioni: «La mia discesa in campo ha cambiato la Storia di questo Paese». È innegabile: ma come?

Poi un'interpretazione mistica: «Io sono l'Unto del Signore». L'Unto, secondo la versione della Bibbia, è un inviato speciale di Dio presso il popolo, con missioni molto impegnative. «Non mi hanno lasciato lavorare» conclude sconsolato l'onorevole presidente. Che però si è impegnato, nei momenti di tregua, soprattutto sui problemi della Rai, trascurando la sistemazione del monopolio Fininvest, e in una campagna contro i giudici che ha lasciato molti segni.

Voleva cambiare tutto: ha provveduto a distribuire cariche ai seguaci epurando chi veniva considerato strumento della partitocrazia. Gli ex craxiani e gli ex democristiani però stanno ritornando; anche Berlusconi ne aveva attorno un campionario.

Ora dice che «nell'interesse del Paese», e a mio parere anche delle sue aziende fortemente indebitate, vuole condurre l'Italia alle urne: ha fissato anche la scadenza, il prossimo marzo. Ci tiene, e si è rivolto per chiedere consenso alla piazza, minacciando: «Se non mi lasciano fare, divento Masaniello».

Masaniello era un garzone di pescivendolo che a Napoli, al tempo del dominio spagnolo, guidò un'insurrezione. Gli andò male.

Umanamente lo capisco: non rischia di perdere una battaglia, ma la guerra.

Bossi se ne è andato, ma Fini resta. Che del Polo è la mente più sottile. Per fare dimenticare le origini mussoliniane si è inventato tra i predecessori persino Gramsci, che i camerati misero in prigione.

Ma qualcuno che se ne intendeva ha già spiegato che in politica un'assurdità non è un ostacolo. È Fini che può raccogliere i delusi della Lega e anche tanti convinti che le camicie nere sono soltanto un ricordo.

Abbiamo già avuto 52 governi: al prossimo tocca un compito difficilissimo: assicurare alla cosiddetta Seconda Repubblica una vita normale, dopo troppi giorni di incertezze, di risse, di vendette. Bisogna che i nuovi inquilini di Palazzo Chigi abbiano forza, e integrità, per promettere agli italiani inevitabili e duri sacrifici: dimostrando finalmente che li rispettano.

31 dicembre 1994

COLPO DI STATO?

Allora: ci sarà il golpe? Che parolona: e chissà che cosa ne pensano al mio paese. Ai tempi di Machiavelli (non lo sapevo a memoria, sono andato a cercare) voleva dire volpe: «Bisogna dunque essere golpe... e sbigottire i lupi».

Adesso significa «colpo di Stato», conquista subdola o violenta del potere. Il termine è spagnolo e fa venire in mente Pancho Villa. E anche l'onorevole Fini, che teme quello bianco. Già: perché una volta ce ne fu uno nero. Poteva essercene anche uno rosso, ma forse era troppo scomodo.

L'Italia non fa ancora parte del Sudamerica, e da queste parti i militari sono tranquilli, e soprattutto prudenti. Se non riesce, c'è il rischio di perdere la pensione.

Ci provarono una volta con la milizia forestale, che può seguire i balzi dei camosci sulle vette, ma che è sprovveduta di fronte ai salti dei banchi di Montecitorio. Una trovata comica: al comando avrebbero dovuto mettere Alberto Sordi.

Però nessuno sa come andrà a finire: si moltiplicano i vertici attorno a Berlusconi, convegni ristretti di alcune sommità, come Tatarella e Staglieno. È l'Himalaia della nostra politica.

E nella scalata dell'Everest, ecco che arriva con il suo picconcino anche l'onorevole Maroni. Addio, Bossi: se le crisi di coscienza fossero come quelle di potere la Repubblica sarebbe un grande confessionale.

Signore, quanti ravvedimenti. Ma guarda: Alberto Michelini, apostolo della fede, dell'Opus Dei e della famiglia, passa, nientemeno, dai pattisti ai federalisti-liberal-democratici. Chissà di che cosa si ciba questa nuova specie, se vive sugli alberi, come si riproduce e magari a che cosa serve. Federalisti: e più o meno si capisce che cosa vogliono. Liberali: «credono nei princìpi della libertà» (Palazzi, *Dizionario della lingua italiana*). E in più sono anche democratici: tanto per insistere, che poi vuol sempre dire: «liberi, liberali, popolari» (Pittàno, *Sinonimi e contrari*).

La formula l'onorevole Alberto l'ha inventata con l'onorevole Raffaele Costa: e per fondare il gruppo hanno raccolto alcuni ex leghisti e perfino un vecchio missino. Adesso Bossi fa anche un po' pena: la spada di Alberto da Giussano non fa più paura a nessuno e gli amici del Bar Sport se ne vanno. Dicevano che Roberto Maroni era il suo braccio destro: fate qualcosa per un povero mutilato.

Il nuovo avanza, ma verso le scialuppe di salvataggio. Prima le donne, come la Tiziana Maiolo, che è più che altro una ex: *manifesto*, antiproibizionista, indipendente, ma da chi? In Rifondazione poi, ma non finalmente, perché la vita continua, a Forza Italia. Tutti si giustificano più o meno così: «Ho scelto la coerenza con le mie idee». Come si vede ne hanno tante: troppe.

La morale di questi convertiti l'ha espressa efficacemente il ministro, provvisorio, del Bilancio, Giancarlo Pagliarini, citato dal *Mondo*: «Pur di raggiungere i miei obbiettivi andrei anche con Pippo, Pluto e Paperino». Ha già fatto le prove con i sette nani.

Anche Umberto Bossi ha ballato una sola estate. Ricordate quando passeggiava a braccetto con Berluskaiser per gli ombrosi viali di Arcore, braccio sulla spalla? E in onesta canottiera sulla spiaggia del mar di Sardegna? Fecero un matrimonio d'interesse, e poi la rottura. Come in tutti i divorzi, difficile che si salvi qualche ricordo gentile. Il Cavaliere Silvio gli offrì perfino un pigiama, mettendo a disagio uno, si vede subito, che dorme in mutande.

Non resistette davanti alla tentazione del governo: e si batté perché a Bobo Maroni venisse dato il Viminale. E ora Bobo, compagno di lotte e di biliardo, passa dalla parte di Berluskaz. «L'han giurato, li ho visti in Pontida», ma stanno tagliando la corda. Prima se ne andò il professor Miglio, il Pensiero, adesso il jazzista Bobo, l'Azione.

Bossi partito da una cascina era arrivato a Roma con quasi un centinaio di parlamentari: tutti insieme sempre, diceva, come in un convento. Ma hanno scoperto i richiami della dolce vita e quello delle poltrone. «Dur, e ch'el dura» diceva il poeta lombardo Carlo Porta. Quello è sempre stato il vero problema, caro «senatur».

12 gennaio 1995

MATRIMONIO A TRE

Nelle lettere d'amore di Napoleone a Giuseppina ce ne è una che trascura le fantasie erotiche ed esprime invece l'amarezza della sconfitta. Nella solitudine di Fontainebleau, preparandosi all'imbarco per l'isola d'Elba, l'imperatore confida la sua delusione alla vecchia compagna della vita: «Ho colmato di benefici migliaia di miserabili. Che cosa hanno fatto ultimamente per me? Mi hanno tradito, sì, tutti. Addio, mia cara Giuseppina; rassegnatevi come io mi rassegno».

Credo che riflessioni analoghe, tra una pugnalata e l'altra, le ha fatte anche Giulio Cesare; Benito Mussolini lasciò processare i fedeli camerati che durante l'ultimo Gran Consiglio gli facevano notare che la guerra era perduta.

Non ricordo il nome del parlamentare francese che considerava la politica un capitolo della meteorologia, perché è la scienza che si regola sulle correnti d'aria: importante è capire da dove arrivano e quali nebbie porteranno. E i venti, da sempre, sono variabili.

Penso a Silvio Berlusconi che ha sofferto per quello che considera il voltafaccia di Umberto Bossi: ma non ha girato la testa, forse si sono accentuate le rughe. È risaputo che nel cuore umano c'è tanto spazio: ma come si fa a cambiare alleati, e ideologia, a seconda della latitudine? Al Nord Forza Italia, che in realtà voleva dire «Avanti, Berlusconi», era in società con i federalisti della Lega, al Sud in compagnia degli eredi del nazionalismo più sfrenato.

È vero che in campagna elettorale quello che più conta è promettere, e sono pronte le scuse quando non si può mantenere; ma è improbabile che riescano i matrimoni se davanti al sindaco, o all'altare, si presentano in tre. E magari un maschio, una femmina e un incerto.

Non ho motivi per difendere certe scelte o certi discorsi del leader dei leghisti, ma di gente che ha cambiato opinione in tempo ce ne è tanta anche nei dintorni del presidente del Consiglio. Suppongo che l'onorevole Berlusconi non abbia gradito neppure l'atteggiamento, che a me pare corretto, del senatore Carlo Scognamiglio che ha detto: «Le Camere non sono delegittimate».

Solo nei romanzi di Salgari, o nei *Tre moschettieri*, imperversa la parola «fellone», che è evidentemente arcaica e presuppone estenuanti duelli alla spada; adesso che nella tenzone va molto l'insulto, è entrato nel linguaggio comune, per ogni incrociare di idee, o di scelte, una cordiale allusione: Giuda. Ma anche il Cavaliere, che ha infiniti meriti, non può considerarsi meglio di Gesù, e non mi sembra che nella scelta degli apostoli sia stato sempre fortunato. Non mi riferisco tanto alle inevitabili varietà ornitologiche, i falchi e le colombe, che esistono in tutti i nidi, e spesso svolazzano al richiamo del becchime, ma a certi suoi ministri e ad alcuni interpreti del suo pensiero, che si sono distinti in iniziative che il saggio ed esperto Amintore Fanfani avrebbe definite «improvvide». Non so, per fare qualche esempio, se ha mai avuto qualche volta, con i tanti impegni, l'occasione di dare un'occhiata ad alcune trasmissioni televisive di quelle tre reti che gli italiani si ostinano a considerare sue. Il mio amico Fedele Confalonieri assicura che l'impostazione editoriale della Fininvest è ecumenica; e se quella è una visione universale, allora vuol dire che il mondo è diventato molto piccolo.

Un signore che se ne intendeva raccomandava ai suoi collaboratori: «E soprattutto, niente zelo». Starace, in confronto di certi propagandisti governativi della tv commerciale, sembra un moderato: quelli della pubblica paiono invece soltanto fessi. Il vecchio parlamentare Orlando aveva lanciato per questi fenomeni di condiscendenza una felice definizione: «Cupidigia di servilismo». E a Berlusconi non hanno giovato, anche se li ha considerati strumenti di legittima difesa.

Forse è vero che tutto arriva troppo tardi: e a Silvio Berlusconi l'occasione di conquistare Roma, e tutti gli italiani, nel nome della libertà è capitata quando, secondo me, nessuno la stava minacciando. Per quanto uno si sforzi non può riuscire a immaginare i baffetti di Massimo D'Alema incombenti come i baffoni di Stalin. Fu nel 1948 che la Repubblica venne strappata dalle mani dei comunisti (e del Psi): e il merito va riconosciuto anche a Giuseppe Saragat e, orrore, perfino ai Comitati civici del professor Luigi Gedda, che mobilitarono le parrocchie, e perfino le Madonne paesane collaborarono piangendo per il pericolo che ci minacciava.

Il Muro è caduto: capisco che la notizia non sia arrivata ancora a Fausto Bertinotti, ma Jas Gawronski, che conosce bene l'Est, a Berlusconi, con il solito garbo, qualcosa gli doveva pure far sapere.

Nel discorso di Capodanno, rivolgendosi al nostro primo ministro, Oscar Luigi Scalfaro ha detto, «con affetto», che saranno chiamati entrambi a qualche sacrificio. Non so a che cosa alludeva: forse a un possibile cambio di inquilini a Palazzo Chigi. Di solito i pigionanti chiedono una proroga: ed è quello che sta accadendo. Secondo l'avvocato Cesare Previti, che difende gli sfrattati, l'edificio potrebbe anche restare vuoto, perché non vede nessun possibile successore. I senzacasa che premono sarebbero degli abusivi. Vedremo: ma esiste anche l'orgoglio della rassegnazione. Per gli amori infelici hanno inventato il divorzio. C'è chi vince una battaglia, ma non ce la fa a reggere a una guerra. Winston Churchill l'aveva addirittura vinta quando lo fecero sloggiare da Downing Street. E di certo il leone ha reso immensi servizi alla Gran Bretagna.

13 gennaio 1995

CINQUANT'ANNI DOPO

Dopo cinquant'anni la loro morte ha qualcosa di assurdo. Gli ex missini riconoscono che l'antifascismo è un valore. Che gli ebrei vanno rispettati. Che la democrazia ha dei difetti, come diceva anche Winston Churchill, ma è sempre meglio del resto. Si chiudono anche le ultime pagine della biografia della mia generazione. Quella uscita dai Guf: i gruppi universitari del regime. Quella che aveva vent'anni nell'estate del 1940. Cresciuta in divisa, sfuggita a quella «eroica» realtà con il cinema, la disperazione di Jean Gabin o l'ottimismo dei film di Frank Capra, con la scoperta della narrativa americana, anche i personaggi di Erskine Caldwell, ossessionati dal sesso e dal furore, ci sembravano grandi, come quelli di John Steinbeck, poveri raccoglitori di frutta messicani, povere vittime della crisi del 1929. E la letteratura russa, la tristezza di Anton Čechov, le infelicità delle donne di Lev Tolstoj, i peccatori di Fëdor Dostoevskij. Non c'era foglio di disposizioni del partito che potesse censurare i nostri sentimenti, il nostro bisogno di verità. E cos'era il duce in famiglia? Importante, molto importante. Mio cugino Bruno diventò sottosegretario alle corporazioni, un viceministro: era un ex combattente, è morto senza una lira. Venne epurato: lo seppellirono con un vestito rivoltato. Mio zio Gigi, un fratello di mia madre, aveva fatto la marcia su Roma: continuò impavido anche dopo l'8 settembre, lo hanno fucilato, vedeva dalle montagne la sua casa e i due figli bambini, rimasti soli. Aveva sbagliato, ma ci hanno raccontato che affrontò la morte con dignità. Gli volevo bene: non abbiamo mai discusso. Mi disse: «Taglia la corda, o ti debbo denunciare». Gli diedi retta.

Mio padre diventò camerata tardi, con i reduci della prima guerra: lo promossero capo fabbricato. Volle comperarsi anche la divisa con gli stivaloni: mia madre non era d'accordo. Non c'erano soldi. Litigarono. La indossò un paio di volte: morì proprio il 28 ottobre 1942, all'alba. Credeva nella vittoria. Giorgio Pini era il redattore capo del *Popolo d'Italia*: un galantuomo. Ogni sera riceveva la telefonata del capo del governo. Sua sorella Luisa mi ha tenuto al battesimo: aveva sposato uno zio di cui porto il nome. Io lo vedevo come un napoleonide: rispettavo i suoi sentimenti, la devozione a Mussolini; fui suo redattore al *Carlino*, non chiese mai adesioni alle sue idee. Ci fu un momento in cui si illuse di poter fare un giornale neutrale, poi i paracadutisti di Hitler calarono sul Gran Sasso e riportarono in scena un duce tramortito, e tutto cambiò.

Al Guf Bologna c'erano due ragazzi straordinari: Ferruccio Terzi, medico, ed Eugenio Facchini, legge. Ferruccio era nipote di Arconovaldo Bonaccorsi, il «conte Rossi» della guerra di Spagna, un vecchio squadrista. È stato impiccato dai tedeschi con il filo di ferro ai cancelli di un giardino pubblico. Facchini era andato volontario in Russia per riscattarsi di alcune critiche ai gerarchi corrotti; diventò federale della Repubblica di Salò perché, mi disse, «bisogna fare pulizia dal di dentro». Eravamo sdraiati sotto gli ippocastani dei viali di Porta

Saragozza, mentre bombardavano. Lui parlava con calore. Io non ci credevo. Fu abbattuto da sconosciuti, chi disse degli slavi, mentre varcava la soglia della casa dello studente per andare alla mensa. Era un romagnolo spaccone e generoso. Ho voluto bene a tutti e due: che ne sarà stato della piccola fidanzata di Ferruccio Terzi, dei figli del camerata Facchini? Sono sempre presenti nel mio rimpianto: ogni tanto faccio un appello, registri scolastici, redazioni, diari, quante cancellazioni. Ha detto bene Gianfranco Fini: il dopoguerra è finito. E quelle vite, che senso hanno quelle tragedie? Non cambiano, secondo me, le scale dei valori, il senso che ognuno di noi dà dell'esistenza: ma come è triste un popolo che ha dovuto affrontare tanti eventi.

Sono cresciuto nella casa di un operaio, in un caseggiato popolare: e ho frequentato più il circolo parrocchiale che le adunate del sabato. La critica alla politica, nelle polemiche che infuriavano anche allora tra Chiesa e partito, la facevano un monsignore e un cappellano degli alpini: partendo dalle leggi della morale. Leo Longanesi scriveva sull'*Assalto*, organo della Federazione dei fasci, che un balilla valeva dieci chierici. Io servivo la messa e non ci credevo.

Poi c'è stato l'8 settembre, con i bandi della Repubblica sociale che voleva mettere in piedi un esercito, e ognuno ha fatto la sua scelta, e fummo ancora divisi: i badogliani da una parte contro i battaglioni di Graziani e di Borghese. Chi parlava di fedeltà all'alleato, chi di civiltà. Ci ritrovammo, ha scritto Cesare Pavese, «non più servi; sapemmo di essere liberi e soli». È una frase incisa su un muro di pietra grezza, su Monte Castello, per ricordare i giovani della brigata Giustizia e libertà caduti tra i faggi o tra i ciliegi che perdevano i fiori in quella lontana e fredda primavera. Non sono un politologo, non sono uno storico: ho abbozzato solo qualche tratto di una piccola cronaca personale. Penso al capitano Toni Giuriolo della Matteotti, colpito al cuore, mentre andava a soccorrere un ferito: seguiva Aldo Capitini, odiava la violenza, la sua carabina non sparò un colpo. Penso ai sette prigionieri tedeschi fucilati tra le pozzanghere di un boschetto a Gaggio Montano. Si fidavano del mio tedesco stradale e qualcuno piangeva. Uno sputava su un francobollo con la faccia di Adolf Hitler.

Ma per i miei nipoti che cosa significano questi racconti? La crudeltà, la paura, il ricatto, la vendetta, un odio che umilia la ragione: ma il sangue non sporca mai i manuali scolastici. Forse qualche data, ecco: nel gennaio del 1995 nacque dagli eredi del fascismo Alleanza nazionale. Non cantano più *Giovinezza*, ma l'*Inno a Roma*: «Sole che sorgi libero e giocondo». Libero: e mi pare che pochi se ne fregano ancora della galera e della «brutta sorte».

10 febbraio 1995

DI PIETRO E LA MADONNA

Nessuno sa cosa farà Antonio Di Pietro: forse neppure lui. Una volta mi disse che non aveva alcuna propensione per la carriera parlamentare; ma esistono le vocazioni tardive. Può darsi, perché no?, che nel suo futuro veda anche una poltrona da ministro. Dal Palazzo di giustizia a Palazzo Chigi: certo, troverà un ambiente diverso.

Ho stima, e affetto, per il dottor Di Pietro: credo di conoscerlo anche sotto l'aspetto umano, che per me è poi quello che conta. Ma non mi piace vederlo nel ruolo (la definizione è dell'onorevole Berlusconi) della Madonna pellegrina: troppe parrocchie se lo contendono, e non con motivazioni religiose.

All'ex pubblico ministero di Mani Pulite è stato assegnato lo scomodo ruolo del simbolo: è una bandiera, ma si fidi di un vecchio giornalista che ne ha viste tante: gli italiani i vessilli li issano e li tirano giù in fretta. Si stancano anche degli eroi.

Di Pietro ha di sicuro delle convinzioni politiche: che non conosco. Ma certamente non ha nostalgie fasciste. La sua vicenda familiare conosce le sofferenze provocate dalla guerra e dalla dittatura.

Non so che cosa valgono, o cosa significano oggi le etichette: destra, sinistra, e che cosa è il centro. Ce n'è uno cristiano, che forse non manderebbe mai via i mercanti dal Tempio, e troverebbe eccessiva e rivoluzionaria l'affermazione: «Gli ultimi saranno i primi». Forse ha nel programma l'abolizione del traguardo.

Poi c'è quello laico: ha funzionato quando da una parte c'era la minaccia di Mosca e dall'altra gli aiuti Usa. Adesso l'America deve preoccuparsi della Cecenia. Di Pietro rappresenta, nei calcoli elettorali, una montagna di voti: ho letto addirittura la cifra di 4 milioni. È ovvio che lo corteggino, e mi pare che una sua disponibilità a entrare nella mischia possa rappresentare un servizio al Paese. È anche una legittima ambizione.

Mi sembra però un po' irrealistica la disponibilità di Di Pietro, stando alle cronache, a entrare nel Polo. «Ma senza Berlusconi»: capisco che la presenza del Cavaliere può essere per l'ex magistrato motivo di disagio, ma ritengo illusorio pensare che il Cavaliere abbia messo in piedi il baraccone di Forza Italia per cedere poi il comando a qualche pellegrino.

Sarebbe una decisione che contraddice il personaggio: Berlusconi, e credo con ragione, si considera il migliore del gruppo, al sommo non solo per volontà della nazione, ma anche per grazia di Dio. Tutto è possibile, ma in questo caso la rinuncia di Berlusconi mi sembra improbabile. D'altra parte le passate vicende giudiziarie non si conciliano per Di Pietro con le attuali prospettive governative.

Di Pietro ha sempre cercato di evitare le strumentalizzazioni: e ha vissuto, perfino al tempo dei palloncini e delle magliette con il suo nome, con molto riserbo. Anche le più ragionevoli uscite in pubblico non gli hanno evitato le critiche. La saggezza contadina gli ha insegnato che è scomodo accontentare il padre e il figlio e soprattutto l'asino.

La situazione è confusa, piena di ombre, e mi rendo conto che è anche difficile scegliere una parte. Di Pietro si è battuto contro la corruzione nella vita pubblica, e c'è chi propone addirittura una amnistia; vecchi arnesi della partitocrazia, speculatori e carrieristi del potere si riciclano nelle accoglienti stanze dei bottoni.

Dini, che non ha ancora respirato, è già in agonia anche per i popolari. Gli avevano assegnato un compito, ma come non detto: la sua presenza disturba e gli stanno chiedendo, proprio quelli che dovevano essere i suoi sostenitori, di farsi più in là. «Dini fa il pesce in barile» commenta con *La Stampa* l'onorevole Casini, Minzolini, che raccoglie la confidenza, la definisce una «battuta scherzosa». Chissà chi ride. Escluderei il pesce.

Non so che cosa deciderà Di Pietro: di cui mi considero amico, anche perché sono certo che si difenderà dalle tentazioni che gli presentano alcuni cinici nelle vesti di servitori dello Stato. Non ha bisogno di consigli: basta che si ascolti e ricordi sua madre.

25 febbraio 1995

II

Protagonisti & comparse

LUIGI ABETE

Ci sono dentro tutti, o quasi. Si parla, naturalmente, di Tangentopoli. C'è Ligresti, con la Grassetto e la Premafin: autostrade, metropolitana milanese, stadio del calcio di Padova. C'è la Sasip, gruppo De Benedetti, per la sotterranea. C'è Pesenti, per le centrali dell'Enel. C'è la Fiat: carrozze ferroviarie, autobus, costruzioni. C'è Ferruzzi, tangenti varie, e c'è Berlusconi, inteso come Paolo: discariche, vendite immobili.

Non mancano, ed è ovvio, Iri, Eni, Efim; da Enrico Mattei in giù, sempre soldi ai partiti: fondi neri, appalti vari, bilanci, dicono, allegrotti. Sulle bustarelle degli industriali ci sono due scuole di pensiero: c'è chi crede che fossero costretti a elargire (procura di Roma), e c'è chi ritiene che offrissero spontaneamente (procura di Milano).

Segue il testo di una mia conversazione con il dottor Luigi Abete, presidente della Confindustria; la sua tesi di fondo è, mi sembra, legittima e pulita: «I corruttori vanno condannati, i concussi difesi».

— Dottor Abete, Tangentopoli un anno dopo. Lei si aspettava un ciclone di questa forza?

«Mi aspettavo un problema grande, ma non certe conseguenze. Ad esempio che si tornasse a discutere del mercato come di un accessorio e che la politica ci mettesse tanto a cambiare. Siamo stati tra i primi a promuovere i referendum elettorali perché pensavamo che bisognava mettere in competizione i partiti, perché finissero i pateracchi, quelle divisioni di potere, che toccavano anche inevitabilmente l'economia.»

— C'è chi dice che dei traffici si sapeva. Per caso, lei era informato?

«No, per il semplice fatto che non è vero che tutti ne erano al corrente. Era diffusa nel Paese la sensazione di finanziamenti irregolari e di ricchezze sorprendenti, e si pensava che dove c'era lo Stato nell'economia c'era più corruzione. Si è visto nei paesi comunisti, che anche per questo sono caduti.»

— Ogni giorno qualche industriale è convocato dai giudici. Si sorprende?

«Guardi, io penso che bisogna essere sereni. Chi crede di non avere commesso gravi delitti ed è a posto con la coscienza non deve preoccuparsi se è chiamato in tribunale. Il problema è che c'è una spinta alle sentenze sommarie e generalizzate e questo crea confusione nel cittadino che non distingue tra l'imprenditore che ha corrotto e quello che è stato vittima del ricatto. E in galera dovrebbero andarci non prima, ma dopo essere stati giudicati.»

— Pensa che gli oboli ai partiti si dovessero elargire per forza o a qualcuno il sistema conveniva?

«A molti faceva comodo; troppe imprese sono cresciute troppo rapidamente lavorando solo con lo Stato, e questo può non essere un caso. Però tanti hanno subìto e ne hanno pagato le conseguenze anche in termini aziendali.»

— Per lavorare era indispensabile dare?

«L'80 per cento dell'industria italiana va sui mercati interni e internazionali, il 20 per cento tratta con gli enti pubblici. Ma penso che anche tra questi molti non hanno pagato.»

— Ritiene che le responsabilità dei politici e degli imprenditori siano le stesse?

«No, per due motivi: i politici fanno la regola, e se è chiara e controllabile, questo di per sé riduce il rischio della corruzione. E poi gran parte degli imprenditori non sono stati toccati da queste vicende.»

— Che cosa ci sarebbe di scandaloso nel fatto che anche la Fiat si fosse arresa alle tangenti?

«Se si dimostra che è vero, vorrà dire che la politica in una società moderna è più forte anche di una grandissima impresa. E questo non è scandaloso, ma giusto. Purtroppo questo primato è diventato troppo assillante e diffuso. E tra gli indagati ci sono anche multinazionali di successo.»

— In poche parole, si poteva dire di no?

«Deve e può deciderlo solo la giustizia: che è l'unica in grado di distinguere caso per caso, tra chi è corruttore e chi è vittima. Nel processo Armanini, che tanti hanno visto in tv, l'imprenditore che aveva pagato, Garampelli, è stato giudicato innocente, uno che ha subìto un ricatto, ed è stata disposta la restituzione dei 250 milioni versati all'assessore.»

— Ma perché l'Associazione industriali di Milano aveva dei fondi neri?

«Intanto una associazione, per legge, è assimilata alle persone e non ha obblighi di bilancio, quindi l'espressione "fondi neri" è impropria. E poi se ha finanziato dei parlamentari, immagino che abbia voluto sostenere persone che riteneva in gamba. Così come possiamo fare tutti noi cittadini e legittimamente.»

— C'è chi si consola al grido: «Ci sono dentro tutti». Ma questa immagine non ci danneggia nei rapporti con il mondo?

«Certo. Ma è ingiusta, ed è messa in giro da chi vuole coinvolgere tutti, perché tutti vengano assolti. Non si deve generalizzare: è una colpa dare una mancia per ottenere alla svelta una documento? Tutte le pensioni di invalidità sono regolari? C'è colpa e colpa, e sanzione e sanzione: deve valere sempre, anche per le tangenti.»

— Quali sono i vostri meriti e le vostre responsabilità?

«Distinguiamo tra industriali e Confindustria. Tra gli industriali c'è chi si è opposto, chi ha subìto e chi ne ha approfittato. E ognuno deve rispondere di fronte ai tribunali. Come Confindustria sono dieci anni che ci battiamo perché si affronti il problema della pubblica amministrazione, da almeno cinque lottiamo per le privatizzazioni, per ridurre l'intervento statale in economia, da tre spingiamo per avere nuove leggi elettorali. Non so quanti partiti di opposizione o quante istituzioni, compresa la magistratura, si siano impegnate fortemente per migliorare il sistema.»

— Avete niente da rimproverarvi?

«Tutte le cose possono essere fatte meglio e prima, ed è giusto che ognuno si domandi in cuor suo quello che poteva fare di più. Ma da questa considerazione a dare credito a qualche veteromarxista resuscitato, o a qualche furbastro dell'ultima ora, ce ne corre. E queste speculazioni debbono essere combattute: severi con se stessi, ma severi e forti contro queste strumentalizzazioni.»

— Voi siete governativi con qualunque governo?

«No. Siamo stati costretti a esserlo fino a quando c'era un rischio incombente di società totalitarie nel mondo. Sconfitto questo pericolo, siamo stati tutti più liberi di giudicare nel merito, tanto è vero che l'ultimo Governo Andreotti lo abbiamo molto criticato perché teneva i problemi sott'acqua. Siamo convinti che i partiti sono fondamentali per una democrazia, ma non bastano se non ci sono soggetti sociali autonomi e competitivi, anche verso la politica.»

— Crede che se certe fabbriche chiuderanno, e ci

saranno più disoccupati, la colpa sia dei giudici di Milano?

«No. Però il rischio che i ritardi nelle risposte del Parlamento e lo sfruttamento dei casi giudiziari aggravino i problemi esiste. Per questo bisogna fare subito la legge elettorale, quella degli appalti e quella del finanziamento dei partiti. I tempi dell'economia vanno in fretta.»

— Lei crede che prendere o dare sottobanco soldi ai partiti sia una semplice irregolarità?

«Se c'è una legge che lo vieta, no.»

— Cosa dovrebbero fare adesso i politici?

«Accettare di competere, e quindi proporre essi stessi una legge elettorale da cui esca subito chi comanda e chi controlla. E per questo il sistema francese è più idoneo. Bisogna evitare che i vecchi tentino di rinviare la soluzione dei problemi sperando di calmare le acque, e di restare a galla, e altri loro colleghi, travestiti da innovatori, vogliano le elezioni anticipate con l'attuale legge proporzionale per provocare lo scacco definitivo. Quando vedo Rifondazione e la Rete che marciano uniti per le strade di Roma per appropriarsi delle angosce dei lavoratori, mi rendo conto che questa minaccia è reale.»

— Davvero lei è convinto che qualcuno pensa di criminalizzare il sistema industriale italiano? Ma perché?

«Ci sono i politici che sperano che questo costituisca un alibi per loro, Valentino Parlato e Libertini si sono già dimenticati della fine che ha fatto l'Urss, evidentemente, e c'è troppa gente in Italia che non contesta più l'impresa ma crede che si possa tirare avanti senza. E poi i posti di lavoro chi li crea?»

— La corruzione non riguarda certi settori specifici: le costruzioni, ma non i tessili, ad esempio?

«È chiaro che la corruzione tenta chi ha a che fare

con lo Stato. Dal 1955 al 1991, le nostre esportazioni sono aumentate del 15,5 all'anno, quelle francesi del 13, le inglesi dell'11. Vuol dire che sapevamo darci da fare anche senza protezioni.»

— Non onorare le norme del codice che cosa significa?

«Se le leggi sono fatte bene è più facile osservarle. Questo non significa giustificare chi non le rispetta.»

— Cos'è la cosa più urgente da fare?

«Certo le riforme. Abbiamo tre questioni da affrontare: la politica, quella giudiziaria, quella economica. Guai se si diffonde la mentalità dell'inevitabile disastro, o guai se si intrecciano e creano una sfiducia diffusa nelle regole della democrazia e del libero mercato. Potrebbero venire fuori spinte eversive che utilizzano il disagio sociale. Bisogna attraversare il ponte, non tornare indietro. Non è con i pateracchi, ovvero: tutti al governo, che si risolvono i problemi. Si è già visto che l'idea non ha funzionato dieci anni fa e le bustarelle sono nate anche da lì.»

— L'America è in netta ripresa. E noi?

«A settembre l'economia internazionale riparte. Se abbiamo sistemato le nostre cose, avremo un tasso di sviluppo forte nel '94 e nel '95, potremo creare nuova occupazione e potremo cominciare a pensare seriamente al debito pubblico. Se invece manchiamo a quell'appuntamento, andremo a fondo. Se ne andranno i cervelli e le imprese migliori, e forse ci resterà qualche turista in partenza dal Medio Oriente.»

— Per chiudere: se dovesse spiegare a un suo collega straniero la nostra situazione, che cosa direbbe?

«Stiamo cambiando tantissimo, e bisogna avere fiducia. Stiamo facendo le pulizie di Pasqua».

2 marzo 1993

RENATO ALTISSIMO

Sapete chi ha rovinato l'Italia? Di Pietro. Lo ha spiegato Renato Altissimo, ex ministro, ex segretario del Partito liberale (*Messaggero*, 6 febbraio 1994).

E dove è stata registrata la straordinaria rivelazione? Alla Camera, al Palazzo di giustizia, a una riunione dei superstiti seguaci di Benedetto Croce?

No, al «Tartarughino», un piano bar romano che il diligente cronista descrive con patetiche annotazioni; la clientela è ormai di sopravvissuti: «fanciulle sciantose... giornalisti televisivi e dame del bel mondo che fu, industriali e opulenti ragazzotti del "generone"». Un quadro che ricorda quel posto, dalle parti del Maine, dove d'agosto si danno convegno le balene.

A proposito: a un certo punto entra in scena anche Gianni De Michelis, più magro, con meno seguito. Lo chiamavano «avanzo di balera». Insiste: del resto, non bisogna disperare. A Milano, per qualche voto, hanno vinto i craxiani. I sentimenti non sono acqua: per i bambini di Sarajevo l'Italia non propone latte in polvere e vitamine, ma il Premio Nobel. Si sa che i piccoli, anche se arriva qualche cannonata, si divertono con niente.

Renato Altissimo, come il collega De Michelis, era un po' il simbolo del politico-viveur: lo sanno i poliziotti della scorta. Gli piace la dolce vita e si ha memoria più dei suoi tanghi che dei suoi discorsi.

È inciampato, anche lui, sulla solita valigetta: un finanziamento illegale di 50 milioni. Una miseria, ma ai liberali non davano tangenti, ma oboli. Del resto, quando si porta alle urne un elettore su cento, è già tanto se al banchetto ti fanno sedere in fondo al tavolo.

Tutti i guai, dunque, li ha combinati quel giudice testardo; la colpa «dell'Italia distrutta» è dei magistrati, non di chi ha avuto il potere. «Qui» dice Altissimo con profonda amarezza «se licenzi gli operai i pretori ti mettono i bastoni tra le ruote.» In Romania, dove lui ha acquistato una fabbrica, invece no: li cacci via senza problemi. Peccato sia morto il povero Ceausescu: ai suoi tempi potevi anche pagarli a modo tuo. Poco.

E poi, l'annuncio drammatico: Altissimo sta per lasciarci. Pensa di trasferirsi in America: ha già casa a New York. Non so chi riempirà questo vuoto: ma la nostra terra ha già dovuto fare a meno di Leonardo, di Marconi, di Fermi: sono sempre i migliori che se ne vanno.

E che farà laggiù Renato Altissimo? Potrebbe anche aprire un night; ha già trovato il locale, 75ª Strada. Non segnatevi l'indirizzo: clientela esclusiva, solo americana, nessun italiano. Niente rammarico, nessun cruccio: non stiamo già ballando qui?

Non mi impressiona né questa aneddotica folcloristica, né il protagonista. C'è sempre il precedente del *Titanic*: la nave va verso l'iceberg e gli amanti del liscio scendono in pista.

Penso, piuttosto, che questi personaggi avevano in mano il Paese: e ciò mi induce alla speranza per il futuro. Dài, che peggio non può andare. Gente che per non guardarsi in faccia, per non affrontare un esame di coscienza, rompe lo specchio.

Tangentopoli non rappresenta solo la crisi di un sistema di potere, ma simboleggia una presunzione. Non era una vergogna votare delle leggi con il proposito di non rispettarle. Incarcerando, però, i cittadini che non le rispettavano, e immaginando una eterna indulgenza per gli onorevoli che organizzavano la frode.

Non so che cosa accadrà dopo marzo, io non so, come la maggioranza dei miei compatrioti, per chi votare. L'ultima volta ho preso una cantonata: ho dato retta agli «onesti». Ho capito che sono come certe signore che esaltano la loro virtù: di solito, c'è da far bene.

Mi rendo conto che questa ondata purificatrice può colpire anche gli innocenti, e me ne dispiace. Non sono neppure sicuro che verrà il tempo dei galantuomini; ma sarebbe già un successo se ci liberassimo di qualche fesso.

10 febbraio 1994

PIETRO BARILLA

Gli italiani conoscono il nome: Barilla. Lo leggono sulle maglie dei calciatori della Roma, nei manifesti murali, sui giornali, lo ascoltano alla radio, e ogni sera, alla conclusione dei «caroselli»: «Mangia sano, torna alla natura». Infatti, uno su tre consuma ogni anno 300 piatti della sua pasta, o inzuppa biscotti e merendine nel caffelatte.

Ci sono spot che non inneggiano soltanto alla dieta mediterranea e al candido mulino dalle grandi pale, ma che fanno parte della storia del cinema: quello della squisita signora, per esempio, inventato da Federico Fellini, che al vecchio Savini, di fronte alle interminabili proposte del cameriere, taglia corto: «Rigatoni». O quello del russo Nikita Michalkov: una slitta corre, nell'inverno di Mosca, e al ristorante dell'Hotel National, sulla Piazza Rossa, qualcuno ordina vodka e spaghetti.

Forse quelle immagini hanno ricordato a Pietro Barilla, che per me è un amico, un'altra stagione: l'Urss che vide da soldato semplice, autista alla guida di un camion Lancia 3 Ro, che con 40 gradi sotto zero trasportava truppe sconsolate verso il fronte e le donne ucraine strofinavano le facce dei poveri nemici assiderati con manciate di neve.

Pietro Barilla compie ottant'anni: è nato il 17 aprile

del 1913. Già suo padre Riccardo impastava farina e insegnava: «Si lavora anche la festa», e sua madre Virginia, la figlia di un lattaio, seconda elementare, che sapeva guardare lontano, lo spediva in Germania a imparare come si manda avanti una azienda.

È quello che poi ha fatto Pietro con i suoi ragazzi: e Guido e Luca e Paolo sono andati prima all'università, poi in giro per il mondo a vedere.

Quando penso al meglio della mia terra, a certi uomini forti e di una gentilezza che si nasconde, penso a Pietro e alla sua impresa: da nessuna altra parte, come da noi, il cibo condiziona la vita. Forse siamo gli ultimi epicurei; ed è lo stesso paesaggio che lo esige: branchi di maialetti o di faraone al pascolo, buoi che si muovono con imponenza nei campi sterminati («Mi piace pensare che c'è dell'altra campagna oltre l'orizzonte» mi diceva Giovannino Guareschi), alberi carichi di frutta, nel Po si cattura lo storione e le anguille e i cefali nella palude. Dicono che il tortellino è stato modellato sull'ombelico di Venere: io ci credo.

Pietro Barilla, cattivo studente ma dottore *honoris causa*, cultore dell'arte e cavaliere del lavoro, anche se oggi l'aggettivo è quasi offensivo, è una delle persone più buone che ho incontrato, e il mio campionario è abbastanza largo e vario.

Lo sanno quelli che lavorano con lui e i suoi concittadini: fa e senza far sapere.

È per questo che in giro dicono: «Pietro l'è un sior», e anche «Pietro l'è un democratic»: non perché dà cordiali pacche sulle spalle, ma per la disposizione dell'animo e per il rispetto che porta agli altri. «Parma» ha detto una volta «è più grande di noi. Bisogna servirla.»

È un uomo che sa stare solo, che non traffica con la politica, che ha del dovere un concetto all'antica: alle 8 e mezzo arriva in ufficio. Delega ai suoi figli e ai suoi dirigenti, ma tocca a lui l'ultima parola. E sa riconoscere, anche in modo concreto, i meriti degli altri. E i suoi errori.

Ed è anche coraggioso: nel 1979 riacquista l'azienda che aveva ceduto agli americani. Si è accorto che quello è il suo mondo, e anche la famiglia è d'accordo. I giovanotti hanno studiato lingue o filosofia, ma vogliono continuare il mestiere del nonno e del padre, e la ricetta è sempre la stessa: grano dorato, uova e latte fresco, cioccolato d'Olanda, formaggio grana dei dintorni, un controllo quasi maniacale della qualità perché come diceva il primo slogan inventato da Pietrino Bianchi per la grafica raffinata di Carboni: «Con la pasta Barilla è sempre domenica».

Quando «il padrone» ritorna, non butta via la lezione dei signori della W. R. Grace, i loro rigorosi costumi amministrativi: porta il calore della persona che può subito decidere ed elimina le fatali lentezze degli apparati.

Pietro è ottimista: ricorda quando andava in moto con i rappresentanti, per imparare, bottega dopo bottega, quanto è difficile incassare, perché i poveri segnavano le compere in un libretto, e quando, nel 1945, ha dovuto riprendere, e bisognava prima ammucchiare calcinacci e macerie.

Continua a essere ottimista, guarda avanti, è convinto che ce la faremo e ha confessato a un intervistatore: «Non ho tempo di morire, sono troppo occupato». Una battuta, che nasce però da un sentimento.

Ha sempre scelto il meglio: basta andare a casa sua, o in fabbrica, e vedere i quadri e le sculture della sua collezione.

Perché a Pietro sono sempre piaciuti gli artisti, gli attori, la musica e, curioso com'è, la conversazione con chi, qualunque cosa faccia, ha da raccontare. Guardate con chi reclamizza in Europa i suoi dolcetti: in Francia con Gérard Depardieu, in Spagna con Placido Domingo, in Germania con la tennista Steffi Graf. Sempre grandi personaggi.

Nel momento in cui la crisi pareva più aspra, ha bloccato il listino, quando dice: «il Paese», è uno che ci crede davvero.

Nelle sue aziende i dipendenti ricevono, in pratica ogni anno, due stipendi in più dei loro colleghi che lavorano nelle imprese concorrenti: la mensa costa cento lire e c'è da scegliere fra tre minestre.

Lavorano giorno e notte e mai un'ora di cassa integrazione. Ai dirigenti con più alte responsabilità che vanno a casa, una pensione straordinaria. Quel Pietro Barilla è proprio un «democratic», anzi è, senza enfasi, un bel galantuomo.

25 aprile 1993

SILVIO BERLUSCONI

Conosco Silvio Berlusconi: il vero non è quello di Napoli, ma quello di Arcore, in camicia e che dialoga, come se fosse a San Siro, con l'onorevole Bossi, compagno di partite a stecca al Bar Sport.

È il più autentico, il più umano: non l'«eccellenza» di Roma, ma il «cummenda» milanese. Capace di grandi furbizie, e anche di molta generosità: è lui che si è dimostrato più sensibile ai guai delle grandi famiglie decadute, alludo ai Mondadori e ai Rizzoli. Ha dato una mano al cinematografaro Angelone, magari anche per far piacere agli amici socialisti, e ha pagato meglio gli eredi di Arnoldo.

È, fuori scena, simpatico: e non si capisce perché la sua ultima interpretazione, quella dello statista, incontri così poco. Forse perché sfida ancora una volta la fortuna, perché è uscito dal personaggio consueto, quello di cui, in fondo, si accettava tutto: P2, Milano 3, Canale 5, perché in fondo quell'attivismo sfrenato apriva la speranza a tanti cuori: «È partito da niente, e guarda un po'. Si è fatto da solo».

È vero: solo che adesso c'è una squadra che studia il suo look, e tre portavoce che lo doppiano. Lo spettacolo ce l'ha nel sangue: già a quattordici anni organizzava recite di burattini, ingresso a pagamento, al liceo promuove feste, suona pianoforte e chitarra, canta i motivi di Aznavour.

Se l'America è il primo amore, il modello e il traguardo, anche la sua storia potrebbe essere ambientata a Cincinnati e fornire qualche spunto a scrittori genere Saroyan: Fede, per esempio, non andrebbe bene. C'è dentro quell'aria inconfondibile che accompagna il piccolo venditore di edizioni straordinarie, che urla sul marciapiede lucido di pioggia, ma che è destinato a percorrere una lunga strada.

È, come qualcuno lo ha dipinto, il «tycoon di ceppo ambrosiano», che ha visto i film di Hollywood, ma i suoi autori prediletti sono Dostoevskij e Tommaso Moro, pagine di presagi e di illusioni.

Non penso che il suo ingresso nella politica sia spiegabile con una vocazione quasi religiosa, per lungo tempo nascosta: ma per il gusto della sfida e per qualche urgente necessità. Una volta disse: «Ci sono anche momenti eroici, e alla fine conta quello che c'è di attivo».

Ha sempre dato la sensazione del grande equilibrista che si esibisce in esercizi difficili: è augurabile che sotto la corda tesa ci sia la rete di protezione.

«Grande comunicatore» lo definiscono quelli del suo giro, ed è una compagnia molto colorita, che suscita anche qualche perplessità. In un anno era capace di partecipare a 150 «colazioni di lavoro», con il rituale sermoncino: ma un conto è la clientela, un altro gli italiani, da sempre difficilissimi da accontentare.

Nel suo piano edilizio mancava Palazzo Chigi: lo

ha avuto, e sta già facendo cambiare l'arredamento. Dovrebbe forse preoccuparsi di più degli inquilini. Uno che ha creato più di cento società è ora alle prese con una Spa molto complicata: l'azienda Italia, nella quale ha dei soci come l'onorevole Bossi che ritengono l'insulto al presidente, nel caso del Consiglio, non una offesa, ma una trovata dialettica. Penso che non abbia mai avuto attorno a sé tanti consiglieri, e penso anche che non sia mai stato così solo.

Fino a oggi gli è sempre andata bene: e mi auguro che ancora una volta la buona sorte, e anche le sue capacità, lo assistano.

Ho sentito che dorme poco: si riposi. Approfitti di queste giornate e si liberi dai fantasmi: i giornalisti, gli ebrei, la Fiat e, se lo ritiene opportuno, anche dalla mania dell'immagine. Mentre abbracciava il «senatur» della Lega, camminando verso l'infinito, faceva venire in mente il finale dei film di Chaplin: ma fino a questo momento c'è stato poco da ridere.

Ha la reputazione dell'accentratore, in tv si occupava di tutto. Ricordo che mandò Vittorio Buttafava, che leggeva il telegiornale, dal sarto e dal barbiere di fiducia. Si giustificava: «Cerco di rimediare alle manchevolezze degli altri». Sempre generoso. Avrà molto da fare. E si neghi, per qualche mese, alle telecamere: è inutile volere battere anche Fiorello. Kennedy non inseguiva Sinatra. I fatti parlano da soli e abbiamo una voglia matta di ascoltarli.

18 agosto 1994

PAOLO CASAROLI

Stava scrivendo le sue memorie: non ce l'ha fatta, perché è arrivato al capitolo finale. Forse è stato l'ultimo bandito «cinematografico» e le sue imprese ispirarono un film. Una specie di *Bonnie e Clyde* all'italiana; donne, avventure, la vita come una febbre. La morte, propria e degli altri, faceva parte del programma.

Ero un giovane cronista quando Paolo Casaroli seminò di pallottole le strade di Bologna. Non ho mai avuto il culto dello scoop, andai al Sant'Orsola così, per vedere come stava, se si poteva parlargli, e un poliziotto cordiale e tollerante mi fece entrare nella stanza dove era ricoverato il capo della gang. Portava una camicia da notte di tela grezza, di quelle in dotazione negli ospedali, con il marchio sulla schiena. Le braccia magre, bianche, uscivano dalle maniche troppo larghe. «Ho la barba lunga» mormorò Casaroli, quasi per scusarsi. Chiese una sigaretta. Gli guardavo le mani sottili, molto curate.

Parlò dei suoi compagni caduti nella sparatoria. Di un certo Ranuzzi: «Non rida, era onesto. Poteva dargli centomila lire e lui, anche se alla fame, non toccava un soldo. Soltanto quando entrava in azione diventava cattivo. Faceva gli occhi lucidi, per sparare si alzava sulla punta dei piedi, ta-ta-ta-ta. Tra noi, mai una parola forte, sgarbata. Un piccolo dissenso? Il giorno dopo ci mandavamo delle lettere per chiedere perdono, come i fidanzati. Ci volevamo bene. Ma quando mi arrabbiavo stavano subito zitti.

«Per il mio compleanno mi riempirono la casa di fiori. Mi regalarono un anello, un accendisigari, un cronometro. Lei non sa, non potete capire la nostra amicizia. Quando stava per morire mi ha messo una mano sulla spalla e mi ha sorriso. ''Ciao, Paolo'' mi ha detto.

«Ha letto l'ultima lettera di Farris: ''Caro Paolo, l'ultimo pensiero è per te''. Farris era il vero ufficiale delle Ss: freddo, selvaggio. A quindici metri, con la pistola da bersaglio, spegneva una candela.»

Parlava arrotando la erre, pareva che studiasse un poco le frasi e gli accenti. Mi spiegò le sue idee: «Io credo al più forte. Avevamo un programma: o la ricchezza o morire. È andata male. Quello di Roma doveva essere l'ultimo colpo. Lo abbiamo deciso buttando per aria una scatola di fiammiferi. Se veniva testa, continuavamo a cercare un impiego, invece era croce: allora, avanti per le banche.

«Sapevamo cosa ci aspettava. Ci piaceva vivere bene. Abbiamo avuto tutto, potevamo soddisfare ogni desiderio. Voi vedete una bella donna e dite: mi piacerebbe, noi dicevamo: la voglio. E la prendevamo. Eravamo pieni di soldi. Tanti, e ci regalavamo due notti con una ballerinetta. C'è stata una cantante lirica che mi ha mandato a salutare. Mi conosceva come ingegner Paolo Muller. "Impossibile che l'ingegnere abbia sparato" ha detto.»

Rideva Casaroli. «A Napoli» raccontò «sono stato fidanzato anche con una contessina. Vivevamo in grandi alberghi. "Battista, che giorno?" "Mercoledì, signore." "Tempo?" "Sole, signore." "Un bagno tiepido, non caldo." "D'accordo, signore." Poi via di corsa, la polizia ci ricercava. A Torino frequentavo la migliore società, mi spacciavo per tecnico degli aerei a reazione. So cinquanta parole sull'argomento. E i vecchi gentiluomini piemontesi volevano che io spiegassi come funzionano quelle macchine. Che ridere.»

— E adesso? — chiesi.

«Può darsi che mi uccida, oppure che mi rassegni. Debbo arrivare al processo per scagionare degli innocenti. Non è detto che non si possa trovare conforto anche in una stanza, in un libro, in mezzo bicchiere di vino. Siamo sempre stati soli.»

— Pentito? — dissi.

«No. Cerchi di capirmi: non considero nulla la mia vita, e quindi non rispetto quella degli altri. Non vale niente.»

— E i parenti?

«Credo mi abbiano diseredato.»

Erano rimasti distesi sul marciapiede anche un tassista e un maresciallo in pensione, poi un vigile era gravemente ferito. E un questurino. Nessuna compassione: «Una fine da cretini. Han voluto morire. Come quel cassiere di Roma che andava contro il mitra di Farris. Roba da matti. Peccato avessi esaurito le munizioni: quando mi vidi perduto, portai il revolver alla tempia e tirai il grilletto. Niente da fare. Rimpiango i miei compagni. Andavamo d'accordo, fedeli fino all'ultimo. Mai urti fra di noi, sciocchezze. Neppure la politica ci divideva: Farris era fascista. Ranuzzi comunista, io anti».

Fumava con piacere. A un tratto disse: «Non mi è rimasto nulla, solo un fazzoletto di seta. Vorrei regalarlo alla madre dell'agente ferito». «Il fazzoletto porta lacrime» disse la guardia.

«Ecco un momento imbarazzante» commentò Casaroli. «Adesso lei deve salutarmi.»

Gli tesi la mano. Mi guardò con aria stupita. — Auguri — dissi.

«Di guarigione, vero? Lei mi vuole vedere in galera.»

— Auguri per qualcosa che le faccia piacere. Non saprei.

«È un ragazzo in gamba» commentò il poliziotto di servizio.

Sono andato a guardare i miei ritagli. Era il 27 gennaio 1951. Avevo rivisto l'ergastolano in libertà. Sposato, un bambino, si occupava di psicologia. Prima un buon detenuto e poi un buon padre. In giro lo rispettavano.

Era anche lui una vittima della guerra. C'erano tante lire e tanta disperazione, i guadagni facili e i segni di una sconfitta. Un film di allora era intitolato *Senza pietà*. Il carcere lo aveva cambiato, e in meglio.

Ha detto l'avvocato Filippo Berselli, che lo fece uscire dalla prigione «per buona condotta», perché non c'era stato né il perdono, né il risarcimento dei danni (cinque defunti, in totale, e altrettanti feriti): «Ricordo l'ultimo Casaroli come una persona gentile, mite e buona d'animo».

17 gennaio 1993

CARLO & DIANA

Il ristorante preferito di Lady D. si chiama «San Lorenzo». È a Londra, Beauchamp Place. I padroni sono miei vecchi amici: Mara e Lorenzo Berni. Quando il mio cuore ebbe alcuni problemi idraulici, ogni giorno la mia stanza nella clinica profumava di spaghetti all'amatriciana e di Brunello di Montalcino: «Che buon odore d'Italia» dicevano allegre le infermiere. Gli sarò grato per sempre.

Bravissime e generose persone: e lo sa anche la principessa, che considera Mara, e ne parlano le cronache, degna della sua confidenza. Credo sia uno dei testimoni più diretti, e anche più riservati, del dramma di Buckingham Palace. La regina Elisabetta ha detto che il 1992 è stato per lei «un anno orribile». E ha ragione. Tutte le miserie della corte sono finite sulle pagine dei tabloid, i quotidiani popolari. La gente considerava la monarchia «l'ultima custode dei sogni» (definizione di un devoto cortigiano), ma ha dovuto prendere atto di una crudele verità: attorno al trono c'è un gruppetto di giovanotti sbandati e infelici.

Sulla corona dominano le corna: e Anna pianta il consorte Mark Phillips per lo scudiero Timothy Laurence, sempre cavalli, corse e evasioni galanti. Andrea molla Sarah, la rossa, detta Fergie, che si fa fotografare sulla Costa Azzurra mentre un gentiluomo le succhia le dita dei piedi. Carlo, pensoso e serio, non sopporta più Diana, la vergine che gli si era donata. Il solo che non ha guai con le donne è lo scapolo Eduardo, detto «l'artista», che lavora in teatro, ma che risulterebbe più vicino agli attori che alle attrici. E pensare che la Gran Bretagna si era scandalizzata quando la zia Margaret intrecciò un romanzo con il colonnello della Raf Peter Townsend e la stampa scandalistica montò tante chiacchiere su certe patetiche cavalcate nella brughiera.

Nessuno discute la dignità di Elisabetta II. Il suo tempo non è stato segnato da molti giorni lieti: ha vissuto il declino dell'impero, la crisi economica, il declassamento dal rango di superpotenza, l'Irlanda del Nord è insanguinata, scozzesi e gallesi vorrebbero l'indipendenza.

I momenti migliori, il 1961, quando un affarista lancia i Beatles e i quattro giovanotti capelluti portano alle casse del governo tanti diritti d'autore e la sovrana li nomina baronetti. Intanto una sconosciuta, Mary Quant, inventa la minigonna. Spiega: «Ho vestito le ragazze del mondo intero spogliandole».

Nel 1967, una piccola bionda dai grandi occhi blu appare sulle copertine di tutti i settimanali. Per gli inglesi è il modello della bellezza femminile, per i russi l'immagine della decadenza del capitalismo. La chiamano Twiggy. Adesso, un glorioso simbolo, la Rolls-Royce, chiude.

Uno storico famoso, J. P. Taylor, diceva che la corte «è un esempio supremo di messa in scena. È uno show per la televisione e, per i giovani, una cosa da ridere».

Ma storie come quelle di questi giorni ce ne sono già state: senza pensare a un classico della dissolutezza, Enrico VIII, senza rievocare i gusti smodati di Edoardo VII per il «French cancan» e alludere all'abdicazione di Edoardo VIII, che rinunciò ai doveri e al prestigio della carica per il fascino di una divorziata americana che, secondo i servizi segreti, aveva imparato l'arte della seduzione nei bordelli cinesi.

Il nostro Carlo (quarantaquattro anni), anzi: Sua Altezza Reale il principe di Galles, duca di Cornovaglia e Rothesay, conte di Chester e Carrik, barone di Renfrewg, signore delle Isole e gran camerlengo di Scozia, è invece un gentleman timorato, dall'aspetto sano e cordiale, che si fa notare per le orecchie a sventola e per lo spirito sportivo.

Sa pilotare un aereo a reazione, gioca a polo e va a caccia di pernici, legge Jung, suona decentemente il violoncello, è appassionato dei problemi ecologici e di quelli urbanistici, dipinge acquerelli, non sopporta la musica rock, che incanta invece la consorte.

Diana (trentun anni) è il personaggio più popolare di tutte queste vicende: gambe lunghe, denti candidi, sposa a vent'anni e garantita illibata, sei tentativi di suicidio per delusione amorosa, timida, sofferente di bulimia e anoressia, annoiata da una vita fatta soprattutto di visite a ospedali, ricoveri per vecchi e orfanotrofi. Lettura preferita: Barbara Cartland, la romanziera che è la Liala della lingua di Shakespeare.

Dietro a Carlo ci sarebbe un'antica fiamma, Camilla Parker-Bowles, che nell'intimità lui chiama Gladys (per Diana, invece, riferiscono i cronisti pettegoli, è «il botolo»); davanti a Diana invece un ex commerciante di automobili che nelle intercettazioni (maledetti telefonini) la chiama, chissà perché, «strizzolina». Ora la separata potrà scegliere la compagnia e vedere chi vuole: riceverà, per gli alimenti, e ci può scappare anche qualche bevuta, quasi due miliardi e mezzo.

Diceva Faruk che alla fine avrebbero resistito solo i re delle carte e quello d'Inghilterra: ma non è proprio sicuro. L'istituzione è in crisi, e forse le tradizioni non bastano più a sostenerla. «Da oltre un secolo» mi spiegò Eric Hobsbawn, storico marxista «non ha più giocato che un ruolo pubblicitario.»

Forse esagerava. Ma questo Carlo suscita simpatia. Una volta, parlando con Kenneth Harris, disse: «Vorrei sposare una che abbia interessi che io capisco e posso condividere. Il matrimonio non è mai un "su" o un "giù", ma un fianco a fianco». Non c'è riuscito.

10 gennaio 1993

ALCIDE DE GASPERI

Sono passati quarant'anni; Alcide De Gasperi morì una notte di agosto, nella sua casa tra i monti, a Sella Valsugana. Cuore.

Con lui, è stato detto, è finita un'epoca, e mi pare certo; ma rimane il suo insegnamento: forse.

Fu il tempo di Enrico De Nicola, il primo inquilino del Quirinale, che per non pesare troppo sul bilancio dello Stato si faceva portare i pasti da una trattoria.

Ferruccio Parri, presidente del Consiglio dei ministri di un'Italia appena liberata, dormiva in una branda sistemata accanto al suo studio.

Pietro Nenni mi raccontò che proprio De Gasperi, stupito, gli aveva narrato le meraviglie del nuovo alloggio di un onorevole democristiano: tanti, troppi marmi. Dove avrà trovato i soldi? si chiedevano i due vecchi.

Giorgio Amendola, che possedeva una villetta e un po' di terra in campagna, mi disse che Palmiro Togliatti gli aveva sconsigliato quell'umanissima aspirazione: «Vai a cercare l'angoscia e il peso del mutuo».

Il primo scandalo della politica fu un appalto per la fornitura di tute ai postini: sciocchezze, sporcò un sottosegretario che dovette emigrare.

Non sto esaltando la stagione delle fate, o le avventure del regno di Sangrilà, il posto dove i cittadini non morivano e non decadevano: le lotte e le polemiche erano aspre. Giovannino Guareschi su *Candido* accusò De Gasperi di avere chiesto un bombardamento su Roma agli Alleati. Dovette andare a spiegarsi davanti ai giudici: «Ma che popolo è questo» diceva «che mi trascina in tribunale, dopo tanto lavoro?».

Poteva capire i fascisti, che lo avevano portato in manette davanti a una corte speciale, ma lo feriva profondamente l'idea che qualcuno lo ritenesse capace di azioni riprovevoli.

Parri mi confidò amareggiato che sarebbe stato meglio per lui morire durante la Resistenza: lo attaccavano bollandolo come traditore dei partigiani. Dovette affrontare un processo per dare prova della sua innocenza.

Forse i più forti dispiaceri Alcide De Gasperi, il «trentino prestato all'Italia», li ha avuti dai suoi. Anche gli avversari lo stimavano. Nenni mi raccontò che nel 1947, al ritorno dall'America, lo chiamò per dirgli che aveva deciso di fare il governo mettendo fuori socialisti e Pci. «Mi dispiace» gli disse «perché preferirei litigare con te piuttosto che andare d'accordo con Togliatti. Devi staccarti.» «Sì,» rispose Nenni «ma tu devi aiutarmi a trovare il mio spazio.»

Aveva un concetto rigoroso e cristiano del dovere; in una lettera alla fidanzata le chiedeva di aiutarlo a non farsi tentare dal potere e dal denaro.

Mi ha raccontato Maria Romana, la figlia che gli è stata più vicina e che gli faceva anche da segretaria: «Non aveva un soldo nel portafogli, credo non abbia mai compilato un vaglia o uno chèque; capiva le mille lire, non le 200.000. Una volta, mentre usciva dal suo ufficio, incontrò un padre francescano che gli chiese aiuto. "Io ho questo qua" disse e glielo diede. Era l'assegno che riceveva come capo del governo, il frate scappò via esterrefatto».

Seppe dire no al papa che gli suggeriva un accordo

con i missini; quand'era bibliotecario in Vaticano non ricevette mai un segno di attenzione, né la visita di un vescovo, ma diceva: «Ho un debito di gratitudine, perché le 700 lire che ricevevo ogni mese mi hanno permesso di mantenere la famiglia».

Aveva il senso dello Stato, forse anche rafforzato dalle sue origini e dal mandato di deputato che esercitò a Vienna, e temeva che i partiti si appropriassero di funzioni che non gli competevano. Lo preoccupava l'invadenza: è crollato giustamente il sistema che si fondava sulla partitocrazia, ma la corsa sfrenata alle stanze dei bottoni continua. Qualcuno ha presente la sua lezione?

Maria Romana lo ha descritto come «un uomo solo». Anche lui non sempre si circondava di collaboratori meritevoli di molta considerazione, ma si giustificava: «Costruisco con i mattoni che ho».

Molti lo consideravano uno scettico, ma aveva convinzioni profonde. Credeva, per esempio, nell'Europa, e lo videro piangere al telefono quando non passò una legge che doveva favorire l'Unione.

«Era molto schivo delle compagnie,» spiega Maria Romana «anche da ragazzo nessuno gli ha mai messo la mano sopra le spalle. Aveva solo due o tre amici, delle sue parti, che quando comandava il regime lo avevano invitato a casa loro. Avrebbe fatto qualunque cosa per dimostrar loro il suo affetto, ma non sopportava il clientelismo.

«Non lo colpivano le critiche. Facevano parte del mestiere. Non si sfogava mai, non ne parlava. Quando in Parlamento volavano i calamai restava impassibile. Si offese solo una volta, quando vide la sua immagine impiccata.»

Lo hanno rimpianto anche quelli che gli erano stati contro. Nenni andò ai funerali; Togliatti ci pensò a lungo. Mi disse Nilde Iotti: «Eravamo in villeggiatura, in montagna; l'impulso lo induceva ad andare, ma non voleva apparire ipocrita. Anche noi, disse, ne risentiremo».

C'è chi lo vorrebbe sugli altari; non so se fu santo, ma cercò la giustizia, e di sicuro è nella storia di questo Paese. Che fatica tanto per riconoscere il merito.

La Democrazia cristiana, il partito cui aveva dedicato la vita, non c'è più. La Prima Repubblica è morta, la Seconda respira, ma con tanta fatica.

2 settembre 1994

ANTONIO DI PIETRO

Credo di essere l'autore fortunato della prima e forse unica intervista concessa da Antonio Di Pietro. Può accadere anche che un vecchio cronista arrivi in orario all'appuntamento con il personaggio giusto. Non era ancora un simbolo, ma il giudice che aveva messo in ginocchio Tangentopoli. Forse oggi si è rialzata. Nell'ufficio, al Palazzo di giustizia, pioveva anche sulla scrivania del dottore, e anche sul mio taccuino degli appunti. Secchi di plastica colorata salvavano dalle gocce gli incartamenti. In una specie di bunker due ragazze manovravano computer.

Di Pietro mi parlò anche della sua vita: della famiglia, dei figli, gli chiesi perché aveva fatto il magistrato. È nato sotto il segno zodiacale della Bilancia: e mi pareva una anticipazione del destino. Invece mi disse che non lo sapeva.

Mi raccontò del suo paese, laggiù nel Molise, Montenero di Bisaccia: i suoi genitori possedevano e coltivavano cinque ettari di terra. A lui piace ancora vivere tra i campi e lavorare con le mani: sa fare l'elettricista, aggiusta vecchi mobili, zappa l'orto: è forte e ha mani da contadino. Le letture preferite sono i testi di mitologia, e Ulisse è la figura che ama di più, un guerriero prode, sagace e scaltro.

Ha alle spalle molte dure esperienze: entra in seminario da ragazzino, e gli è rimasto un senso cristiano della vita, ha fatto l'operaio in una fabbrica tedesca, l'impiegato, il poliziotto: ha preso la laurea in legge ed è entrato in magistratura.

Adesso ne esce. Perché? Perché, ha spiegato, non gli va di essere usato, e al gioco al massacro non ci sta più. Si è stancato di essere portato in piazza come una bandiera e forse considera compiuta la sua missione. Ha liquidato un vecchio potere, quello dei partiti famelici, e non ha accettato né le lusinghe né le minacce del nuovo.

Bettino Craxi è stato condannato a cinque anni, Arnaldo Forlani ha deposto davanti a un tribunale, e alle telecamere, con la bava alla bocca.

Gli attacchi cominciarono con un corsivo minaccioso dell'*Avanti!*: «Di Pietro è tutt'altro che l'eroe di cui si sente parlare». Pare che l'autore fosse un certo Ghino di Tacco. Arrivò in appoggio anche l'onorevole Rino Formica: «Bettino ha un poker d'assi». Pareva che dovessero tirar fuori chissà quali dossier, la consueta risorsa dei ricattatori nazionali, ma dai cassetti non uscì nulla di sconvolgente. «Indagano su di me» disse Di Pietro. «Al limite scopriranno che ho avuto delle donne.»

Poi l'offensiva continua: cambiano gli onorevoli, ma lo scopo è sempre lo stesso. Tocca a Umberto Bossi: «È un giudichello manovrato da chi non vuole il cambiamento». Sotto Silvio Berlusconi: «Di Pietro si crede il padrone dell'Italia». Vittorio Sgarbi va giù, come al solito, senza riguardi, né per la persona né per le parole: «È un assassino». Ma Sgarbi è un artista, fa audience e piace tanto anche al governo.

Quando le pratiche giudiziarie di Milano vengono trasferite a Brescia, Sgarbi commenta pacatamente: «Di

Pietro se l'è presa nel culo». Anche la precisione è una virtù.

L'estimatore Francesco Cossiga, che ha scritto la prefazione a un libro, forse inopportuno, di Di Pietro, ritira il suo articolo: il credito non è prorogabile. Da Roma il ministro Alfredo Biondi, che ha già tentato con un decreto di fermare, o di rendere superflua, l'azione del pool, manda tre ispettori per vedere se i giovanotti di Francesco Saverio Borrelli si comportano come si deve. Le trame di Nikolaj Gogol' non hanno patria e resistono al tempo.

Ho incontrato e ho parlato con tanta gente, perché fa parte del mio mestiere. Poche volte ho visto uomini capaci di rispettare il programma che annunciavano: uno, per esempio, era Willy Brandt. Da borgomastro di Berlino mi raccontò come vedeva in futuro i rapporti della Germania con i paesi dell'Est. Da cancelliere fu fedele alle promesse.

Di Pietro diceva: «Non mi piace la delinquenza perbene». Quella dei colletti bianchi, delle valigette che contengono, oltre al dopobarba, la bustarella, dei signori dai bei modi che offrono o garbatamente chiedono. Nell'estate del 1992 mi disse: «Non vedo l'ora di ritornare normale. Su quello che faccio non c'è nessuna spinta ideologica. Prima mi avevano delegato a indagare su un traffico di autovetture. Il capo del mio ufficio mi ha dato un incarico: debbo occuparmi di reati contro la pubblica amministrazione. Il lavoro quotidiano è bello, duro, difficile. Io ritengo che la morale sia una sola, per tutti. Ho fatto il mio dovere».

Parlammo, come è ovvio, anche degli arrestati, se si era scatenata una specie di sfida: «C'è sempre stato un rapporto leale e corretto. Non credo ci sia qualcuno menomato nei suoi diritti fondamentali. Ho rinunciato anche ad approfondire l'inchiesta, una scelta drammatica, quando c'era da sacrificare il rispetto della persona». Segnò la sedia davanti alla sua scrivania: «Lì si sono seduti anche cittadini perbene».

Mi disse che la cosa che temeva di più era l'errore. E parlammo anche di un morto; mi mostrò la lettera di un suicida. Diceva: «Di quello che è successo me ne pento, ed è giusto che paghi. Non mi consideri peggio di come già mi sento. Con stima».

In casa non parlavano del suo lavoro: solo la moglie, che è avvocato, diceva: «Speriamo che finisca presto». Dal 7 febbraio, da quando era entrato in carcere il «mariuolo» ingegner Mario Chiesa, come lo aveva bonariamente definito Craxi, era cominciata anche l'insonnia. Gli feci ancora una domanda: «A storia conclusa, anche lei, come certi suoi colleghi assai popolari, pensa di entrare in politica?». Risposta: «Credo che ognuno debba fare ciò che sa fare».

L'ho sentito, pochi minuti, anche la sera delle dimissioni: era stanco, molto stanco. Nessuno può reggere a lungo nella parte del simbolo.

16 dicembre 1994

FEDERICO FELLINI

Quinto Oscar per Federico Fellini. Alla carriera. In America si ricordano di lui; in Italia non hanno trovato il tempo per farlo senatore. Smentito ancora una volta lo slogan del Sessantotto: da noi la fantasia non va al potere, non arriva neppure a Palazzo Giustiniani.

In tutto il mondo si dice: «Ha una faccia, è una scena felliniana». Ha segnato il nostro tempo, lo ha raccontato. Può continuare a farlo, perché è anche un grande giornalista: è sempre dentro la cronaca e sa giudicarla. Ma è anche, come tutti quelli della nostra generazione, in qualche modo prigioniero del passato. Il cinematografo per noi era tutto; adesso è un optional.

Ci conosciamo dal '45 e posso dire che siamo invecchiati insieme, che quello che lui ha fatto mi ha sempre consolato. Ho conosciuto tanta gente, ma mi fa piacere avere un amico così. Non l'ho mai intervistato, abbiamo sempre parlato a un tavolo di trattoria o in casa sua. Una conversazione che dura da quasi mezzo secolo.

«Una certa vocazione, che parolaccia, allo spettacolo» dice Federico «l'ho avuta sempre. Da piccolo fabbricavo maschere, facevo i vestiti, truccavo facce. Poi ho detto tutto con i film. Ho la sensazione esatta di come l'avventura è cominciata, ritrovo lo stupore, la meraviglia di allora. Rivedo la prima volta che sono entrato in teatro, dalla parte del palcoscenico.

«Abitavamo in una villetta, dietro il Politeama riminese, c'era un giardinetto, anzi un brutto orto, con un fico, ci avevamo attaccato l'altalena. Io correvo con la bambina del piano di sopra, una fidanzatina.

«Nel muro del Politeama c'era un finestrone con una saracinesca sempre abbassata. Una mattina ci accorgemmo che era aperto. Ci arrampicammo: un enorme antro buio, scuro. C'era uno che portava l'impermeabile e teneva il cappello in testa. Diceva ad alta voce: "Non c'è sangue sul davanzale".

«Una vecchia, seduta, che cuciva, non era d'accordo: "No, ispettore, c'era".

«Quello dell'impermeabile ci ha visti, si è avvicinato e ha chiesto: "Cos'è, un fico? Sono buoni? Dammene un po'". Ho domandato: "Che cosa fate?". Non ha risposto.

«Siamo entrati. Stavano provando un Grand Guignol. Ho visto la ribalta, la platea, i telefoni bianchi sulle poltrone. Sudavo, sudavo.

«Dopo è arrivato il circo. Avevano piantato il tendone davanti alla Rocca Malatestiana. Si vedevano le gabbie con gli orsi. Sentivo oscuramente che era accaduto qualcosa. Sentivo che non sarei stato né avvocato né medico.

«Dopo il liceo presi legge, come tutti quelli che non hanno idee chiare. Se avevo una tendenza era per il giornalismo, forse mi influenzavano i gialli americani con Fred MacMurray, arrivava sempre prima della polizia, in redazione c'erano delle impiegate bionde con le cosce lunghe. Forse avrei potuto scrivere dei copioni, chissà, diventare attore.

«Ho lavorato a moltissime sceneggiature, andavo sul set a correggere i dialoghi. Mi infastidiva quel fracasso da mercato, perché sono anche molto timido, mi sento sempre giudicato. Vidi una volta Alessandro Blasetti con il fischietto, gli stivali, il berretto con la visiera di celluloide. Gridava. Venne sollevato da una gru, in alto, sopra tutti. Adesso faccio le stesse cose. Urlo. Prendo decisioni. Non pensavo ci si potesse rivolgere a un pezzo di bernarda dicendole freddamente: stronza.

«Il produttore Rovere aveva cominciato le riprese di una pellicola intitolata *Persiane chiuse*. Ci fu improvvisamente la defezione del regista. Bisognava girare le inquadrature di una di quelle signorine annegata nel Po. C'era poco tempo. Rovere mi disse: "Fa' tu". Diressi la scena un po' istericamente, per paura di non riuscirci: ma mi pareva di averlo sempre fatto.

«Mi sembra di non avere mai deciso niente come atto di volontà. Ho sempre incontrato in ogni circostanza il compagno giusto. Ma se ti esprimi con sincerità, senza prudenze, senza calcolo, gli altri ti riconoscono.

«Ho avuto fortuna, ma a costo di apparire insincero ti dirò che i riconoscimenti ufficiali mi imbarazzano, se vado a prendere la statuetta mi sento un po' come in trance, ho un vago sentimento del ridicolo che investe tutti i cerimoniali.

«Le vere soddisfazioni sono sempre quelle meno attese: la lettera di uno che ha pensato la prima volta qualcosa, la testimonianza di una inaspettata attenzione. Altrimenti un film è una prova di narcisismo, un contratto, una necessità.

«Ora, non è che mi manchi il lavoro, sono io che ogni tanto rifiuto le occasioni e mi chiedo: ma a chi mi rivolgo, a chi parlo? Chi va al cinema, oggi, e che cosa cerca? A chi interessano le mie storie?

«Mi accusano perché continuo a narrare di me: è vero, ma è un tema che mi incuriosisce e ancora mi appassiona. Non sono cambiato. Certo, gli anni ti danno un altro spessore, si tende a selezionare, si acquista una certa durezza. Ma in fondo non sono mutato: il successo è necessario per continuare, per mantenere la fiducia in te stesso. Ma non sono diverso. Non mi pare di avere assistito a grandi mutamenti: non c'è poi una grande differenza tra il vitellone e il playboy. Hanno modificato il taglio dei capelli, il profumo. Non ho certezze. Ho vissuto come a una prova generale, in attesa del debutto.»

Ricordo una sera, a Roma, era carnevale, e in via Veneto strombazzavano mascherine costrette all'allegria e noi due passeggiavamo del tutto estranei a quella forzata letizia. Io gli dissi: «Ma chissà che cos'è per questi la felicità. Forse le donne?».

Disse Federico: «Guido, il regista di *Otto e mezzo*, facendo un brindisi, circondato dal suo harem, da tutte quelle che ha conosciuto, da tutte quelle che ha vagheggiato, dice: "La felicità sarebbe poter dire la verità senza far piangere nessuno"».

Federico molto spesso ci riesce.

7 febbraio 1993

RAUL GARDINI

Non era superstizioso e nel 1985 aveva comperato a Venezia un palazzo sul Canal Grande: Ca' Dario. Dicevano che porta male, che in quelle stanze dalle finestre ogivali che danno su uno dei più fatati paesaggi del mondo, in quel giardino con il pergolato di glicini e rose e magnolie, si erano concluse drammaticamente molte vite disperate. Raul Gardini non credeva alle maledizioni; pensava, anzi, che le buone occasioni vengono sempre e diceva: «È come il passo della selvaggina acquatica; le anatre e i germani. Bisogna sapere aspettare e poi coglierli al volo». Gli chiesi una volta se aveva paura di qualcosa: «Di sbagliare» disse. Insistei: «Non, per esempio, di morire?». «Quello capita a tutti, prima o poi.»

Sembrava un uomo contento. Pareva non avesse rimpianti e tristezze: l'acqua passata, dicono nelle campagne, non fa più andare la macina. Venti giorni fa ho passato una mattinata con lui, nella sua casa milanese a Palazzo Belgioioso: all'ultimo piano abitava Guido Piovene; di fronte, a pochi passi, viveva Alessandro Manzoni. Aveva chiesto di vedermi e la moglie, la signora Idina, mi aveva confidato che era teso, preoccupato. Di solito dormiva cinque, sei ore per notte, e bastavano: ora, penso che abbia sentito battere le ore, inseguendo i suoi pensieri, nel vicino campanile, con gli occhi sbarrati. Fumò in continuazione, ma questa era una sua abitudine; mi disse che gli avevano proposto di ritornare in Montedison, e con Carlo Sama si erano parlati, ma i conti non tornavano.

C'erano lunghe pause nella nostra conversazione e finii anche per affrontare il discorso sui processi. Chiesi: «Che cosa dice il tuo avvocato? Tu sai le storie». Mi rispose che l'avvocato Marco De Luca gli sembrava sereno, ma Giuseppe Garofano era ancora in giro, Gabriele Cagliari era ancora dentro, il crollo – via tutti i Ferruzzi e avanti Mediobanca – non c'era ancora stato. Del resto diceva che una cosa fondamentale aveva imparato dal vecchio Serafino Ferruzzi: «Ascoltare gli altri e parlare poco». Non mi disse di più.

L'Italia ha avuto l'Avvocato, poi l'Ingegnere e poi

aveva imparato a conoscere il Contadino, che non si sentiva però, confidava, in gara con nessuno. Un ravennate taciturno e orgoglioso, che non sottostava né alle convenienze né alle mondanità né alle imposizioni: ignoro se non ha rispettato neppure la legge. E «della vita», affermava con orgoglio, «ho sempre fatto quello che ho voluto e continuerò a farlo. Sono libero, e sono come tutti gli altri». Quando si è reso conto che i giochi erano conclusi, alla soglia dei sessant'anni, si è concesso l'ultimo gesto. Ho pensato alla sua collezione di fucili da caccia; invece, mi dicono, ha tirato fuori da un cassetto la pistola.

Si porta dietro il suo mistero e i suoi errori, ma ci sono umiliazioni del rituale carcerario che non avrebbe potuto sopportare. «Mi piace» diceva «tenere in mano il timone e assumere le mie responsabilità.» Ha sempre corso da solo, fin da ragazzo, e i primi insegnamenti li ha avuti da Nello, un falegname anarchico, e da Peppino, un pescatore: scoprire la selvaggina, la pesca, gli animali, le stagioni, i campi e le semine. Andava a catturare rane e anguille di frodo, pedalava nella brina o nel solleone per arrivare a scuola. Quando a tre anni il babbo lo butta in acqua e gli urla: «Muoviti, così impari a nuotare». Ce l'aveva fatta a lungo a stare a galla, pareva sempre un vincitore: le sconfitte se le portava dentro.

Quando è più grandicello, il padre gli mette in mano una doppietta e lo conduce con sé nella valle, dentro una botte, ad attendere il passo delle folaghe. Avrà ripensato a quei giorni, a una felicità perduta, prima di puntare quell'arma contro se stesso? E ai figli, all'Idina, che va spesso a pregare da padre Pio, ma questa volta il miracolo non c'è stato.

Quando Serafino Ferruzzi cadde con l'aereo su un mulino, l'ultima disgrazia, e il grano era stato la sua fortuna, i quotidiani intitolarono: «È morto l'uomo più ricco d'Italia». Cosa diranno del mio amico Raul? Che cosa c'è nella sua contabilità, in quella umana, che era colorita, baldanzosa, con tante generosità, ma dell'altro, traffici, azioni, bilanci, concessioni o promesse fatte e ricatti subiti, cosa c'è dietro quello sparo, che colpisce anche un intero Paese? Serafino, il grande mercante, gli aveva insegnato: «La roba è di chi se la prende». È vero: ma poi arrivano conti inesorabili. C'è un verso di Renzo Stecchetti che interpreta le scalate di Raul, il suo gusto dell'avventura, la salita e anche la turbinosa discesa; la poesia narra della gita che un gruppo di allegri romagnoli fa sul Candiano, il canale di Ravenna, e le burle, gli scherzi che combinano: «As avessum d'anghè, ma as divertessum», stavamo per annegare, ma ce la spassammo. Non ce l'hanno fatta, dopo avere coinvolto il mondo, finanza, politica, giornali nelle loro vicende: puntavano alla Borsa di Chicago e compravano lo zucchero francese, e facevano soldi in Inghilterra, anche quando le operazioni non andavano in porto: da una botteguccia di concimi chimici a Foro Buonaparte, quanta strada, e poi quante delusioni.

Non è vero, come diceva Gardini, che non gli importava dell'opinione degli altri; valeva, eccome. Ed è quello, penso, che lo ha ferito di più: e poi l'idea che gli altri, quelli che avevano preteso, quelli che comandavano, avrebbero continuato a predicare, mentre per lui c'era la galera. Diceva: «Non amo la vela, ma il vento. Mi piace sentire da dove arriva e indovinare da dove verrà dopo. E portare la barca è una faccenda molto complicata, perché bisogna vedere le cose molto bene e nei particolari». Ha capito che la tempesta avrebbe fatto scricchiolare lo scafo, e forse sentiva il lamento e il richiamo delle anime dei marinai che riposano sotto l'acqua. La faccia di quell'uomo abbronzato e severo, che ha pagato il suo conto e sono certo anche i debiti di altri, dovrebbe accompagnare i nostri pensieri, un'angoscia che è di tutti: e poi, che cosa ancora deve accadere? Una volta gli dissi: «Sulla tomba di un Rockefeller, il defunto aveva fatto incidere questa frase: "Qui riposa un uomo che seppe circondarsi di uomini migliori di lui". Tra cento anni, cosa vorrebbe si dicesse di lei?». «Allora nessuno si ricorderà di me.» Invece, nel capitolo che stiamo vivendo e che segnerà il futuro, c'è anche quel colpo di pistola.

1° agosto 1993

REGINALD GREEN

Gentile signor Reginald Green, so poco di lei: quello che ho letto nei giornali. So che fa il mio mestiere e si occupa di economia. L'ho vista in qualche rapida immagine televisiva: e mi è parso un americano come tanti. Di quelli che compaiono anche nei film: che al mattino, mentre fanno colazione, leggono il giornale, quando vanno soldati sognano la torta di mele della mamma, la domenica cantano in chiesa, si mettono una mano sul petto ascoltando la banda che suona l'inno nazionale. A noi, che ormai non abbiamo quasi fede in niente, sembrate figure un po' enfatiche: e ogni tanto invece scopriamo che il vostro costume, la vostra educazione non sono retorici, e che davvero credete nei sentimenti. Qualcuno ha scritto che niente ci rende grandi come un grande dolore: e lei lo ha dimostrato. Dei banditi, degli italiani, hanno ucciso Nicholas, un suo bambino di sette anni: e lei ha detto a Eleanor, la sorellina, che è andato a far visita a Dio. Nicholas desiderava tanto un viaggio, una vacanza nel mio Paese: e qualcuno dei miei compatrioti ha accorciato la visita e mutato l'itinerario. Lei ha commentato: «Nicholas è stato felice», ha ringraziato la polizia per le premure, ha voluto che qualcosa di Nicholas continuasse a vivere con la mia gente.

Io debbo, voglio ringraziarla: non solo per dei trapianti, ma per una lezione. Di generosità, di compostezza. Lei, caro signor Green, sa che certi fatti purtroppo accadono ovunque, anche oltre l'Atlantico: e un bimbo negro può essere colpito mentre gioca con un fuciletto da un agente impazzito. È e rimane un caso. Da noi, invece, la violenza è un male antico e segna tanti destini. Questa terra, famosa per la storia, la bellezza, l'arte, patisce per una invincibile crudeltà, che si nasconde dietro gli oleandri, i sicomori, tra gli scavi, vibra nell'aria che odora del fiore dei limoni, e nella notte colpisce un piccolo Nicholas che dorme: non si faccia assalire dai dubbi o dai rimorsi, perché lei non poteva salvarlo. Non ce l'hanno fatta nella corsa contro la morte neppure i giudici, i ragazzi, i carabinieri, le donne.

E lei, caro signor Green, non ha pronunciato un giudizio ispirato dal rancore, che avrei trovato legittimo: lei è abituato a rispettare perfino i limiti di velocità, e da queste parti non si onora neppure l'esistenza umana. Non ha maledetto l'idea di questo pellegrinaggio nel Sud dell'Italia, inseguendo leggende e richiami del passato e trascurando le cronache di questi tempi: lei, la signora Margaret, la bambina Eleanor ripartirete non con dei ricordi, ma forse con un'ossessione, e con un vuoto che nulla potrà colmare.

Lei, signor Green, è una bella persona. In un ospedale di Washington ho visto una volta una specie di deposito, perdoni la volgarità del termine, di organi; ricordo un motto che diceva: «Dalla morte alla vita». Lei ha voluto che fosse vero: ha donato quello che noi, qualcuno di noi, le ha tolto. Dio, che ha accolto Nicholas, la benedica, con la sua famiglia, e perdoni quei due uomini mascherati perché, come insegna il Vangelo, «non sanno quello che fanno».

3 ottobre 1994

GIOVANNINO GUARESCHI

È sempre vivo, non solo nel ricordo degli amici, ma anche in libreria. Di solito lo scrittore italiano muore due volte: per l'anagrafe e per il lettore. Che ne è di Giuseppe Marotta, per esempio, un umorista che ebbe un suo pubblico, e anche una recensione entusiastica di Emilio Cecchi?

Che ne è di Curzio Malaparte, o di Massimo Bontempelli, o di Corrado Alvaro, di Elio Vittorini, e perfino di Vitaliano Brancati, o di Guido Piovene? Penso che sopravviva solo Dino Buzzati, del quale i letterati «puri» dicevano, con perfida ironia, alludendo alle sue fantasie: «Si Kafka sotto».

È appena uscita, curata da Carlotta e da Alberto, i figli, un'autobiografia di Giovannino Guareschi, titolo: *Chi sogna nuovi gerani?*. È stata ricavata dagli scritti, migliaia di articoli, di favole, di invenzioni, del direttore di *Candido*: e farà contenti i fedeli estimatori, che non lo hanno mai dimenticato. «Sono un giornalista» diceva «che adopera trecento parole. Quello che è accaduto è stato solo un equivoco. Non mi considero importante.»

Aveva avuto un successo irripetibile: del *Don Camillo* soltanto in Francia si erano vendute un milione di copie, *Life* aveva mandato a Roncole fotografi e inviati, a Heidelberg facevano tesi sulla sua narrativa. Non si riteneva un intellettuale ma «un povero scribacchino», che aveva però da proporre la sua piccola verità. Che si può, ovviamente, accettare o respingere, ma che nasceva certo da buona fede, forse da una visione semplice del mondo, mai da calcoli volgari.

Con il suo vocabolario ristretto si faceva capire da tutti, e monsignor Angelo Roncalli nelle pagine di Giovannino trovava la serenità, ed Enrico Fermi il piacere di una divertente lettura.

Non era, in politica, un personaggio ben definibile. Disse a un intervistatore: «Io sono socialista, monarchico e cristiano, ma il socialismo di oggi non è più quello della mia infanzia».

Era nato il primo giorno di maggio del 1908 e il padre, affacciandosi con il bambino tra le braccia a una finestra, urlò a un gruppetto di contadini che nel cortile giocavano a bocce: «Amici, allegria, ecco un nuovo compagno». Nessuno immaginava quello che sarebbe accaduto poi: allora, un garofano rosso all'occhiello era simbolo di rivolta.

Gli chiesi una volta le ragioni della sua devozione alla causa del re, e mi rispose: «Perché sono figlio di una maestra».

Io lo consideravo un anarchico sentimentale: cercava di conciliare l'impossibile, di mettere d'accordo Don Camillo e Peppone, un parroco manesco e sanguigno, un sindaco comunista acceso e intollerante, sullo sfondo di una improbabile Emilia: si è guadagnato il ruolo del precursore del compromesso storico, lui che era soprattutto un inventore di umanissime fiabe.

C'era la guerra fredda, c'era la cortina di ferro; e nella grande pianura, segnata dal fiume, tra piazza e campanile, su un piccolo palcoscenico, si recitava in chiave bonaria, o di paradosso, qualche battuta del dramma del mondo.

Ma Don Camillo intravedeva il futuro: «Compagno,» spiegava a Peppone «non ti rendi conto che noi siamo due fantasmi? Non ti rendi conto che, fra non molto, dopo avere combattuto ognuno per la sua bandiera, verremo cacciati via a calci, io dai miei e tu dai tuoi, e ci ritroveremo miserabili e strapelati a dormire sotto i ponti?».

Sbagliò nell'attaccare Alcide De Gasperi e pagò il suo conto: non ha avuto imitatori. Ma denunciò i soprusi del potere, il clientelismo, le parentele redditizie, aveva compilato una parodia che attaccava: «Su fratelli, su cognati, su venite in fitta schiera». La sentenza che lo condannava venne festeggiata a Bagutta da alcuni colleghi con brindisi, poi lo perseguitarono con legalissime cartelle delle tasse. Guareschi poteva cadere nella rissa, ma era incapace di rancori.

Aveva un carattere forte: e lo dimostrò negli anni trascorsi in un campo di concentramento tedesco quando le sue storie e i suoi disegni, i dialoghi carichi di umore diedero coraggio a migliaia di prigionieri.

E così anche al 1948, quando le sue vignette, i suoi manifesti rappresentarono un decisivo contributo nella campagna elettorale: non chiese nulla e nessuno gli disse grazie.

Hanno detto che era «uno di destra»; credo fosse un conservatore, gli piaceva il gusto di Leo Longanesi, la messa in latino, i preti con la tonaca, aveva un organetto di Barberia che durante i pranzi suonava in onore degli ospiti *Tripoli, bel suol d'amore*.

È stato il cronista di un tempo aspro, e accettò la sua parte, nel bene e nel male, e quando si trattò di saldare il conto non nascose la mano che aveva sottoscritto un giudizio ingiusto.

Era, in fondo, un ingenuo disarmato. Passò quattordici mesi nel carcere di San Francesco, a Parma. Quando uscì portava con sé tre sacchi di lettere speditegli dai suoi ammiratori e una profonda amarezza.

Non ha mai avuto un riconoscimento ufficiale: ma rappresenta i contrasti, gli errori e le illusioni del dopoguerra. Era stato tradotto anche in russo e in esquimese, ma era rimasto un uomo semplice come le trame che lo avevano reso famoso. Ha lavorato fino all'ultimo, anche se stava male: in una lettera mi parlava dell'ulcera, dell'infarto e del bisogno di solitudine. Sentiva che la giornata si avviava alla fine.

Ai funerali c'era poca gente, e quasi nessuno dei suoi vecchi estimatori. Ricordo in un angolo, appartato, Enzo Ferrari.

11 luglio 1993

Secondo i giornali, noi siamo amministrati da «una maggioranza rissosa». È infatti composta da personaggi convinti che governare consista soprattutto nello spartire il potere, inteso come conquista di posti o garanzia di carriera.

C'erano da mandare due commissari a Bruxelles: hanno scelto il professor Mario Monti, già rettore della Bocconi, persona competente e specchiata, fuori dagli intrighi dei vari palazzi e che gode di prestigio. Bravi.

Mancava il secondo; due nomi: Giorgio Napolitano ed Emma Bonino. Un ex comunista, assai apprezzato per la cultura e l'equilibrio, e una signora che si è distinta in particolare per le battaglie radicali e per le rivendicazioni delle femministe. Ha vinto Bonino. L'onorevole Berlusconi ha dovuto cedere ai mediocri intrighi della lottizzazione: altro che fine del partitismo. Il brutto spettacolo si replica.

Sono convinto che la democrazia ha bisogno per sopravvivere alle insidie delle campagne elettorali di grandi figure e di buoni esempi. È vero, come diceva Clemenceau, che è «una creazione continua»: occorrono degli «inventori» come Roosevelt, o come Churchill, o come alcuni cancellieri tedeschi.

Konrad Adenauer, *der Alte*, il vecchio, ereditò la disfatta del Reich: e riuscì a guidare la rinascita di quello che considerava «il popolo più insoddisfatto della terra». Churchill lo considerava «più grande di Bismarck» e Stalin «il nemico numero uno del comunismo».

Ho conosciuto Willy Brandt, «il nostro Willy», come lo chiamavano in certe ore i suoi compatrioti, quando era ancora borgomastro di Berlino; poche volte ho incontrato politici come lui così coerenti con quello che avevano enunciato o promesso. Inaugurò la Ostpolitik, cercò la riconciliazione e l'accordo con i paesi socialisti, a Varsavia, in segno di espiazione, si inginocchiò davanti al ghetto.

In questo momento, l'Italia e la Francia sono profondamente turbate dagli scandali e dall'incertezza, l'Inghilterra soffre per le esibizioni amorose dei virgulti della famiglia reale, l'Austria per il rinfocolarsi di pericolose nostalgie di un certo passato: solo la Germania dà molti segni di sicurezza e di stabilità.

Il marco è salito a livelli assoluti, l'industria marcia a gonfie vele, i disoccupati, l'antica minaccia, sono in calo, anche all'Est, e per la quarta volta Helmut Kohl è stato rieletto: da dodici anni rappresenta la Bundesrepublik.

Una volta parlai con Brandt del Muro che divideva la Germania in due; sembrava un confine incrollabile. «La storia» mi disse «non conosce la parola mai.»

Così è stato e Kohl, nell'autunno del 1989, lo ha visto sbriciolarsi, e ha dovuto prendere in carico 17 milioni di «fratelli» diseredati. Vincevano, alle Olimpiadi, tante competizioni atletiche, ma erano in difficoltà quando dovevano affrontare la concorrenza economica.

Ma si portano dietro anche altre conquiste sociali, e in più il complesso di sentirsi cittadini di seconda classe: i regimi di tipo staliniano toglievano la libertà ma non imponevano la dura emulazione dei sistemi liberali. Case magari fatiscenti, ma affitti bassissimi; paghe scarse, ma impegno niente.

Forse anche per questo il Pds, Partito democratico socialista, è riuscito a conquistare 30 posti al Bundestag; c'è sempre chi rimpiange il passato.

Kohl è cattolico, e ha alle spalle una storia semplice e pulita: nessuno scheletro negli armadi; la stampa controlla e critica con rigore, e anche con durezza, chi rappresenta l'autorità.

«Helmut», come gli urlano ai comizi gli estimatori, è figlio di un piccolo funzionario delle imposte e nipote di un contadino. Ha conosciuto le privazioni della guerra e del dopo, è sposato da più di trent'anni con la signora Anneliese, e ha due figli che studiano negli Stati Uniti: uno ad Harvard, uno al Mit, costosissime università che impegnano una buona parte dei suoi risparmi.

Il suo stipendio di cancelliere è inferiore a quello del più pagato servitore dello Stato, il presidente della Bundesbank. Ha un solo hobby: colleziona icone e minerali rari, come il cristallo di rocca e l'ametista, e ogni anno va a fare una cura dimagrante in Austria, due settimane di digiuno, e perde quindici chili che poi riacquista, il che lo costringe a usare due guardaroba. È, anche fisicamente, una figura che si impone: altezza 1,93, peso 130 chilogrammi.

Possiede e guida una Mercedes nera, e come i suoi predecessori vive in una modesta abitazione. Valéry Giscard d'Estaing fu impressionato dalla semplicità della residenza di Helmut Schmidt; il solo lusso gli parve il caminetto del soggiorno.

Kohl è un convinto partigiano dell'unificazione del nostro continente, e nell'ultimo numero di *Time* c'è un articolo intitolato: «The cancellor of Europe?».

Chissà. Non predica la superiorità tedesca, perché del resto è convinto che «il nano che si piazza sulle spalle del gigante vede più lontano del gigante stesso».

Diceva Adenauer che il segreto per vivere a lungo, e lo applicava anche nel comando e nel costume quotidiano, «consiste nel misurare le proprie forze». Kohl cerca di realizzare questo proposito: qualcuno ha scritto che è «un uomo di Stato toccato dalla grazia della storia».

11 novembre 1994

Proprio da Napoli, nel lontano ottobre del 1922, partirono le «quadrate legioni», e a incoraggiarle, con il braccio teso nel saluto romano, c'era anche l'avvocato Enrico De Nicola. Salivano sui 18 Bl, i leggendari camion della prima guerra mondiale, che li aspettavano con i motori accesi. Il capo, invece, raggiunse le sue camicie nere con il vagone letto che partiva da Milano. Va bene fare la rivoluzione, ma possibilmente con qualche comodità. Andarono ad avvertirlo che il re voleva parlargli mentre era a teatro: rappresentavano una commedia di Ferenc Molnár, quello dei *Ragazzi della via Paal*, intitolata *Il diavolo*. Uscì dal palco e diventò il duce. «Napoli, nella sua storia,» mi ha detto una volta lo scrittore Luigi Compagnone mentre parlavamo di un altro comandante, Achille Lauro «è stata sempre posseduta dalle mitologie più aberranti e dalle emozioni collettive meno civili.» È probabile che il futuro sindaco abbia un nome non solo impegnativo, ma soprattutto imbarazzante: è in gara una signora che si chiama Alessandra Mussolini. E i giornali, rivolgendosi a chi l'appoggia e l'acclama, lanciano un grido: «Allarme, siam fascisti».

La bella e rigogliosa signora, che compirà trentun anni tra un mese, e che è laureanda in medicina, è una nipotina del Capo. Forse la gente dimentica o non sa. In un vecchio film, il maestro chiedeva a un alunno: «Chi è Mussolini?» e la risposta rivelava un certo distacco dagli eventi: «Il padre del pianista». Alessandra, appunto, è figlia di Romano, artista di jazz, e di Maria Scicolone, sorella di una umile e fragile fanciulla di Pozzuoli che conquistò il mondo intero come Sofia Loren.

La bimbetta che per tutta l'adolescenza sembrava destinata a soccombere, invece, raccontava la madre, verso i quattordici, «miracolo di Dio, sbocciò come un fiore»: i prodigi della Provvidenza e degli ormoni sono imperscrutabili.

Pochi scherzi: zia Sofia è uno dei pochi compatrioti che godono di una reputazione internazionale: è affascinante, umana e intelligente. Il successo, dice, non l'ha cambiata: è rimasta Scicolone. Da nonno Benito, Alessandra ha ereditato il gusto della politica: ed è arrivata alla Camera con 57.000 preferenze. C'è qualche camerata che la considera «una testimonianza vivente del passato», ma lei si definisce «anarchica», schifata del presente, ma con nessuna propensione per la dittatura. Da nonna Rachele deve avere preso, invece, il temperamento: pensa con la sua testa e non segue le direttive dell'Msi. «La fiamma è bella» dice un personaggio di Gabriele D'Annunzio, ma lei se ne infischia, anche se si tratta di quella tricolore. Il babbo le ha detto che nonna Rachele, quando si arrabbiava, buttava la borsa sul capoccione del condottiero degli italiani. Alessandra la ammira e si presenta così: «Io sono una bomba passionale, un po' gelosa, sanguigna, romantica e pure realistica».

Ha polemizzato con Umberto Bossi che nei comizi esalta la propria potenza virile; Alessandra ha dei dubbi: «Di duro ha soltanto la testa», e nel suo programma c'è anche una ricetta che forse ha sbagliato a rimettere in circolazione: «Giù manganellate per chi non fa il proprio dovere». Ma subito corregge: «Io sono democratica. E non violenta». Non tradisce né le origini né le convinzioni e aggiunge: «Fascistissima». O, per essere più esatta: «Mussoliniana». Anche se l'antenato non lo ha conosciuto, è convinta che l'idea che propugnava è «la più progressista». «La bella onorevole», così la presenta qualche cronista, ha occhi verdi, è bionda, labbra pronunciate e un seno prosperoso che ricorda certe tendenze familiari. Riferisce Guido Quaranta che i fotografi americani, che l'hanno ripresa durante un recente soggiorno negli Usa, l'hanno apprezzata, «a pretty chick», una graziosa pollastrella. Dimenticavo: è sposata con un ufficiale della Guardia di finanza. Lo ha sposato un 28 ottobre perché, spiega, «noi Mussolini in quella data dobbiamo fare qualcosa», e la prima notte di nozze l'ha trascorsa a Predappio, nel lettone che fu di Rachele e di Benito. È convinta di farcela, di conquistare il governo di Napoli, anche se l'impresa è assai difficoltosa. Certo, dicono i competenti, arriverà allo spareggio con Antonio Bassolino, Pds, che l'onorevole Mussolini trova «simpatico, ma non intelligente». E specifica: «Da rosso mi sa che lo faccio diventare nero». Non bisogna dare troppo peso a queste recise affermazioni: provengono da una persona che si descrive «effervescente naturale», e giustifica l'aggressività con i risultati: «Faccio tutto con forza, e quasi sempre vinco».

Il suo programma, per la verità, è assai vago e assomiglia a quello di molti candidati: tutti promettono la «trasparenza». Augurabile, dopo tante manovre oscure, che hanno compromesso e sconvolto il vecchio potere, che si fa ancora vivo con la voce dell'ex ministro dc Vincenzo Scotti, il quale commenta, con falsa bonomia: «È caruccia, ma Napoli ha tanti problemi e non può permettersi di votare 'na bella guagliona».

Che non si riconosce nell'incombente capostipite, al quale assomiglia un po' nella mascella, ovviamente volitiva, e nella fronte spaziosa, ma non nella filosofia: ne ha saputo qualcosa solo attraverso i libri. E non è facile schedare una persona che non si sente né di destra né di sinistra, e a chi l'accusa di essere populista risponde: «Sì. Embè?». La sua è una posizione che sembrerebbe, più che altro, sentimentale: «Io non rimpiango niente e non rinnego nulla». Le piace Sandro Curzi, per esempio, «perché è bravo, e mica per la pelata che somiglia a quella del nonno»; e poi le va bene, come è ovvio, Gianfranco Fini: «È giovane, molto preparato e viene bene in tv».

A chi, o a che cosa, affida le sue speranze, anzi le sue certezze, l'onorevole Mussolini? Non allo slogan: «Per Napoli non ci son né santi né miracoli», con ogni riguardo, si intende, per il venerato Gennaro, ma perché, dice, è donna, fuori dagli antichi giochi, e nella primavera della vita. La spiegazione è ricavata dalle interviste che ha concesse, con una parlata romana che Paolo Guzzanti trova «un po' sciatta e un po' sprezzante, un po' rozza ma sincera».

Alessandra dichiara che ama la gente e odia i borghesi (e anche il nonno voleva spazzar via questi «mormoratori» che si nascondevano «negli angolini»), va in giro per i vicoli e per i mercatini, e ai comizi, come musica di accompagnamento, si alternano *'O sole mio* con l'*Inno a Roma*. Perché Alessandra nasce da una combinazione esplosiva: metà napoletana, metà romagnola. La lingua di Posillipo l'ha imparata addirittura da Eduardo De Filippo, con il quale ha recitato; l'irruenza da Rachele, perché a Forlì si dice: «Quello che ho sulla bocca l'ho nel cuore». «Io rischio sempre» confessa. «Bisogna farlo per sentirsi vivi. E poi è la condizione necessaria per avere successo.» Aveva già provato con lo spettacolo, con risultati scarsi. L'esordio, da valletta, con Pippo Baudo, poi qualche filmetto insignificante. Può capitare che a una esordiente chiedano anche di sottoporsi a una doccia, magari con gli slip, ma Alessandra non ha dispensato altre grazie. Visioni da spiaggia.

Dicono che ha la grinta dell'uomo che diede alla Patria un Impero. Promette al popolo che prenderà a calci i ladri. Garantisce la soluzione del problema più incombente: quello del lavoro. Forse è per questo che la segue non solo chi rimpiange certe «sicurezze» del passato, ma le van dietro anche i giovani disoccupati, i poveri, i venditori di cozze e di tarallucci. C'è anche chi le dice: «Alessandra, io te voto perché sei ''na bella femmena''». Che non è un motivo trascurabile. Pensa che una volta c'era chi scriveva sui muri: «Aridatece er puzzone». Si progredisce: adesso propendono per una gentile creatura, che non ha l'esperienza dei collaudati marpioni, ma che almeno non minaccia la guerra civile. Invece della camicetta bianca delle giovani fasciste sfoggia un golfino giallo. È patetica quando, distribuendo doni ai bambini, dice: «Vorrei chiamarvi cameratini». I cameratini, avrebbero commentato a quei tempi, se ne fregano. Non sognano il libro e il moschetto, ma *Topolino*.

28 novembre 1993

ALBERT B. SABIN

Quando mi chiedevano: «Tra le centinaia di persone che hai incontrato, chi ti ha più colpito, chi ti porti dietro nella memoria?», io rispondevo: «Albert Bruce Sabin». Nel mio studio, accanto alle fotografie di persone che hanno segnato la mia vita, c'è anche la sua: un bel vecchio, la barba bianca dei patriarchi, il sorriso ironico dietro le lenti. E una dedica affettuosa, che nei momenti difficili mi incoraggia.

L'ho incontrato la prima volta tanti anni fa a Cincinnati, la seconda città dell'Ohio; insegnava all'università e continuava le ricerche all'ospedale dei bambini. Fin da allora non amava le interviste, non voleva essere fotografato con dei ragazzini accanto, lavorava con un solo assistente e una segretaria dall'aria poco cordiale. Mi spiegò che un ricercatore tenta cento volte e poi, forse, una gli riesce. Gli dissi che era così anche per i giornalisti, e quella poteva essere la mia occasione.

Sorrise e mi raccontò la sua storia. Che comincia nel ghetto di Bialystok, nella Polonia di prima della guerra. Sulla tempia portava ancora il segno di una sassata tiratagli da un compagno di giochi, «solo perché» diceva «ero uno sporco ebreo».

Aveva rivisto quei posti, ma senza emozione; della gente di allora non c'era più nessuno, solo il custode del cimitero, tutti gli altri erano stati uccisi dai tedeschi.

Sbarcò in America nel 1921, il padre aprì un piccolo setificio, ma senza fortuna; uno zio dentista si offrì di mantenerlo agli studi, e sarebbe stato contento se Albert avesse scelto la sua stessa carriera: odontoiatria. C'era già una cugina che si era fatta un nome a Hollywood: si chiamava, in arte, Sylvia Sidney; è stata una grande attrice.

Ma la lettura di un libro in altri tempi famoso, *Cacciatori di microbi* di Paul De Kruif, spinse il giovane Sabin verso la medicina e la ricerca; poi l'incontro con il microbiologo William Park, che lo accolse nel suo reparto, e gli fece ottenere anche una borsa universitaria, decise del suo destino.

Diceva Sabin: «Gli debbo più di quanto un uomo possa mai ripagare».

Sabin sapeva che i virus della polio erano presenti lungo il cammino del genere umano, ma diventarono un incubo solo nel XX secolo, dilagarono prima in Europa, poi si estesero ovunque: due terzi delle vittime non avevano ancora compiuto sei anni.

Bisognava trovare un vaccino che fosse efficace e innocuo, che desse cioè le massime garanzie di immunizzazione senza far correre al fanciullo alcun rischio.

Scoprì che è nell'apparato digerente il terreno nel quale si sviluppa il male e lì bisognava colpirlo. Usò, per raggiungere la prova delle sue intuizioni, i reni di 900 incolpevoli scimmie e di 150 scimpanzè, poi si ricordò di due grandi esempi del passato: di Louis Pasteur che inspira con una cannuccia di vetro la saliva di un cane idrofobo e sconfigge la rabbia, di Edward Jenner che, all'insaputa della moglie, inocula il liquido di una pustola nel suo primogenito e scopre la natura del vaiolo.

C'era già stato il professor Jonas Salk, che aveva trovato un rimedio: tre iniezioni, che agivano contro le manifestazioni paralizzanti del morbo. Albert Sabin ricorreva a una soluzione: tre cucchiaini da caffè di un liquido dolce color ciliegia eliminavano totalmente il pericolo e difendevano non solo l'individuo vaccinato, ma anche quanti gli stavano attorno. «Ho cominciato a prenderlo io,» raccontava «poi alcuni dei miei aiutanti. Dopo trovammo dei volontari: giovanotti di un penitenziario. Poi le mie figlie, e i figli dei miei vicini di casa.»

Non volle brevetti, non volle un dollaro, non ebbe il Nobel: gli diedero più di quaranta lauree *ad honorem* e la massima onorificenza degli Stati Uniti. Non fece un dramma per il mancato riconoscimento degli svedesi: altre tragedie, tra cui il suicidio della prima moglie, hanno sconvolto la sua esistenza. Le sue maniere erano sempre gentili, le abitudini modeste, aveva qualche passione: la musica, il prediletto Rossini, lo studio («È la mia ricreazione» spiegava), i fiori: «Sono qualcosa di magico» diceva.

L'ho rivisto in altre occasioni: con la terza sposa, e nel suo appartamento di Washington, tra i libri e qualche ricordo della sua straordinaria avventura.

Continuava a lavorare, c'è ancora il cancro da battere, l'epatite virale, non gli pareva così sconvolgente l'Aids, ma di più il morbillo che ancora uccide milioni di creature in Africa. Non temeva le inevitabili polemiche.

Camminava, con passo incerto, verso i novanta: aveva superato crisi cardiache, paralisi, difficili interventi chirurgici, ma con la forza e la serenità del cuore. «Certo,» diceva «noi sappiamo che prima o poi dobbiamo morire, e c'è chi sostiene che non fa differenza se per un carcinoma ai polmoni o per un infarto. Io non sono d'accordo. Non dobbiamo andarcene in maniera troppo miserabile. Anche per questo vale la pena di lottare.»

E così Albert Bruce Sabin ha chiuso la sua giornata. Non credeva nelle confessioni accettate, ma era sicuro che «Dio è più grande di tutti, Dio ha creato tutto».

E poi ricordava una lontana lettura scolastica che ammoniva: «Non cercare un premio perché tu hai già una ricompensa su questa terra: la gioia spirituale che solo il giusto possiede».

21 marzo 1993

PALMIRO TOGLIATTI

Sono passati cento anni dalla nascita di Palmiro Togliatti, e non so quanti dal momento che i comunisti hanno smesso di chiamarlo «il Migliore». L'*Unità* ha dedicato quattro pagine alla ricorrenza, e ha fatto bene, perché chi non ha passato difficilmente può costruire un avvenire.

Mi ha colpito, in un articolo evocativo, dal titolo: «Ambiguo? No, tormentato», una battuta riferita da Nilde Iotti. Stanno rientrando in treno da Mosca dove hanno vissuto «un momento di grande preoccupazione». È il 1950, e Stalin vuole che il segretario del Pci si trasferisca a Mosca per dirigere il Cominform. Ma Togliatti, che conosce gli usi e costumi del grande capo, e che forse ha in mente i guai che procura il socialismo reale, riesce a sfuggire all'invito, e rientrando all'alba, dopo una notte sfibrante di polemiche, dice soddisfatto: «Ce l'abbiamo fatta».

Ha tutti i motivi per ritenersi appagato, ma il momento più allegro deve ancora venire. «Quando lasciammo la zona di occupazione russa dell'Austria,» racconta ancora l'onorevole Iotti «ricordo che Togliatti esclamò: "Finalmente siamo liberi".»

Intanto i compagni continuavano a credere che l'Urss fosse il possibile paradiso, patria di ogni libertà. Quanto tempo c'è voluto per riconoscere alcune menzogne: a me ha fatto anche una certa impressione sentire l'onorevole Armando Cossutta che durante un dibattito televisivo riferiva che dall'Unione Sovietica arrivavano non solo consigli, come si supponeva, ma anche rubli, come si mormorava.

È noto però che dall'America, oltre agli aiuti dell'Unrra, partivano anche pacchi di dollari per i partiti di governo, ma è evidente che ci vuole pazienza perché la cronaca diventi finalmente storia.

Pietro Nenni diceva che Togliatti era «una macchina cerebrale»; Benedetto Croce gli scriveva: «Lei è *totus politicus*, e penso che talvolta debba patirne». Invece il ritratto che ne traccia la signora Iotti, la sua compagna, è quello di un uomo «affettuosissimo, delicato, molto attento».

Si alza alle 6 e si prepara il caffè da solo, lavora, scrive fino alle 8 e mezzo, poi va al partito e rientra alle 2. Nel pomeriggio è sempre alla Camera. Dopo cena legge, ascolta musica classica, il preferito è Mozart, aiuta Marisa, la figlia adottiva, a fare i compiti. La domenica, lunghissime passeggiate sulle colline, tra i Castelli.

In casa non parlava mai del lavoro, non aveva nessun attaccamento alle cose, accettava le prove che gli erano imposte dalle sue scelte senza rimpianti. Si rammaricava solo per alcune casse di libri che non gli erano mai arrivate dall'Urss. Degli avversari rispettava più di tutti Alcide De Gasperi, anche se provava per lui un certo risentimento: credeva alla possibilità di un discorso con la Dc, e si sentiva deluso.

Ammirava Stalin, mi disse una volta la signora Nilde Iotti, «come lottatore duro e tenace», lo aveva incontrato in tre o quattro occasioni, fu colpito dal racconto che Nikita Chruščëv fece al XX Congresso del Pcus, ma tra i due non c'erano affinità, almeno culturali.

Faceva il tifo per la Juventus, e teneva nel portafogli il calendario delle partite del campionato, e polemizzava con Dozza, tifoso rossoblù e sindaco di Bologna.

Quante cose sono accadute dai giorni in cui i dirigenti di Botteghe Oscure erano braccianti, ex partigiani, ex carcerati e reduci dal confino, quando Urss voleva dire pace e America guerra, quando Mario Alicata si arrabbiava con Croce perché non prendeva sul serio Stalin come filosofo (piaceva molto anche come linguista) e sull'*Unità* si leggevano versi nei quali si riconosceva al maresciallo anche il non trascurabile merito di anticipare la primavera, quando non c'erano dubbi sull'Urss come Stato guida.

Allora il mondo era diviso in due da una «cortina di ferro» (definizione di Winston Churchill) e adesso gli Usa stanno studiando un nuovo Piano Marshall per soccorrere i paesi dell'Est, e sul Cremlino non sventola più la bandiera rossa che fu, per milioni di credenti, un simbolo di speranza.

Palmiro Togliatti aveva conosciuto la crudeltà di quel mondo, aveva visto sparire molti degli ospiti dell'Hotel Lux, dove alloggiava, con tanti altri fuggiaschi dai paesi capitalisti, o dalle dittature fasciste, con Rita Montagnana.

Andò anche a combattere in Spagna e, quando ritornò nel decrepito albergo, ricevette una visita del cognato Paolo Robotti, che aveva conosciuto le celle della Lubjanka e i sistemi investigativi dell'Nkvd. Togliatti cercò di giustificarsi: «Per quanto ho potuto, certe faccende le ho arginate e impedite, pure essendo lontano. Dovrà venire il momento in cui di tutto quello che è avvenuto si parlerà, e allora capiremo bene, forse, quello che è successo in questi anni».

Ce ne siamo resi conto, e vale anche per Togliatti la battuta di quel nobile, superstite della Rivoluzione francese che, a chi gli chiedeva che cosa aveva fatto durante il Terrore, rispose: «Ho vissuto».

Mi ha detto Nilde Iotti: «Aveva una sensibilità viva, una forte disponibilità a comprendere. So che l'immagine di lui è diversa, ma io l'ho conosciuto in un altro modo. La freddezza, il cinismo, erano una maniera di difendersi da fatti che lo turbavano profondamente, ma la sua intelligenza gli imponeva di accettarli come momenti nel cammino della civiltà».

Nilde Iotti conserva una lettera di Togliatti, spedita da Belgrado, 1946. C'è una frase sottolineata: «Noi costruiremo qualcosa di nuovo».

Non ce l'hanno fatta e dalla loro sconfitta si vedono le conseguenze nelle eredità che hanno lasciato. C'è anche Tangentopoli: i comunisti erano un alibi.

11 aprile 1993

ERSILIO TONINI

Nello studiolo c'è una Maria Vergine di terracotta e il ritratto di una donna, dall'aria serena e composta, che ha davanti a sé un bimbetto dagli occhi vispi.

Dice il cardinale Tonini: «Quello sono io, la mamma la mandò al papà che era al fronte. Posammo per un fotografo ambulante: a quel tempo dai casolari passava il sarto, l'impagliatore di seggiole, lo spazzacamino».

Alle pareti tanti libri: il pensiero greco, quello teologico, i dizionari, l'opera completa di certi letterati, per esempio Pirandello: monsignor Ersilio ha passato una parte della vita a studiare.

Anche dopo resterà qui, a Ravenna, nell'Istituto Santa Teresa, che accoglie tanti infelici. Quando venne nominato arcivescovo lo scelse come sua casa: e le suore romagnole che accudiscono agli infermi hanno cura anche di lui. Sono suore che ispirano cordialità e fiducia: pensi all'odore dell'incenso e anche a quello del brodo dei cappelletti.

Sua Eminenza è molto amato; quando usciamo sulla strada, tutti lo salutano: le mamme, i vecchi «liberi pensatori», come si usa da queste parti, quelli di sinistra. È il loro vescovo che viveva e si comportava da parroco che è stato chiamato dalla nobiltà della campagna, come diceva papa Giovanni, tra i prìncipi della Chiesa.

Non cambierà: anche a tavola, continua ad affrontare il cibo con la consueta parsimonia e con la solita scusa: «Per mantenere la linea». Sempre sorridente, sempre sereno, con una infinita fiducia nel trionfo del bene.

— Come comincio? Eminenza, monsignore?

«Lasci stare: monsignore.»

— Che differenza c'è tra un prete e un cardinale?

«Che anche il cardinale normalmente è prete, ed è un buon cardinale se continua a essere un buon prete.»

— Lei ha detto che le sarebbe piaciuto in questi momenti avere accanto i suoi genitori. Ha provato a pensare che cosa le direbbero?

«Mia madre mi farebbe una vecchia raccomandazione: "Sàlvati l'anima", mio padre invece sarebbe orgoglioso, ma senza manifestarlo. Ambiva che diventassi parroco, però non me lo ha mai detto. Sono i sentimenti contenuti della nostra gente.»

— Quando ha scoperto la vocazione? Come fa Dio a chiamare un bambino?

«Come fa non lo so proprio: ho l'impressione che questa idea sia nata in me quando avevo sei anni; lo ricordo perché lo dissi a mio padre, accanto al camino, mentre stava menando la polenta. Gli dissi: ''Papà, ci vogliono molti soldi per studiare da prete?''. La preoccupazione era sempre quella; a cinque anni servivo messa.»

— Si dice: «Non muove foglia che Dio non voglia». Che peso ha nei nostri destini?

«Detta così sa di meccanica e di fatalità; invece nella mia esperienza so che certe intenzioni e certi disegni si realizzano anche dopo cinquant'anni, e uno si trova a scoprire un progetto che lo riguardava.

«Ero ragazzo e in seminario si raccontava che i soldati austriaci prigionieri a Piacenza, per Pasqua, volevano confessarsi, ma non potevano perché nessuno sapeva il tedesco. Allora mi sono detto: se dovesse ripetersi una situazione del genere quando sarò grande, perché non dovrei essere pronto? Così mi sono buttato sulla lingua.

«Nell'ottobre del '44, mentre stavo studiando, bussò alla porta un soldato della Wehrmacht e mi disse: ''Padre, posso confessarmi?''. E in quel momento ho capito che il cerchio si chiude.»

— E che peso ha Dio in quello dei bambini di questa casa che sono come gli alberi?

«Penso a Michelino che è arrivato qui la vigilia di Natale, cerebroleso. È stata una grande festa per tutta la comunità che si è messa a sua disposizione. Visto come essere umano potrebbe sembrare una vita del tutto inutile, invece ci si accorge che diventa la ragione di tante altre vite, che si realizzano in lui.»

— La preghiera dice: «Liberaci dal male». Qual è il più grave in questo momento?

«La sopraffazione, perché sa di violenza e di insipienza, perché spegne il meglio che c'è in noi: distrugge delle esistenze fisiche e provoca la morte dell'anima.»

— Dice anche: «Non c'indurre in tentazione». Come ricorda la vita in seminario? A un giovane prete può venire in mente il volto di una donna?

«La ricordo come un'epoca splendida: di sviluppo della mente, di sentimenti umani, dell'accensione di molti ideali. Io ho sempre desiderato restarci, per insegnare e formare altri sacerdoti. L'insegnamento è l'unica cosa che rimpiango del passato. "L'uomo" dice Cesare Pavese "è l'unico essere che si porta dietro le rotaie." C'è stato un vescovo gesuita cinese che è stato venticinque anni in carcere, sottoposto a continua rieducazione marxista. Ha detto: "Ho potuto resistere per quello che avevo imparato durante il noviziato".

«Certo che può apparirgli una immagine femminile; un grande teologo accenna in uno scritto dedicato al celibato a questa esperienza che è toccata anche a lui e consente alla persona di valutare la sua fedeltà, ma è fortunato colui che si è misurato prima del grande passo, al momento delle decisioni. Anch'io ho pensato a una famiglia, mi sono immaginato sposo e padre: ma ho capito che il mio essere si sentiva prigioniero. Ho voluto soppesare ogni possibilità, per potere dire: non me ne pentirò mai.»

— Perché noi immaginiamo Dio, come una specie di Croce Rossa che deve guarirci, liberarci dalle ossessioni, fare piovere e procurare i buoni raccolti?

«Perché lo immaginiamo alla nostra maniera: ne facciamo una copia di noi stessi. E siccome è tutto uno scambio, un dare e un avere, ci regoliamo così anche con il cielo: e quando non cade la pioggia, o la salute non torna, è crisi. Invece deve essere un rapporto tra padre e figli: ricevere e restituire e tutto per amore.»

— Bernanos dice che la maggior pena di un sacerdote è la solitudine. Mi perdoni, c'è un'ora in cui si sente abbandonato?

«Io per fortuna non ho mai sentito l'avvilimento, qualche volta mi è capitato di dubitare di non avere combinato nulla di buono; è il momento dell'inutilità totale.»

— Hemingway disse che pensava a Dio qualche volta di notte. Io anche qualche volta di giorno. Ma Dio com'è fatto?

«In Dio c'è una parte visibile: e siamo noi, quello che ci portiamo dentro. Poi c'è un aspetto che è segreto, irraggiungibile: è apparso con Gesù Cristo.»

— E Gesù com'era? Nei libri sacri ci sono versioni contraddittorie. Il profeta Isaia lo descrive «cresciuto senza grazia e senza bellezza», per san Gerolamo invece «la luce che sprigionava da lui attirava subito coloro che lo vedevano».

«Sono vere tutte e due le cose, perché anche in Cristo c'è il bambino di Betlemme e c'è il Golgota, e i cristiani, dice sant'Agostino, hanno scelto la stella dei re Magi, e non il Crocefisso.»

— Sta scritto nella Bibbia che Dio ama, Dio vede, Dio parla. Allora ci assomiglia?

«Noi assomigliamo a Lui, e noi siamo il suo simbolo, e quando la Bibbia parla della donna specchio dell'uomo il discorso si conclude.»

— Come si fa a credere?

«Ricordo sempre il professor Zoia, che è diventato docente di clinica medica a Milano. Gli era morta la moglie religiosissima, che lui accompagnava sempre a messa. Mi chiama un giorno e mi dice: "Io vorrei credere, perché come fisico, abituato a spiegare fenomeni con altri fenomeni, non riesco a pensare ad altro".

«Gli parlai dell'amore che aveva per la moglie, un rapporto che non aveva una spiegazione fisiologica: anche quello con Dio è amore.»

— C'è una gradualità delle colpe, e ce n'è qualcuna di imperdonabile?

«Di imperdonabile nessuna, da parte di Dio e non da parte degli uomini o di noi stessi. La maggior difficoltà che ho trovato in confessionale è l'inflessibilità con se stessi, chi non è capace di compatirsi. Il più gran favore che possiamo fare al Signore è darci speranza, ritenerci redimibili. Il buono lo abbiamo tutti.»

— Quando diciamo: «Non indurci in tentazione» cerchiamo una complicità o un'attenuante?

«Il senso esatto è: ''Non mi lasciare senza forze nel momento della difficoltà, non lasciarmi solo''.»

— Il diavolo, gli angeli cattivi, il male come si spiegano?

«Vista la realtà, credo non sia molto difficile: gli stupri della Iugoslavia non si giustificano con la sola debolezza umana, e così Auschwitz, ci deve essere una sorgente misteriosa a cui fa invidia la grandezza o la felicità della creatura umana. Non so pensare un uomo in cui tutto è male; non ne ho trovato nessuno, ma esistono situazioni in cui il male domina. Nessuno può provare scientificamente, per quanto ne so, l'esistenza del Creatore, ma ricordo una bellissima osservazione di Wernher von Braun, il padre della missilistica: ''Ma dobbiamo veramente accendere una candela per vedere il sole?''.

«La scienza operando soltanto sullo sperimentale non può andare oltre e dare giudizi morali o metafisici, ma rimane lo scienziato la cui mente è fatta non solo per constatare, ma anche per intravedere l'oltre e tutto quello che ci ha preceduto. Heidegger dice: ''L'uomo è l'unico essere che si chiede perché ci sono anziché non esserci''.»

— Qual è il peccato più commesso, oggi?

«L'indifferenza. Adorno dice: ''Auschwitz non deve tornare, ma tornerà quando si ripeterà ciò che lo ha provocato: la glacialità. Chi non si sente amato, odia''.»

— Chi è un povero?

«Uno a cui manca un bene, e i più poveri sono quelli a cui mancano i beni più alti: la malattia è più grave della mancanza di mezzi, e l'insensibilità è ancora più pesante, perché è la mancanza di tutto.»

— Qual è la colpa più offensiva che commette un ricco?

«La soddisfazione di sentirsi appagato, non ho più bisogno di nulla e di nessuno. Nel Vangelo c'è la parabola del signorotto che ha riempito i granai e grida: "Godi, anima mia, hai tutto ormai". Sono peccati che portano con sé la loro pena.»

— Lei ha un motto, come ogni vescovo?

«Se avessi preso un motto, avrei scelto qualche espressione della saggezza contadina; ma nello stemma sta scritto: "So a chi credo: vivo nella fede del figlio di Dio".»

— Un suo collega, il cardinale Martini, mi disse una volta che santa Teresa prima di morire ebbe tentazioni terribili contro la fede e che i mistici patiscono di profondi turbamenti interiori. Allora, nessuno ha una certezza costante e assidua?

«Santa Teresa del Bambin Gesù morì tubercolosa, e racconta nei suoi scritti che in un certo momento ebbe la tentazione di ingoiare tutte le medicine per farla finita. E raccomanda ai superiori che non lascino certi medicamenti sul comodino degli infermi.»

— In confessione ha mai sentito dei racconti sconvolgenti?

«Infiniti. È una esperienza abissale: a volte tanta miseria e tanta grandezza nella stessa persona, ed è lì che si vede l'intervento di Dio in maniera incredibile. Egli ci lascia liberi, ma c'è anche qualcuno che prende per il petto. Ci sono sprazzi di luce che ti fanno vedere qualcosa di imprevedibile.»

— Sua madre le diceva: «Ricordati che la fortuna della vita sta nel fare il bene». Aveva ragione?

«Certo. E penso che quando andrò lassù chiederò il permesso di andarla a salutare per dirle: "Come erano giuste le cose che mi avete insegnato".»

— Lei ricorda sempre da dove viene?

«Sempre. Specialmente nei momenti decisivi, come questo: mi vengono in mente la casa, i campi. Mi vedo ancora bambino che a piedi scalzi va a caccia di nidi, poi la gioia della domenica in una famiglia umile ma in pace. Mi ritrovo il ragazzo di un tempo.»

— Nei *Promessi sposi* si legge: «Dio perdona tante cose per un'opera di misericordia». Eminenza, che cosa dobbiamo fare?

«Dire: Amen. Vuol dire contarci su, ci conto su. È la più bella preghiera. Dostoevskij nell'*Idiota* racconta del principe Myškin che nella stazione di Mosca vede una donna che si fa il segno di croce, perché ha visto il suo bambino sorridere. Il nobile le chiede perché; risposta: "La gioia di una mamma al primo sorriso del suo figlio, perché è simile a quello di Dio al gemito del peccatore che chiede pietà". Tutto il cristianesimo, non a caso, a esprimerlo è stata una madre.»

11 novembre 1994

VLADIMIR V. ŽIRINOVSKIJ

C'è già chi si domanda: ma questo Vladimir Volforevič Žirinovskij è un pagliaccio o un nuovo Führer?

Prima di tutto qualche realistica considerazione: ha ottenuto 14 milioni di voti. Guida il più forte partito dell'ex Unione Sovietica. Su cento cittadini 25 sono dalla sua parte.

Come l'Hitler del *Mein Kampf* non nasconde il suo programma. Pure essendo per metà ebreo è antisemita. Sogna in tv annunciatori «biondi e con gli occhi azzurri», e vede, come una ossessione, «israeliti dappertutto».

Intende cambiare la carta geografica del mondo: minaccia il Giappone di una «nuova Hiroshima», vuole mandare i soldati russi a bagnarsi i piedi nei caldi mari del Sud, vuole riprendersi i paesi baltici e spartire l'Europa orientale con la Germania: Praga toccherebbe ai tedeschi, mentre Bolzano e dintorni andrebbero all'Austria e Trieste alla Iugoslavia. La Sicilia potrebbe anche essere finalmente indipendente.

Sembrano discorsi deliranti, di un aspirante dittatore; ma c'è chi osserva che le democrazie sono impotenti anche di fronte al pallido Milošević.

A proposito: Vladimir Volforevič Žirinovskij si è esibito di recente in Serbia, facendosi fotografare mentre agita minaccioso un mitra e rassicura i «fratelli per il sangue slavo e la fede ortodossa» che non debbono avere paura. La Russia li guarda.

Nella sua immaginazione c'è nel futuro un'unione di stati che va da Knin a Vladivostok.

L'ho visto e gli ho parlato, a Mosca, quando già contava su un notevole seguito di estimatori, e ce l'aveva con Boris Eltsin, «un radicale di sinistra, un nuovo bolscevico», e aveva anche ricevuto una calorosa visita dell'onorevole Renato Altissimo: «Uomo stupendo» diceva. Perché il giornale ufficiale dell'energumeno (anche fisicamente: un omaccione) si chiama, nientemeno, *Liberal*, il suo movimento, attenti alle parole, si definisce «liberal-democratico», e la sua posizione, che sa alquanto di nazismo, lui la definisce semplicemente di centro.

Questo demagogo populista promette ai suoi elettori, appena avrà tutto il potere, se diventerà presidente, una pacata esistenza piccolo-borghese; ognuno nella sua casa, una moglie graziosa, bambini sani, lavoro sicuro, la domenica gita in campagna, e una bella vacanza nella buona stagione.

Prova un certo disgusto per i mendicanti e una certa irritazione per i troppo ricchi: fucilerebbe, magari, i banchieri ma ha anche cedimenti sentimentali: il suo partito, che rappresenta la più forte «destra» del continente, si impegnerebbe anche a cercare un marito per le donne nubili.

Di Adolf Hitler, oltre alla dottrina nazionalsocialista, condivide anche qualche aspirazione: vorrebbe riprendersi alcuni territori che «storicamente» apparterrebbero a Mosca, come la Polonia e la Finlandia.

Disprezza la Romania, «uno Stato artificiale abitato da zingari italiani», la Bulgaria, che lo ha sbattuto fuori, e la Grecia, e assicura che nessuno soffrirebbe se la Turchia sparisse dalla terra.

Sarà irresistibile come quella di Adolf l'ascesa di Vladimir? Anche Hitler giocò le sue carte sulla Germania umiliata. Lo «zar nero», come lo chiamano, interpreta il disagio e l'avvilimento provocati dalla fine dell'impero sovietico; è un fenomeno che nasce dal revanscismo, dalla nostalgia per la potenza perduta.

È vero che ai suoi seguaci propone non solo dei traguardi ideali, ma anche la vodka a buon mercato.

Non pensate a uno Žirinovskij rozzo e ignorantone: ha due lauree, legge e lingue, coniugato con prole, linguaggio truculento ed esaltato, per quel tanto che serve ad attirare il consenso della folla.

Come il Führer si è buttato in politica anche per rifarsi delle mortificazioni subite nella giovinezza: orfano di padre da bambino, non amato dalla madre, dai compagni e dalle donne; anche l'adolescente Adolf coltivava irrealizzabili sogni d'artista.

Come il capo delle camicie brune intende speculare sull'angoscia dei tempi e avanzare passo dopo passo sulla via costituzionale, legalmente.

Anche con me fu aggressivo e minaccioso; presentò il bilancio: «Gli italiani facciano i conti di quanto ha avuto il Partito comunista: sono soldi nostri, dovete restituirceli. Anche voi siete colpevoli della crisi. E poi Mussolini non sarebbe stato appeso per le scarpe se noi non avessimo fermato i tedeschi. L'unica cosa che sappiamo fare bene è combattere.

«E anche nella tecnica siamo bravi. Chi ha fatto la prima locomotiva? Čerebranov. La prima lampadina?

Jablokov. La radio? Popov. Chi è andato per primo nel cosmo? Noi. Abbiamo anche quaranta centrali atomiche. È bastato un solo piccolo guasto, Chernobyl, e tutta l'Europa già cominciava a soffocare».

Per lui i guai erano cominciati con la *perestrojka*. Michail Gorbaciov si era fatto accalappiare da Margaret Thatcher, dagli americani e anche, ma quanti accusati, da Giulio Andreotti, che gli avevano ordinato: «Miša, distruggete la Russia in fretta» e Miša aveva obbedito.

E Hitler non ce l'aveva con quei signori di Versailles che avevano imposto il loro diktat ai tedeschi battuti? E Boris Eltsin sarebbe dunque il nuovo Hindenburg. Hitler aveva dalla sua, altra prova, anche le difficoltà economiche: inflazione e miseria dilagano attorno al Cremlino.

18 febbraio 1994

III

Polemiche

LA VITA NON È UNA TELENOVELA

Antonio Di Pietro, testimonia un sondaggio, piace a 86 italiani su cento. Al carnevale di Viareggio gli hanno dedicato un carro. Lo facevano per Michail Gorbaciov e per Ronald Reagan: è, a suo modo, una consacrazione. Un settimanale lo ha esaltato in copertina nelle vesti, nientemeno, di Superman. Troppo, forse, per un uomo non stressato, ma stanco, perché il bambino più piccolo gli concede un agitato riposo notturno. Certamente Di Pietro ha un posto, non auspicato, nella storia della Repubblica. Ha dato il via a una colossale inchiesta giudiziaria; viene dopo qualche Ponzio Pilato. Sono altri, non i magistrati, che dovranno lavarsi le mani. Ma quello che sembrava un caso è diventato una tempesta. E dimostra, ancora una volta, che non esistono isole felici. Dentro tutti: politici e imprenditori, con gli inevitabili portaborse e intermediari.

Erano tanti perché, spiega Mino Martinazzoli, prendere soldi per il partito non è un furto, ma una irregolarità. Non sono d'accordo: è un'anomalia aprire conti a Singapore o a Zurigo, e mandare in galera i cittadini che cercavano un rifugio per i propri soldi? Ma se lo faceva anche Aldo Moro. Quante norme ci sono in questo Paese: una per ogni corporazione? E quegli affari, sempre in nome dell'Ideale, avvenivano alla luce del sole, o a quella, eventualmente, dei fanali di un parcheggio? E non sono quelle «scorrettezze» che rischiano di buttare allo sbando un popolo che sta vivendo giorni drammatici?

Quante domande. Chi ha messo le chiavi di un oscuro futuro nei verbali del Palazzo di giustizia di Milano? A me non piace l'immagine di Antonio Di Pietro che vola, inesorabile giustiziere, sulle nostre miserie: ma le ali gliele hanno appioppate proprio coloro che ci governano. E quelli che, economicamente, comandano.

Deve tornare a terra: perché tra poco imputeranno a lui e ai suoi colleghi le responsabilità della crisi economica. Ha già cominciato il professor Giovanni Conso, ministro della Giustizia: stiano attenti perché l'avventura non finisca «in un cimitero di fabbriche ferme e di gente affamata».

Ma un giudice come deve regolarsi? Niente arresti che sanno, come dice qualcuno, di tortura, niente confessioni quasi estorte con prolungati soggiorni in carcere: mi pare sia un discorso corretto. Esiste, però, qualche differenza tra chi ruba e chi scopre i ladri. Il deficit pauroso, le opere pubbliche inutili, i soccorsi, mai arrivati, al Terzo Mondo, la cassa integrazione che imperversa, le aziende di Stato troppe volte usate come cassa per le campagne elettorali, per i burocrati dei vari apparati, a chi li mettiamo in conto, alla procura di Milano? Chi deve sedere sul banco degli imputati: qualcuno può deciderlo? Siamo forse sudditi di una repubblica delle banane, adeguiamo il codice all'indice di disoccupazione, l'imprenditoria è esonerata dal rispetto delle norme?

Vogliamo stabilire, allora, che erano tutti ricattati? A qualcuno la tesi potrebbe far comodo, e rispecchia anche, di sicuro, una parte di verità. Ma possiamo continuare con due stati, quello che soggiornava nelle stanze del potere, e l'altro, quello della maggioranza degli italiani?

Sotto le macerie del Muro di Berlino è finito anche un modo di vivere e di comandare, una intollerabile arroganza che nasceva dalla certezza dell'impunità. Si sentivano tranquilli: anche la democrazia ha un prezzo, sostenevano, anche la libertà, e debbono rassegnarsi a pagarlo.

È per questo che finisce miserabilmente la storia dell'ingegner Mario Chiesa, quello della Baggina, l'involontario promotore di Tangentopoli: va a incassare sette milioni, e ha in banca miliardi, non solo perché è avido, ma perché vuole tenere in piedi il sistema delle mazzette: guai se si spargesse la voce che c'è chi non ha versato il balzello.

Adesso ci si meraviglia perché anche la Fiat è entrata nella sporca vicenda delle bustarelle. Ma perché? Non si diceva, ai bei tempi, che quello che è buono per la fabbrica torinese è buono per l'Italia? Non è il simbolo della nostra industria? Non c'erano anche per lei gli appalti e i partiti? Poteva proprio fare a meno della politica: ma non è stata sempre governativa, e con qualunque governo? Dove sta lo scandalo?

Altri, penso, arriveranno all'appuntamento con il pubblico ministero. Mi risulta che c'è già una cartellina piena di richieste di confessioni.

E allora ecco la inevitabile domanda: alla quale, avverto, non so dare alcuna risposta. Come e quando finirà? Nell'epoca del culto dell'immagine, intanto, ci stiamo mangiando il prestigio. La sporcizia, sembra, non ha risparmiato proprio nessuno. Tutti davano e, dicono, tutti sapevano.

Ora anche certe formule, o certi programmi, sembrano diventati argomenti per la satira: dove sono gli «onesti» di Giorgio La Malfa? Non ho dubbi sulla sua integrità, sulla dirittura dell'ex leader dei repubblicani, ma si ha l'impressione che sia stato difficile sfuggire alla moda dei contributi. Sempre elargiti con troppa discrezione.

Nell'ondata purificatrice entra anche l'informazione. Che mi sembra corretta: non ha bisogno di esasperare i toni, è sufficiente che registri l'incalzare drammatico dei fatti. C'è il consueto adeguamento della vecchia claque alla nuova situazione: si pubblicano piccanti antologie delle passate sbornie di elogi ai vari sponsor di carriere. Che perfidia. Durante i quarantacinque giorni di Pietro Badoglio circolava un motto: «Chi si firma è perduto».

Adesso un ruolo importante lo gioca la televisione. Tutto fa spettacolo e Di Pietro, con quasi otto milioni di ascoltatori, deve affrontare il confronto con i canterini di Sanremo. Il sospiro, quasi il doppio dell'audience, batte il dolore.

Ma si pone un problema: la trasmissione dei processi è davvero verità? Non c'è, prima di tutto, una operazione di montaggio, la scelta dei punti di maggiore tensione, e già l'insistenza della telecamera su un volto è una scelta, o forse un arbitrio. È vero che il processo è pubblico, ma in Gran Bretagna, dove hanno una rispettabile idea del diritto, in aula non entrano neppure i fotografi e negli Usa le facce dei protagonisti delle cause sono oscurate sul televisore.

La vita non è «Beautiful» e il dottor Walter Armanini non va considerato alla stregua degli eroi, anche tristi, delle telenovelas. Dalla trasmissione veniva fuori un personaggio antipatico, ma dicono che invece avrebbe conquistato, con quell'aria sprezzante e sicura, la platea.

Può darsi: il dottor Di Pietro mi sembrava invece una specie di Javert, il poliziotto inesorabile dei *Miserabili*, freddo esecutore della legge.

Ma le interpretazioni contano poco: non condivido la proposta della televisione come gogna. Una sentenza ha un termine: la diffusione, e la distruzione di una immagine, in una società che ne predica il culto, vale un ergastolo.

Stiamo tornando indietro di secoli: rilanciamo la berlina moderna, al condannato non mettiamo più il collare di ferro ma le manette, e lo svergogniamo ancora pubblicamente, esponendolo su una piazza che ha un pubblico di molti milioni di spettatori.

L'Italia sta teorizzando la corruzione come necessità e la rappresenta come uno sceneggiato. Però Antonio Di Pietro non andrebbe confuso con Perry Mason.

7 febbraio 1993

PERSECUZIONI, STAMPA E TV

Il dottor Francesco Saverio Borrelli, tribunale di Milano, ricorre alla Corte costituzionale: non accetta la sentenza del Parlamento che ha liberato Bettino Craxi da quarantuno imputazioni. Non si arrende.

Il dottor Gian Carlo Caselli, tribunale di Palermo, aspetta una visita di Giulio Andreotti che ha deciso: meglio i rischi di un collegio di magistrati che un equivoco verdetto del Senato.

Due grandi personaggi della vita italiana sono diventati il simbolo di una crisi profonda e i protagonisti di un dramma personale. Nessun verdetto, lo sanno, li libererà mai dal sospetto. Non esiste più la presunzione di innocenza: sono i media che, purtroppo, conducono il processo.

Anche se non sostengono una tesi, basta che registrino la cronaca: ogni avviso di garanzia è un colpo alla reputazione. Nelle accuse dei politici, giudici e giornalisti vengono accumulati: chi perseguita e chi diffonde e dilata, chi alza il palco dell'esecuzione e chi suona i tamburi.

Bettino Craxi si proclama vittima di «una infame campagna di stampa». Certo ha avuto dei critici anche quando era potente: adesso, ha ragione, ai solisti si è aggiunto il coro. Ma non per degli intrighi o delle torbide alleanze: per dei verbali, per delle confessioni.

C'è più libertà nelle redazioni oggi di una volta: quando gli editori erano, per esempio, le associazioni degli agrari o quelle degli industriali. Che non facevano bilanci, ma misuravano l'influenza, il potere di condizionare.

Sono tre o quattro i grandi gruppi editoriali: che neppure sognano di far nascondere le notizie. Nemmeno quelle, talvolta dolorose, che li riguardano.

Possono, in qualche caso - perché c'è sempre chi si presta, anzi: chi si offre - influenzare i commenti, ma il lettore italiano sa ciò che accade.

La verità è che l'immagine degli onorevoli con l'avvento della televisione si è gonfiata, anche oltre una decente misura; ma si sono esibiti perfino come interpreti di canzonette o come ospiti dei varietà del Bagaglino: per cui non si capisce più quando in trasmissione c'è Andreotti o Oreste Lionello.

Ci sono, in certe serate, delle esibizioni miracolose: deputati che compaiono su due o tre reti e a ritmo di corsa, come i bersaglieri. C'era solo Padre Pio che mentre stava in convento a San Giovanni Rotondo appariva anche nelle case dei devoti.

Nei partiti si misurano i minuti e i secondi concessi agli autorevoli esponenti o agli avversari; e dunque chi accetta certe responsabilità sa anche che possono comportare amare conseguenze. Mi rendo conto che è assai triste cadere dalle cime del potere negli abissi della disperazione: sentirsi feriti nell'onore e nella dignità. Ma non credo che la salvezza stia nella caccia alle streghe: non ci sono, nelle nostre vicende, malefici sortilegi ma dure realtà. Le tangenti, date o richieste, non risultano come effetto di trame nascoste, ma di intrighi scoperti.

Tv e carta stampata rappresentano il termometro dell'aria di questo tempo: che è malata e satura di veleni.

E ciò provoca anche reazioni violente e pericolose: si scatena quella piazza che è diventata spesso la protagonista del piccolo schermo.

Io non so se i cittadini che scrivono sui muri «W Di Pietro» amano la giustizia, o si limitano a invocarla, o pretendono addirittura di imporre un loro codice: so che si sta distribuendo con troppa disinvoltura la qualifica di ladro. Ma in questo diritto sommario non c'è solo la responsabilità della «comunicazione», l'umore, in certi momenti anche bieco, della folla: si è cominciato con le distinzioni sottili di certi imputati che distinguevano tra chi ruba, mi correggo: o incassa, scorrettamente per il partito, un mariuolo, ma con degli ideali, e il briccone che intasca per sé.

La persecuzione è questa: che la gente si sente defraudata non solo del denaro che è finito in bustarelle (e il diminutivo visto i miliardi è improprio) ma della fiducia.

«Cornuti e mazziati» dicono a Napoli, dove gli arresti dei gestori della cosa pubblica e di rappresentanti del popolo si succedono con la frenesia scatenata della tarantella.

È vero, come qualcuno ha detto, che la telecamera non è mai innocente ed esalta tutto: ma non l'inesistente. Non c'è campagna di stampa che possa distruggere una stima, il rispetto: e non è la *Washington Post* che fa cadere Nixon, ma il Watergate.

Il presidente Leone non dovette andarsene dal Quirinale per gli articoli severi di Camilla Cederna, ma perché fu abbandonato anche dai comunisti. Il dottor Borrelli non è forte perché c'è Scalfari, ma perché c'è Larini.

16 maggio 1993

NON È PIÙ TEMPO D'EROI

«Si può discutere e ragionare con pacatezza di Mani Pulite?» si domanda Roberto Chiodi, autore del «Dossier» che *Il Sabato* ha dedicato ad Antonio Di Pietro e che ha suscitato molto clamore.

Il testo è stato sunteggiato e diffuso dai quotidiani, dalle agenzie di stampa e anche dalla tv, e questo dimostra che l'argomento si presta senz'altro al dibattito, e anche che l'entusiastico consenso della gente per chi ha svelato i micidiali intrighi di Tangentopoli sta subendo qualche incrinatura.

«Nessuno è perfetto» concludeva il personaggio di un famoso film di Billy Wilder. Neppure i magistrati sono ineccepibili, e nemmeno i giornalisti. Roberto Chiodi assicura che le sue «rivelazioni» sono il risultato «di un lavoro meticoloso, paziente, tutto attinente ai fatti e ai documenti», e ha per oggetto «il giudice più famoso del mondo».

Che poteva, magari, ma questa è una ipotesi che pecca di eccessivo candore, anche essere interpellato, sempre in nome della tanto proclamata «completezza dell'informazione», per evitare di cadere in qualche omissione.

È facile, anche in buona fede, dar voce a «calunnie o a pettegolezzi», come dice sdegnato il procuratore Borrelli. Mi riferisco a due denunce che gettano un'ombra sulla correttezza di Di Pietro. Gli ho chiesto anzitutto se è vero che usa un telefonino cellulare intestato alla Edilgest: ha confermato, è esatto, ma glielo ha dato in prestito la moglie, che è dipendente della società, perché lo Stato ancora non gliene ha fornito uno.

Gli ho domandato come è riuscito «ad avere dalla Cariplo un appartamento in via Andegari, a due passi dalla Scala. Affitto a equo canone». Mi ha spiegato che alla procura vi è un apposito ufficio che provvede, rivolgendosi a enti pubblici, a cercare un alloggio ai membri del Palazzo di giustizia che arrivano da fuori città. *Il Sabato* dice che «molti dubitano che avesse i titoli per ottenere l'assegnazione». E siamo nel campo delle illazioni: difficile, suppongo, identificare o quantificare quei «molti».

Nel ricostruire la carriera del più popolare protagonista della «rivoluzione silenziosa», qualcuno è andato a vedere, o a frugare, nel suo fascicolo personale, dove è condensata un po' la storia professionale del tenace giovanotto del Sud che, facendo un po' tutti i mestieri, partendo da una famiglia di contadini, è arrivato a una laurea e ha vinto qualche concorso. E l'indagatore ha scoperto che, quando era uditore a Bergamo, non godeva della considerazione dei superiori: che lo accusavano di peccare di «protagonismo», di «metodi eccessivamente inquisitori» e persino - «svista» imperdonabile - «di avere dimenticato in carcere un imputato che aveva fatto arrestare». Il nostro eroe è dunque una specie di Javert, un persecutore e un incapace che la sorte cinica e misteriosa ha fatto imbattere nelle trame dell'ingegner Mario Chiesa e nei traffici della Baggina.

Al ricercatore è sfortunatamente, suppongo, sfuggito qualche plico del carteggio: perché c'è un seguito. La vicenda finisce al Consiglio superiore dalla magistratura e il relatore presenta il dottor Di Pietro come un «giovane impetuoso che però svolge con diligenza i suoi compiti», e che ha dato «una spiegazione assolutamente logica e documentata» della correttezza del suo comportamento. Perfino il dottor Cannizzi, l'accusatore, deve ammettere che Antonio Di Pietro «ha recuperato completamente» e che le sue inchieste «raggiungono effetti positivi», anche se qualche volta, quando si tratta di reati finanziari o di bancarotta, diffondono in città «una situazione di panico».

Ricorsi storici; ma anche allora gli arresti che ha ordinato vengono confermati dal Tribunale della libertà.

Tra i documenti c'è il resoconto della parte che l'inquisito ha avuto nella disfatta della «banda dei sardi», responsabili di omicidi, rapine e avventure terroristiche, e la spiegazione del perché un disgraziato stava in prigione, dimenticato da tutti. Di Pietro era di turno e aveva interrogato 57 arrestati, aveva chiesto, ma inutilmente, la collaborazione dei colleghi, non solo: ma aveva dovuto dialogare con un delinquente che si era barricato in casa con due ostaggi: una donna e una bambina, e minacciava una strage. Di Pietro voleva convincerlo a desistere; si offriva al posto della bimba, e alla fine riuscì a disarmarlo. Di persona.

Credo che la denuncia che più lo ha ferito è di essere stato presentato come incapace: lo considera un giudizio «infamante». Molte altre accuse mi pare facessero già parte del «poker» che aveva in mano Craxi: non sono state prese in considerazione neppure dal Parlamento.

Poi, il finale. Il Consiglio deve trarre le sue conclusioni: Di Pietro è nominato magistrato perché, spiega il relatore Aiello, «ha dimostrato grande diligenza e notevole equilibrio». Anche il dottor Cicala è favorevole al riconoscimento: una clamorosa operazione di polizia, «sotto la sua direzione, si è conclusa con risultati eccezionalmente positivi».

Il dottor Martone aggiunge che il provvedimento «non deve però apparire come un gesto di comprensione, ma come un atto di giustizia dovutagli, perché ha compiuto una attività istruttoria di straordinaria importanza»; e chiede che il verbale del plenum venga inserito nei suoi fascicoli «perché risulti anche in futuro il giudizio assolutamente positivo espresso sul suo conto». Come si vede, anche con un «lavoro meticoloso» qualcosa può sfuggire.

25 luglio 1993

LA GIUSTIZIA E LA VITA

Mi telefona Vittorio D'Aiello, un amico. Ha la voce incrinata dal pianto. «È morto Cagliari,» mi dice «un infarto.»

È l'avvocato difensore del presidente dell'Eni e capisco il suo sgomento. «Stava male?» chiedo.

«No, ma dopo più di tre mesi di San Vittore non ce l'ha fatta.»

Tento un conto, che non è cinico: penso alle conseguenze. Sono già tredici i morti di Tangentopoli. Brutto numero: ma chi ricorda Roberto Amorese o Gino Mazzolaio?

D'Aiello mi richiama: «Si è ucciso. Il mio assistente era andato, come ogni mattina, a trovarlo. A portargli i giornali. Cagliari ha infilato la testa in un sacchetto di plastica. Ha lasciato delle lettere per la moglie e per me. Si è sentito tradito. Giovedì scorso, il giudice De Pasquale gli aveva detto: ''La manderò a casa''. Poi si è rimangiato l'impegno».

Mi vengono in mente altre storie: Pisciotta, e certi fatali caffè dell'Ucciardone, o Sindona, altra vittima della tazzina. Qualcuno penserà: crescono i misteri. Anche se questa volta c'era proprio la voglia di chiudere, di farla finita.

Vedo D'Aiello, mi racconta di questo suo cliente, sempre controllato, attento: mai una volta che si sia presentato al colloquio o agli interrogatori con la barba lunga, trascurato. Pronto e intelligente, misurava le parole: pareva avesse paura di compromettere, più che se stesso, gli altri, amici, compagni di lavoro.

Sembrava si fosse adattato al mondo carcerario: non aveva chiesto di cambiare cella, stava con i «comuni», non voleva qualche cibo speciale, pare ci fosse un detenuto che sapeva cucinare. Aveva chiesto solo un libro di poesie e della carta intestata per rispondere alle molte lettere che riceveva.

Giovedì scorso, 15 luglio, ultimo interrogatorio, con il giudice Fabio De Pasquale: gli aveva fatto capire, anzi gli aveva promesso di metterlo fuori. L'avvocato D'Aiello cita i testimoni: sembrava proprio l'ultimo dei più di centoventotto giorni passati dentro.

Questo magistrato, credo, è lo stesso che si è occupato di Giorgio Strehler per i fondi del Piccolo Teatro e di Giorgio La Malfa per una faccenda di volantini elettorali, 40 o 50 milioni.

Enrico Mattei, il fondatore dell'Eni, raccoglieva ogni anno i ritagli che riguardavano l'azienda in volume: il titolo era sempre lo stesso: *Stampa e oro nero*.

Oro sporco, direi: il baraccone godeva di cattiva reputazione fin dai tempi del duce, quando era soltanto Agip. Ci finivano i gerarchi in disgrazia.

Poi ci sono andati a comandare i raccomandati dai partiti. È un esempio classico della lottizzazione e dei traffici sugli appalti, sulle valute, delle manovre politiche, correnti del Psi, per esempio, e massoneria, forniture e anche carriere.

C'è chi dice che la corruzione di Stato, per distinguerla da quella, non meno insidiosa, dei privati, cominciò proprio con l'ingegner Mattei; e della strada ne ha fatta per arrivare alla Petronim, e ai vari Di Donna e Fiorini, una nuvola di miliardi. «Decine e decine di migliaia» dice il governatore della Banca d'Italia.

Mattei l'ho incontrato una volta sola, nel 1958, a San Donato Milanese. Curioso: i soldi per lui non esistevano, il suo stipendio era quello del funzionario più pagato, ma li adoperava per favorire gli affari e per acquistare consenso. Li dava a tutti: fascisti e comunisti. Si segnava prima e dopo ogni viaggio in aereo, ma confessava: «A me piacciono le donne». Non era un difetto imperdonabile, anche visto quello che è successo poi.

Gli americani dicevano che almeno un decimo del Parlamento era suo, e lui affermava con scetticismo: «Il problema del comunismo è mille posti». Cambiava a seconda del vento e del suo interesse: da Tambroni, a Gronchi, al centrosinistra.

Gabriele Cagliari, quando Bettino Craxi lo ha mandato all'Eni, sapeva quali erano gli usi e i costumi dell'impresa. Oggi si potrebbe dire: la normalità del male. Tecnico rispettato, non ha resistito alla tentazione del potere: come un architetto geniale, Speer, che non seppe dire no alle lusinghe di Hitler.

Ma quando il Caf, Craxi-Andreotti-Forlani, cade, scoppia anche la sua crisi: «Ho vissuto nella giungla» confessa «e adesso voglio uscirne».

L'avvocato D'Aiello mi racconta che ormai si era deciso a mollare: che senso aveva il suo silenzio, quando Salvatore Ligresti aveva narrato gli intrallazzi per le assicurazioni, e l'ingegner Giuseppe Garofano, in estenuanti sedute, svelava i retroscena dell'Enimont?

È a verbale un primo accenno: tangenti di 10 miliardi. Domanda: ma quanti ne hanno macinati, o sono finiti nelle esotiche banche delle Indie Olandesi o a Singapore? Una breve telefonata con Antonio Di Pietro. Dice: «Ogni lago ha bisogno di un fiume, perché le acque trovino uno sfogo, altrimenti tracimano, e gli uomini non possono sopportare a lungo certe umiliazioni. Per me, da almeno un mese e mezzo, l'ingegner Cagliari poteva andarsene».

Penso che la toga è un simbolo, e copre virtù e miserie, e chi guarda la mitica bilancia deve avere occhi umani.

Pomeriggio. Vado dalla signora Bruna Cagliari. Un palazzo dalla composta aria borghese, in via Vivaio, con un vecchio ascensore che arranca con fatica. Un appartamento da gente agiata: qualche quadro moderno, tra cui un ritratto della signora di Salvatore Fiume: «Mi ha fatta più bella» dice.

La signora Cagliari è alta, severa, vestita di scuro: parla pacatamente, quasi con distacco. Ho l'impressione di essere io il più imbarazzato: mi capitava anche quando ero un giovane cronista. Anche il dolore degli altri mi intimidisce.

Non ha più visto il marito dal 13 marzo, quando lo arrestarono. Non voleva che lei e i figli, Stefano e Silvano, andassero a trovarlo: «È un posto» scriveva «dove non si deve venire».

Le mandava una lettera ogni giorno: in molte parlava d'amore. E confessava anche la sua pena: «Non c'è più umanità. Ci si scanna. Ho fatto quello che hanno fatto tutti in Italia, e anche fuori. Ma il mondo cammina sulle gambe degli uomini».

La signora Bruna ammette: forse hanno esagerato. Mi dice che Gabriele si era stancato di leggere testi di economia e di politica, e le ha chiesto di portargli Quasimodo, e poi ha scritto quattro poesie, ispirate da quell'esperienza. Va a cercare in un cassetto e me le dà.

Mi spiega che la famiglia Cagliari è molto religiosa. Gabriele aveva anche un fratello prete, lui non era praticante, ma aveva un forte senso della sua dignità: «Non voleva apparire come un delatore, o parlare di cose che non sapeva». Ma non sopportava quei sistemi: «È inquisizione,» diceva «non moralizzazione».

Lo aspettavano, e Stefano era pronto a correre a prenderlo. Fino alle 11 di sera di quel giovedì aveva tenuto l'auto sulla strada. Non arrivò.

Gabriele Cagliari era stanco, avvilito psicologicamente da una vita molto intensa, dalle battaglie per l'Enimont. Non ce l'ha fatta e ha protestato ricorrendo a un involucro di cellofan. Spero sia vero quello che dicono: che è la fine meno crudele, come addormentarsi.

«Abbiamo vissuto insieme quarant'anni» dice la signora Bruna. «Ho incontrato il dottor Colombo e il dottor Grigo, due magistrati che si sono occupati di Gabriele, e gli ho detto: "Avete ammazzato mio marito".» Un sospiro. Mi allontano.

Il dottor Fabio De Pasquale è in ferie e ha dichiarato che non ha fatto altro che applicare la legge.

Ho sul tavolo la relazione della giunta della Camera sulla domanda di autorizzazione a procedere contro alcuni deputati, chiesta dal dottor De Pasquale. È stata respinta perché le sue argomentazioni sono apparse «veramente paradossali», «la tesi è pretestuosa e destituita di qualsiasi fondamento» e Giovanni Correnti (Pds) conclude che si tratta di un discorso «francamente incivile».

E ancora una volta le parole diventano pietre: creano illusioni, umiliano destini. Di certo il suicidio dell'ingegner Cagliari segna una svolta nella vita italiana. Come il rapimento di Aldo Moro: dopo, non fu più la stessa.

1° agosto 1993

LA RESA DEI CONTI

Una volta, parlando con Giampaolo Pansa, Bettino Craxi disse: «Sono uno che riflette molto su se stesso e sui propri errori». Può darsi, ma ho l'impressione che invece si guardi con irrefrenabile simpatia.

L'ho visto nelle brevi riprese televisive, mentre pronunciava il discorso di difesa a Montecitorio; il solo cambiamento che ho avvertito è nella cravatta, non più quella rossa delle grandi occasioni, ma una generica fantasia.

Solite pause, solito dito teso, non si capisce se con intenzioni esplicative o minacciose, solite contorsioni per tenere d'occhio tutta la platea. Insomma, la collaudata tecnica del leader sconfitto.

Hanno riferito che, dopo, ha pianto; ma solo l'appello finale suscitava comprensione umana: «Lasciate il caso Craxi al suo destino».

Difficile, peraltro, intravedere soluzioni alternative: è una sorte che ha costruito con le sue scelte, con comportamenti di cui ha tutta la responsabilità. Ancora all'inizio del 1992, proclamava orgogliosamente: «A quanto mi risulta sono l'unico candidato alla presidenza del Consiglio».

Questo sistema, di cui Craxi è stato uno dei maggiori protagonisti, come si è visto, basato sulla spartizione del bottino, doveva continuare, ed era convinzione dei vari palazzi del potere che non ci sarebbe mai stata la resa dei conti.

La catastrofe (17 febbraio 1992) ha inizio con l'arresto di un «mariuolo» che si fa beccare mentre intasca 7 miserabili milioni. E nessuno potrà mai sapere quanti miliardi sono stati smistati in bustarelle.

Bettino Craxi ha parlato per tre quarti d'ora, e i cronisti riferiscono che è stato applaudito da Cirino Pomicino e che è piaciuto molto a Prandini che ha commentato: «Avrà fatto quello che ha fatto, ma ha le palle».

Ci fu un tempo in cui il compagno Paris Dell'Unto assicurava che il capo del Garofano ne aveva otto, ma anche riducendo la dotazione continua a far colpo più per quell'esuberanza di accessori che per la lucidità (questa, si capisce, è la mia idea) dei ragionamenti.

La colpa dei suoi guai, insiste, è dei giudici e dei giornalisti che avrebbero fatto di lui un mostro: non anche di quei contributi che non possono essere finiti tutti nelle tasche del partito, se via del Corso si è ritrovata, quando lui ha traslocato, con 200 e passa miliardi di debiti.

Può darsi che Craxi non sapesse nulla di quei traffici, che ogni colpa sia del tempestivamente defunto onorevole Vincenzo Balzamo, che tra imprenditori e politici non ci sia nessuno con le mani pulite: ma davvero l'arrogante, il prepotente Craxi, che per sedici anni ha comandato i socialisti, e non solo, e che per quattro ha alloggiato a Palazzo Chigi, non ha mai provato un senso di repulsione nel vedere ingannare e beffeggiare un intero Paese, con un così totale e clamoroso disprezzo della legge? Non gli han mai detto nulla delle Antille Olandesi, dove finivano certe tangenti? Aveva solo il ricordo di qualche lettura salgariana? E non sapeva che l'Eni pagava gli stipendi della sua burocrazia? Non c'è un accenno di pentimento nella sua perorazione, ma solo delle chiamate di correo: magistrati, portate alla sbarra anche Achille Occhetto e i comunisti, quelli di ieri e quelli che si sono aggiornati: e torna a dire che se lui e gli altri soci prendevano i soldi degli industriali, il Pci incassava i rubli di Mosca: cosa peraltro risaputa, perché nella stagione del Fronte democratico popolare una modesta percentuale finiva anche al Psi di Pietro Nenni.

Come è noto che dall'America arrivavano dollari dai sindacati, e credo anche dalla Cia, a chi si opponeva ai piani degli estimatori del Cremlino.

Craxi non deve fare solo i conti con il passato, ma anche con il conto Protezione. E con un'opinione pubblica che lo detesta. Solo Alessandra Mussolini, più abbondante di grazia che di acume, può affermare compiaciuta: «Li ha manganellati tutti».

A parte che non c'era riuscito neppure suo nonno, solo 11 italiani su cento comprerebbero un'auto usata da Bettino. Sulla sezione Monforte, a Milano, i militanti delusi e amareggiati avevano affisso un cartello: «Ladri di merda».

Come fa a continuare la predica basandosi sulle macchinazioni e le congiure? Ha mai preso nota di quanti suoi autorevoli seguaci sono inquisiti? Si è accorto che non è vero, come avvertiva un tempo Rino Formica, che ha da giocare un poker? Come può pensare di vincer la partita con la giustizia e con la gente buttando sul tavolo gli scartini?

Ci ha provato con Di Pietro; ricorda quando scriveva sull'*Avanti!*: «È tutt'altro che l'eroe di cui si sente parlare»? È diventato invece, e non c'è da rallegrarsene, il personaggio più amato dai nostri compatrioti: perché rappresenta una forte voglia di giustizia, di altre facce, di un più leale e corretto modo di governare.

Tra gli hobbies dell'onorevole Craxi c'è la musica: quant'è lontana quella canzone di Antonello Venditti che dice: «È un ottimista / ha la mascella volitiva / ha un'aria vagamente socialista».

Adesso il *Wall Street Journal* scrive che la nostra è «la repubblica delle banane».

Ma perché non si batte il pugno su quel torace che Forattini esaltava nelle sue dure vignette, non riconosce la parte che ha avuto nel disastro? Davvero in piazza Duomo 19 si è combinata solo qualche illegalità, qualche trasgressione alla legge sul finanziamento dei partiti? Nepotismo, lottizzazione, protezioni: niente?

Nel suo primo discorso da presidente, Scalfaro disse: «Non c'è pericolo più grande della collusione tra politica e affari». Come fa a denunciare De Benedetti, senza riconoscere che se l'Ingegnere dava, qualcuno che lui conosce pretendeva, e in ogni modo accettava? Mancini lo accusa di «narcisismo inaudito»: anche il Colleoni, che di palle ne aveva clinicamente tre, non ha mai pensato che tutti gli altri fossero evirati.

22 agosto 1993

LA VIRTÙ DEL RISERBO

Con una lettera riservata il dottor Borrelli ha chiesto ai suoi giudici di fargli sapere chi, tra loro, ha diffuso i verbali segreti sul Pci-Psi.

Non esistono molte alternative in queste vicende: o parlano i magistrati o i loro collaboratori. O gli avvocati. O i poliziotti. O i carabinieri.

Come primo risultato il procuratore della Repubblica ha ottenuto che la sua richiesta è stata subito raccontata dalla stampa e dalla tv. Ignoro che cosa gli hanno risposto i sostituti, ma so che, anche prima che entrassero in scena i comunisti, delle deposizioni degli indiziati di Mani Pulite si è sempre avuta ampia e documentata notizia.

Per questo mi chiedo come farebbe oggi Nostro Signore se dovesse imbarcare, sulla mitica arca, un giusto. Avrebbe, suppongo, qualche difficoltà a rintracciare Noè.

Non c'è, per quanto ricordo, una istruttoria importante che non sia finita, prima delle scadenze contemplate dalla procedura, in mano ai cronisti. Che sono bravi, ma anche aiutati da qualche disponibile personaggio.

Del resto, perché stupirsi? Il riserbo non è una delle più spiccate virtù nazionali. Durante la guerra un manifesto che riproduceva un grande e roseo orecchio britannico ammoniva: «Taci, il nemico ti ascolta».

Forse avrebbe funzionato anche una italica bocca, con l'aggiunta di un improbabile lucchetto.

Nelle redazioni dei giornali l'8 settembre era già annunciato il 5. L'Italia, avvertiva un comunicato del ministero, ovviamente confidenziale, è «alla vigilia di importanti decisioni».

Per anni un settimanale ha pubblicato note economiche firmate con uno pseudonimo, Bancor, che negli ambienti finanziari venivano attribuite a Guido Carli, governatore della Banca d'Italia. Carli non scriveva, ma parlava.

C'era invece un ministro che redigeva maliziosi resoconti delle sedute del Consiglio; ma perché stupirsi? Mi pare di avere letto, nelle *Mille e una notte*, che sono appena quattro le cose che non si possono nascondere: povertà e ricchezza, sapienza e minchioneria.

Ma da queste parti uno dei verbi più usati è sbottonarsi: che di solito non è inteso nell'accezione di Moana Pozzi, ma normalmente sta per aprirsi. E il contrario è tacere.

Ormai anche i cornuti, che in passato si limitavano a qualche piccante memoriale, adesso partecipano ad animati dibattiti televisivi.

Da qualche parte dicono che niente pesa quanto un segreto: ma per l'italiano la saggia massima non vale. Si alleggerisce subito.

Mi dispiace, perché certi fatti accadono anche al Palazzo di giustizia di Milano: le lettere anonime e i Corvi avevano altre residenze.

Anche queste storie, che riguardano più il costume che la morale, turbano la coscienza della gente: che ha un quasi disperato bisogno di credere in qualcuno o in qualcosa. Curtò non ha preso solo denaro che non gli competeva; ha portato via a questo popolo che naviga nel buio un po' di speranza.

Non c'è solo bisogno di sentenze illuminate, ma anche di buoni esempi. E mentre dilaga, purtroppo, la cultura del sospetto. Un avviso di garanzia viene regolarmente inteso come una condanna.

Ci sono reputazioni che vanno in frantumi, distrutte da qualche titolo o da qualche indiscrezione: ed è impossibile difendersi dalle «voci». La calunnia non è un venticello, ma un tifone.

I segreti non solo andrebbero mantenuti, ma dimenticati. Invece è una corsa sfrenata a chi arriva per primo davanti alle telecamere; ho assistito una volta perfino a una conferenza stampa per annunciare un divorzio.

Si vive tra un comunicato, una smentita, una precisazione. Ci sono in giro, e in tutte le categorie, tipi che vorrei, alla fine della mia esigua carriera, poter dire orgogliosamente: «Sono riuscito a non intervistarli».

Ormai i cittadini conoscono il pool di Milano come la nazionale di calcio; possono fare a occhi chiusi la formazione: Borrelli (in porta), D'Ambrosio (terzino), Ghitti in mediana, Di Pietro, Colombo, Davigo e Ielo all'attacco. In panchina, Parenti.

Piacciono, sono seguiti e rispettati. Anche applauditi. Ma attenti agli autogol.

14 ottobre 1993

UNA MATA HARI NOSTRANA

Amleto non era, come erroneamente si pensa, principe di Danimarca. Uno che ha per motto un dilemma: «Essere o non essere?» è di sicuro cittadino italiano. Da queste parti abbiamo una sola certezza: esistono i dubbi. Cercavano una massima che esprimesse lo spirito nazionale, bastava andare a Mantova, al Palazzo Gonzaga. Su un soffitto sta scritto: «Forse che sì forse che no». E lasciamo perdere Pirandello.

Forse avete seguito i resoconti, o le conferenze stampa, del generale Franco Monticone. Non mi stupiscono le sue avventure erotiche; già nel Vangelo si parla delle insidie del «demone meridiano». E neppure le rivelazioni della signora Donatella, ribattezzata anche «la Mata Hari di Udine», con le sue propensioni per le Forze impropriamente dette «armate». Amate, direi.

Mi meravigliano certe dichiarazioni che si presumono destinate a un branco di deficienti. Ma come fa il generale a giustificare il versamento di 700 milioni alla tentatrice, spiegando che la somma doveva essere destinata allo scioglimento del matrimonio. Ma con 700 milioni si liquefa anche il Polo Nord, o il monte Bianco. Il «golpe», di sicuro, lo ha fatto la sconvolgente Donatella.

Date uno sguardo alla cronaca degli ultimi giorni. Ma vi sembra normale che per attaccare il mio editore io chieda cordiale ospitalità a un suo concorrente, senza che i pur sensibili osservatori del costume trovino l'iniziativa almeno un po' strampalata?

Che ne dite di Curzi al «Maurizio Costanzo show»? Secondo voi l'operazione è corretta? Tutto quello che viene etichettato «di sinistra» è buono? E, oggi, cosa è la sinistra?

La Rai ha, ultimo dato, 1680 giornalisti: con 440 la Rizzoli manda in edicola 27 periodici. È azzardata l'ipotesi che si potrebbe anche tentare di fare un po' meglio?

Scusate: è certo che, da sempre, esiste il problema dei giovani, in questo momento particolarmente avvertito dal sindaco di Milano. Molti sono saliti in palcoscenico per difendere i ragazzi del Leoncavallo: è legittimo, e capisco soprattutto Dario Fo, che a suo tempo ha elogiato, ricordo, anche la serena Cina della Rivoluzione culturale.

Hanno parlato tutti: il ministro Mancino, il dottor Formentini, le mamme, gli scolari, i leghisti, gli inquilini, tranne i signori Cabassi, proprietari di quel terreno occupato, che da anni aspettano di poterlo utilizzare.

La proprietà, degli altri, è sempre un furto? È ancora vero, come insegnava Giolitti, che la legge con gli avversari si applica e con gli amici si interpreta?

Due sono ormai le domande che ognuno di noi si rivolge; quando ho bisogno del passaporto, di una visita medica, di incassare un vaglia, ci si indirizza a un amico: «Conosci qualcuno?». Quando accadono certi fatti strabilianti, arresti, avvisi, denunce, rivelazioni: «Che cosa c'è dietro?». È possibile, mi domando, che il generale dei carabinieri Delfino, che ha una parte determinante nell'arresto di Totò Riina, abbia avuto qualche cedimento con la mafia? Dietro a via Fani c'è Cosa Nostra? O cosa loro, una lotta tra democristiani? E quanti magistrati condiscendenti o corrotti ci sono in giro?

E se la smettessimo di parlare della caccia agli evasori fiscali? La memoria mi fa venire in mente che solo due uomini dello spettacolo, un regista e un attore, due innocenti, in fondo, finirono dentro per le tasse non pagate. Ma perché la mia amica Raffai non fa una puntata di «Chi l'ha visto?» dedicata al dottor Poggiolini, quello della Sanità, che denunciava 80 milioni, e gli han trovato 45 miliardi? Forse siamo di fronte a un formidabile risparmiatore.

E intanto riappare, con forti preoccupazioni per la democrazia, mentre immaginavamo che le avesse per il codice, Bettino Craxi, che critica severamente i suoi successori e questo volonteroso governo. Un vecchio scrittore romagnolo, Alfredo Panzini, diceva contemplando le spiagge che «il pudore delle donne lo hanno inventato gli uomini».

Ancora una questione incerta, o ambigua: e quello degli uomini? Fuori, eventualmente, l'autore.

21 ottobre 1993

BEFFATI E SCONTENTI

Il popolare dottor Duilio Poggiolini è certamente una figura controversa: grande risparmiatore, indubbiamente, ma nello stesso tempo schifa il denaro fino al punto di usarlo come imbottitura di un pouf. Occorre un certo coraggio per sbattere 10 miliardi sotto il sedere.

Ma il denaro nella vita non è tutto: il dottor Poggiolini ha un riguardo e una passione per l'arte. Il Novecento è di sicuro il suo tempo: e colleziona Picasso, De Chirico, Morandi. Omaggi, dice, dei suoi estimatori.

La gente è colpita, e non solo nei sentimenti, dalle ricchezze che questo alto burocrate della Sanità ha accumulato nel corso di più di un decennio: guarda chi ha ricevuto e dimentica chi ha dato.

Nessuno si era accorto, nessuno si è ribellato per quei traffici: nemmeno un sospetto. Immagino una fila di industriali farmaceutici in lista di attesa per poter versare il consueto obolo o per ottenere una sospirata autorizzazione. Non si registra un atto di ribellione: tanto, alla fine, competeva ai malati mandar giù la pasticca e la tangente. E nessun ministro ha mai avuto la curiosità di dare un'occhiata alle iniziative di quel riservato collaboratore: ogni colpo di tosse era per lui una battuta di cassa.

Ma che straordinario Paese è questo: i servizi, i vari Sisde, erano più che altro bassi. Ne hanno combinate di tutti i colori, anche se il preferito era il nero. Pensate in quali mani è stata la sicurezza dello Stato: troppo svelte e sporche. Naturalmente nelle storie di questi James Bond da operetta non può mancare la donna: la Zarina dei nostri 007 è la signora Matilde Martucci, depositaria, più che di segreti, di quattrini illeciti. E poi c'era, nelle fantasiose trame che coinvolgono l'esercito, la Mata Hari di Udine: la divisa degli ardimentosi è evidentemente il pigiama. Presentarsi con decorazioni. Nella tragedia si introduce sempre l'elemento farsesco: ai guai reali, e si fa fatica a elencarli, si aggiungono anche quelli inventati.

L'insidia dei medicinali non sta solo nei Modigliani regalati al sensibile dottor Poggiolini perché alzasse le tariffe, ma, secondo un dossier della Cgil, nella loro composizione: non curano, uccidono. Certe partite di sangue importato, poi, sono infette: molte epatiti sarebbero state provocate da trasfusioni e in qualcuno potrebbe covare l'insidia dell'Aids. Lo conferma il professor Aiuti, quello che per smentire la pericolosità del contagio attraverso la saliva si fece fotografare mentre baciava una ragazza sieropositiva. Che da quel momento manifestò qualche segno di squilibrio. Pare che l'esibizionismo sia infettivo. Una commissione presieduta da uno scienziato serio, il professor Garattini, ha smentito le «rivelazioni» del sindacato: anche le benemerite aspirine hanno alcune controindicazioni. Il ministero smentisce che ci sia in giro plasma pericoloso.

Viviamo nell'incertezza; poche sono le cose sicure: il Totocalcio, le tasse e il riguardo che il Parlamento ha per i suoi stipendi e per il suo futuro. Il nostro avvenire si affida, più che altro, alla schedina; il loro ai provvedimenti che prendono in completo accordo e con il dovuto riserbo. Hanno aggiunto un milione al fondo pensioni: con la ragionevole convinzione che molti di loro, alle prossime elezioni, saranno rispediti a domicilio.

Ho sempre pensato che i rappresentanti del popolo non debbono alloggiare sotto i ponti né cibarsi di locuste: prego solo che non insistano con il dire che il momento è difficile. Per loro non direi.

Invece del tricolore dobbiamo pretendere che Pinocchio diventi il simbolo nazionale: quante bugie. Hanno mentito sullo scandalo della Banca Nazionale del Lavoro, facevano dei summit, al Sisde, per insabbiare le indagini sulla loro amministrazione, da decenni aspettiamo la verità su stragi, aerei che precipitavano, treni deragliati e tanti altri affari sconci. Siamo come il burattino nella mano del Giudice che ordina ai gendarmi: «Quel povero diavolo è stato derubato di quattro monete d'oro: pigliatelo dunque e mettetelo subito in prigione». Beffati e scontenti.

11 novembre 1993

LENZUOLA E VALIGETTE

Povero Bill Clinton. Ogni settimana salta fuori una avvenente ragazza che, forse a pagamento, racconta alla tv o ai giornali di quella volta in cui Bill si fece avanti con proposte ardite e mosse da karate. Facendo subito capire alla sgomenta fanciulla che lui non è un platonico.

E gli americani si scandalizzano, o fanno finta di indignarsi. Ma siamo nelle tradizioni della Casa Bianca: sembra che Thomas Jefferson, uno dei padri della patria, se la intendesse addirittura con una giovinetta nera. Sono state rese note, del resto, le imprese amorose dei coniugi Roosevelt: tutti e due avevano spiccate propensioni per le segretarie. Nel suo libro di memorie, *Preghiere esaudite*, Truman Capote riferisce il giudizio di una mondanissima ereditiera americana sui giovani Kennedy: «Sono tutti così, sono come i cani, debbono pisciare su tutti gli idranti». Pure Eisenhower, il mitico generale, se la spassava, tra una battaglia e l'altra, con il conducente della sua jeep, che per fortuna era una graziosa ausiliaria.

E il mondo sa che alla vigilia delle elezioni i cittadini degli Stati Uniti d'America vogliono sapere tutto dei candidati, anche quello che combinano la notte. A noi basta sapere quello che i nostri aspiranti onorevoli concludono di giorno.

Non abbiamo che un moderato interesse per quello che accade sotto le lenzuola: assai di più per ciò che si nasconde nelle valigette. Un delizioso saggio di Filippo Ceccarelli analizza la vita della Repubblica dal punto di vista del canapè: viene anche un po' da ridere se si pensa che la grande tentatrice dei socialisti è rappresentata da Sandra Milo, quando è a tutti noto che il più forte richiamo per quelli del Garofano era la metropolitana milanese.

Le cronache di questi giorni riferiscono con puntualità degli scandali scoppiati a Londra da quando John Major, simbolo delle virtù dei tories, i conservatori, ha lanciato la campagna per il ritorno «ai valori fondamentali».

Ed è così che la malefica stampa scopre che l'onorevole Hankley Booth, fedele scudiero di Margaret Thatcher, che predicava con il rigore dei metodisti intransigenti contro l'adulterio e il divorzio, ha una sconvolgente relazione con una studentessa baby-sitter, che posa nuda per i pittori a cinque sterline l'ora, lire 12.500.

Nessuna meraviglia: siamo nell'umano. Ricordate il severo professor Unrat nell'*Angelo azzurro* che ha la vita sconvolta dalle cosce e dalle giarrettiere di Marlene Dietrich? Ma le cose si complicano quando l'amante di un vecchio leader della destra rivela le inconsuete abitudini di ministri che avrebbero dovuto seguire l'esempio del gran capo Winston Churchill che si abbandonò solo tra le braccia della «Darlin' Clementine», e invece si lasciavano andare «a pratiche infami abbigliati da cameriere francesi». Sfoggiando calze di seta da signora, strangolato e con la testa infilata in un sacchetto di plastica, una mezza arancia in bocca, è stato ritrovato Stephen Molligan, parlamentare gay e aspirante ministro.

Inseguiti dalla stampa popolare, dai tabloid, i signori della Camera dei comuni e dei lord confessano l'esistenza di figli naturali, e notti passate con qualche gentiluomo in un letto d'albergo (attenuante: ma all'estero), o avventure extraconiugali che hanno anche provocato gesti disperati.

Quante miserie; ma un confronto si impone: che succede, invece, dalle nostre parti? I reporter non inseguono adulteri, ma quattrini elargiti sottobanco. Titoli dei giornali di questa mattina, 19 febbraio dell'anno del Signore 1994: «Sulle tangenti Fiat scontro Romiti-Mosconi». «Caso Sisde, Scalfaro sapeva tutto». «Malasanità, canta Poggiolini». «Ci vorranno cinque anni per risollevarci da Tangentopoli». «Occhetto e D'Alema sono due bugiardi». «Gianni De Michelis si è intascato anche le medaglie del Cavaliere». «Malpica: andai al Quirinale». «Quindicimila miliardi di farmatangenti». «Metrò di Milano, finiscono a giudizio Bettino e la pidiessina Pollastrini». «Anche Occhetto è indagato». «Anche i deputati pagano il pizzo ai partiti».

Mi stanco di trascrivere, che monotonia, come in *Kabarett* il ritornello è sempre lo stesso: «Soldi, soldi, soldi». Solo nella vicenda del Sisde, mi pare, il nostro servizio di sicurezza, inteso soprattutto come cassette bancarie, si inserisce una nota che oserei definire «sentimentale». La Zarina, l'amica del capo, in un rapporto dei carabinieri viene descritta come «donna dai facili costumi». Scarse, insomma, le tentazioni della carne, fortissime le lusinghe del potere.

Un dato di qualche tempo fa: gli affari sporchi rappresentano in Italia un bilancio di 100.000 miliardi. Dopo il traffico di droga ci sarebbe subito, come settore merceologico, quello delle bustarelle, e le campagne di stampa sulla corruzione, è una tesi del Censis, invece che suscitare sdegno diffondono «una millenaria rassegnazione». Accettiamo il furto come un antico, insopprimibile male: gli incendi d'estate, le alluvioni autunnali. Ci fu anzi un membro del governo che lanciò una inconsueta e ardita teoria: la democrazia, disse, «è come un supermarket, non solo perché c'è dentro di tutto, ma perché deve accettare una regola che è un fatto inalienabile: i clienti dei grandi magazzini tendono a rubare, e in bilancio è già prevista una perdita da attribuire al furto».

Dovremmo quindi arrenderci, chi vuol eleggere il Parlamento non può fare a meno dei ladri: si è visto anche che, dove entra lo Stato, dove comanda la partitocrazia, l'obolo è obbligatorio. E si paga anche per un diritto, non solo per un favore.

Siamo alle ultime puntate del processo Cusani: un dramma per i palinsesti della tv e per gli ascoltatori. Meglio di «Dallas», di «Beautiful»: niente, o quasi, libertinaggio, ma quanti intrallazzi. La giustizia non deve lasciarci soli: avanti con il Sisde. C'è bisogno di buoni programmi. E di un po' di sesso: siamo italiani.

4 marzo 1994

VOTI E SALUMI

Che spanciata. Tutte le sere, su tutte le reti, con le solite facce, i consueti esperti e la inevitabile cornice di pubblico che, invece che per salutare la mamma, le manine le adopera per applaudire.

Ha ragione Jader Jacobelli, responsabile delle vecchie tribune politiche: «Quelle trasmissioni erano ingessate. Non rimpiango il mio passato». Già: e queste? Certo non erano uno sfolgorio dell'intelligenza le domande che l'allora popolare collega Mangione rivolgeva, puntualmente, a Palmiro Togliatti, né esaltante lo spettacolo dei cronisti che, sbirciando un foglietto, piazzavano le loro modeste «provocazioni». Ma forse era un po' più alta la qualità dei contendenti o più drammatica la situazione: anche la televisione risente del grigiore che ci opprime.

Va anche detto che si è cercato, introducendo nel numero qualche gentile presenza femminile, magari in nome della parità, che però non esclude la noia, di ravvivare la rappresentazione: ma sembra che i risultati, almeno visto l'Auditel, siano stati modesti. Due «rosse», una sulla Rai, una da Silvio Berlusconi, di cui risultava di più la perentorietà delle chiome che la curiosità dei quesiti.

Non so come se la sarebbero cavata i protagonisti del dopoguerra alle prese con il nuovo mezzo che impone anche un uso appropriato della camicia: penso al rude Alcide De Gasperi, o a Pietro Nenni, straordinario oratore da comizi, più sensibile agli umori della piazza, penso alle sottigliezze dialettiche di Palmiro Togliatti: di sicuro si sarebbe imposto Giancarlo Pajetta, che aveva la battuta folgorante, e avrebbe di certo ridicolizzato gli insistenti e monotoni provocatori.

Non ho visto il duello fatale, lo scontro Silvio Berlusconi-Achille Occhetto, perché avevo già sofferto per Italia-Germania, e non volevo aggiungere alla deprimente serata ulteriori afflizioni: immagino che sarà stata una specie di *Reader's Digest* delle precedenti puntate, dagli infiniti monologhi.

È stata una campagna elettorale segnata soprattutto dalle volgarità e dalle cattiverie, e anche da qualche non poi tanto oscura manovra che ha coinvolto con dichiarazioni di voto oltre alle solite «firme» della cultura, agli assidui dei manifesti e della protesta anche i divi del varietà e dello sport.

Giusto: perché le schede si contano e non si analizzano, e la propensione popolare va più verso Gianfranco Funari che in direzione del politologo professor Giovanni Sartori, da me stimatissimo.

Mentre scrivo queste note mi chiedo: che cosa sarà rimasto nella testa e nel cuore dei telespettatori italiani, dopo tutte quelle corride così poco ideologiche, con il moderatore al centro, che sventola la bandierina? La televisione sarà stata alla fine determinante? Il cerone copre anche il vuoto? Salvo tutto il rispetto che ho e che merita: Mike Bongiorno è forte non solo quando sollecita il consumo dei salumi Rovagnati, ma anche quando tenta di orientare l'opinione pubblica?

8 aprile 1994

RETORICA E IPOCRISIA

Vorrei che la morte di qualunque creatura umana, un campione del volante o un tassista, fosse accompagnata dal silenzio o dal pudore delle parole. La scomparsa di Ayrton Senna suscita ovvi sentimenti di pietà, ma anche ondate insopportabili di retorica.

Ho sentito parlare in tv di «incredulità, rabbia, costernazione, sdegno»: davvero c'è da stupirsi se un «bolide», come lo chiamano le cronache non tanto enfatiche, che viaggia a trecento all'ora, per un guasto meccanico, per un attimo di insicurezza del pilota, va a finire contro un muro e una giovane vita si spegne?

Tazio Nuvolari è stato, lo sanno tutti, una leggenda dell'automobilismo. Raccomandava agli organizzatori delle corse: «Non sprecate soldi. Comperatemi solo il biglietto di andata. C'è sempre la possibilità che debba tornare in un baule di legno».

Già venticinque anni fa Enzo Ferrari mi diceva: «Credo che a medio o a lungo termine si dovranno studiare delle nuove misure per rendere sicuri quei circuiti che, a causa soprattutto dell'aumento di dinamismo delle vetture, non saranno più tali».

Guardiamo che cosa è accaduto poi, e finiamola con i discorsi ipocriti. Il baraccone è andato avanti perché ci sono tanti, forse troppi interessi in gioco: e con la scusa, magari, del «progresso tecnico». Se qualcuno si accoppa pazienza, aumenta la sicurezza di chi circola ogni giorno sulle strade. Che è una banale spiegazione. Non sono, ritengo, le pattuglie acrobatiche dell'Aeronautica che rendono più perfetto il Jumbo.

Chiesi a Enzo Ferrari: «Perché un uomo rischia la pelle per correre?», e mi disse: «Non posso rispondere a questa domanda: ognuno decide della propria esistenza».

Forse per volontà di affermazione, per una sfida, per la gioia dell'applauso, o per il piacere dei soldi: non si distribuiscono miliardi a chi sta al volante di una auto pubblica o di un camion. E la gente non riempie l'arena se l'acrobata si esibisce sul filo a un metro e dieci da terra.

Chiesi all'ingegner Carlo Chiti, un famoso progettista di motori: «Che cosa si prova quando uno dei tuoi corridori si ammazza?». Risposta: «Uno cerca di essere freddo, è un mestiere brutto. È come fare l'ufficiale in guerra: piangi perché c'è l'assalto?».

Domandai a Gigi Villoresi, primo due volte a Monza, alle Mille Miglia, alla Temporada: «Quando si vede un compagno morire si pensa: ''Ora basta''?».

Mi spiegò: «Ho perso mio fratello, e ne ho visti cadere tanti, Musso, Alberto Ascari; era qualcosa di scontato, poteva accadere. Ho smesso per paura del dolore. Al circuito di Ostia mi sono accartocciato accanto a un pino. Sono partiti spalla, femore, gambe e tre costole».

È un lavoro, un mestiere: che contempla il rischio. È uno sport violento, come il pugilato: ogni tanto si riaccende la polemica, poi tutto riprende come prima. A Imola, dopo due morti e parecchi feriti, gli appassionati dello spettacolo hanno invaso la pista sventolando bandiere.

È la legge del circo che trionfa: avanti con il prossimo numero. La rappresentazione deve continuare. E i fiori sulle bare appassiscono in fretta. Ci saranno sempre gli spasimanti del brivido, l'euforia che si accompagna alla velocità, chi vuol godere di quel senso di potenza e di eccitazione che un giovanotto prova quando si trova alla guida di una specie di siluro che tenta sempre di andare da un'altra parte. E c'è un limite tra il coraggio e l'incoscienza?

Diceva Enzo Ferrari: «Non mi piace più questo mondo dove la violenza ha preso il posto della ragione». E dove gli affari stanno al di sopra di tutto. Da domani si torneranno a discutere le norme di sicurezza: per approfondirle, come sempre, al prossimo defunto. Ayrton Senna è un altro nome da aggiungere all'elenco. Anche il silenzio, invece delle chiacchiere di circostanza, può avere il profumo di un fiore.

3 maggio 1994

MAGISTRATI BRAVA GENTE

Una volta si rispettavano le ragazze che sapevano dire di no a certe allettanti proposte; adesso meritano considerazione i giovanotti che respingono lusinghiere offerte.

Che brava gente c'è in quella compagnia che va sotto il nome di Mani Pulite. Che bell'insegnamento morale. Non è da tutti la fermezza che occorre per declinare l'invito a prendere posto nelle accoglienti poltrone di Palazzo Chigi, anche se in passato hanno ospitato trascurabili sederi.

E mi piace quel procuratore Borrelli che sa rinunciare a un passo avanti nella carriera: resta con Davigo e Di Pietro, e continua così la loro vicenda di magistrati e l'inchiesta sugli oscuri e torbidi traffici che hanno messo in crisi la Prima Repubblica.

Io credo, ma è una trascurabile opinione, che può essere legittimamente criticata, che esistano professioni che dovrebbero riempire una vita, specialmente se sono il risultato di una inclinazione, di una passione dell'adolescenza. Parlo anche del mio lavoro, o di quello del giudice. Non riesco a capire l'uomo dei codici che diventa la voce del partito, anche se non discuto il suo diritto ad avere convinzioni politiche. Non mi piacerebbe, in ogni caso, vedergli fare marcia indietro per ritornare poi a indossare la toga.

Ho colleghi, anche molto bravi, che si sono avventurati (o ci hanno provato) nella competizione politica: ma chi può rivolgersi a milioni di persone forse sbaglia a limitarsi a qualche usciere e a qualche deputato di passaggio. Non mi pare che due campioni del mio mestiere, Barzini e Fortebraccio, si siano mai avvalsi della facoltà di parlare, e non c'è dubbio che un articolo di Sciascia suscitava più inquietudine e ripensamenti di qualche appello agli onorevoli.

Negli ambienti giornalistici e in quelli giudiziari si

vocifera di una amnistia che arriverebbe a settembre per mettere in pace molti protagonisti di Tangentopoli: se Di Pietro e Davigo avessero marciato su Roma, e se Borrelli avesse cambiato ufficio, forse non ce ne sarebbe stato bisogno: «Nessun colpo di spugna» aveva annunciato Scalfaro nel discorso di Capodanno; ma in questo Paese c'è anche chi cerca di cancellare la memoria della storia.

La Seconda Repubblica che sta appena spuntando avrebbe mosso i primi passi verso i soliti pateracchi del «sistema», invece dal Palazzo di giustizia di Milano si è dato, senza festosi squilli di tromba, l'annuncio che la pulizia continua: e dopo la cucina anche in salotto, con qualche robusta spazzolata perfino sotto qualche mobile di antiquariato.

Dunque: sotto accusa Craxi, Forlani, La Malfa, Altissimo e Vizzini, e anche Bossi e non, suppongo, come afferma il cassiere Patelli, «per fermare il nuovo», ma per liberarlo dalle brame e dalle cattive frequentazioni del vecchio.

Non so se, come dice un loro ex rappresentante, Mario Cicala, la rinuncia di Davigo e di Di Pietro è stata «sofferta»: io sono convinto che non hanno patito. Come certe decorazioni, così certi incarichi, in determinati momenti, non bisogna meritarli: anche se penso che se la proposta fosse arrivata a molti altri appartenenti all'ordine giudiziario l'invito garbato di Berlusconi sarebbe stato calorosamente accolto. E sempre con la stessa spiegazione: bisogna valutare caso per caso.

È un po' come per i premi letterari: quando non li danno a noi non valgono niente. Per quello che ricordo, solo Sartre seppe respingere il Nobel.

Borrelli, Davigo e Di Pietro; ecco una valida prova della cosiddetta «indipendenza della magistratura», e anche un bel regalo fatto agli italiani: che dopo tante chiacchiere hanno tanto bisogno di buoni esempi. Scrive

Alessandro Galante Garrone, una delle nostre grandi coscienze: «Continuino, un passo dopo l'altro, ad applicare le leggi, senza guardare in faccia a nessuno».

Si può sperare perfino di mettere una pezza al debito pubblico, ma non ci si può illudere di costruire un futuro decente per i nostri figli se la corruzione resta un sistema. E guai, ha scritto uno studioso francese, quando è presentata come una necessità: sparisce lo Stato e si ritorna alla tribù.

5 maggio 1994

GOVERNO DI FAMIGLIA

A prima vista mi è sembrato più che un Consiglio dei ministri un consiglio di famiglia. C'è infatti l'avvocato di fiducia: Cesare Previti; il gran cerimoniere: Gianni Letta; e c'è Giuliano Ferrara, che potrebbe anche essere considerato l'intrattenitore.

Poi torna in pista un bel gruppo di reduci di tutte le battaglie: ex democristiani, ex liberali, ex socialisti, ex missini; credo che nessuno avvertirà l'assenza degli ex saragattiani e dei seguaci dell'edera: ormai sono come il panda e il lupo delle nevi: se ne occupa il Wwf.

Che strano governo e che incredibili manovre. Silvio Berlusconi che cerca di coinvolgere il popolare Antonio Di Pietro, puntando sulle sue innegabili risorse di seduttore: ricordate quando mandava mille rose a Raffaella Carrà? Chissà, mi chiedo, quanti garofani avrà inviato a Bettino Craxi? Ma nessuno, tra i sagaci cervelli che frequentano il locale di via dell'Anima, gli ha detto che non bisogna indurre in tentazione (il capo del governo è cattolico) i giudici che, magari, si stanno occupando di qualche congiunto? Che c'è qualche differenza tra un anchorman e un pubblico ministero?

E Oscar Luigi Scalfaro che scrive all'onorevole Berlusconi una lettera per ricordargli che bisogna rispettare l'unità della patria? Aveva forse il dubbio che il Cavaliere la trattasse come Milano 2: si affitta, si vende? Mi meraviglia che non abbia aggiunto una postilla: «Si ricordi che anche lei è italiano».

Ma che Paese è questo che fa venire in mente, più che i soliti Dante, Michelangelo, Leonardo, il compianto Leopoldo Fregoli, in arte «trasformista»?

Ho sotto gli occhi le biografie di alcune «eccellenze»: sono stati seguaci, nientemeno, di Valerio Zanone, di Ciriaco De Mita e poi di Francesco Cossiga, di Palmiro Togliatti e di Craxi, di Licio Gelli e di Giulio Andreotti, e qualcuno è sempre «cor core» fermo a Benito Mussolini. Altro che nuovo.

Per stare in piedi i «sempreverdi» hanno inventato addirittura il Centro cristiano democratico: cercando di compromettere anche Gesù, che non poteva proprio sopportare i sepolcri imbiancati e votava scheda bianca.

Berlusconi si è circondato di professori: ma sono convinto che darà più retta al suo infallibile istinto che alla loro sapienza. E farà bene: fino a oggi gli sono riusciti i miracoli. Ha inventato la tv commerciale puntando su Mike, che pareva già al tramonto, è entrato in politica, e trattandola come il Dash ha messo insieme tanti fustini: mi scuso, tanti voti, che gli hanno permesso di entrare trionfalmente a Palazzo Chigi. Un esercizio così non lo aveva mai fatto nessuno: sono certo che, anche senza le pinne, cammina sulle acque.

Per essere franco non è stato bello lo spettacolo del tira e molla per l'assegnazione del ministero dell'Interno: pareva che l'onorevole Roberto Maroni detto Bobo (ce n'è sempre uno) non dovesse entrare al Viminale ma in cabina; anche per la Lega gira la ruota della fortuna. Ha vinto Bossi, e ha perduto qualcosa: il decoro. Dopo la tanto criticata spartizione e gli usi nefasti del manuale Cencelli ci risiamo.

Il presidente del Consiglio ha scoperto che è più facile conquistare la torta che fare le parti. E si capisce l'amarezza di chi non ha avuto la poltrona. Ha molte buone ragioni, per esempio, il professor Vittorio Sgarbi: ha più audience dell'onorevole Ferrara ed è rimasto fuori. Anche lui è fazioso, anche lui sa attaccare, e invece di dare «Lezioni di sesso», come fa Giuliano, pratica: le fotografie con ragazze disinibite dimostrano che non è platonico. Potevano almeno dargli, se c'è il problema delle culle, il nuovo dicastero della Famiglia. E penso, senza nostalgia, alla signora Ombretta Fumagalli Carulli, che non riesce, nonostante le ultime interpretazioni, a superare il modesto ruolo di sottosegretario. Lei si agita, si adegua, ma la vita è crudele, e si fa sempre più insistente il dubbio che Dio c'è.

Qualcuno ha scritto che la sorgente disapprova quasi sempre il percorso del fiume: adesso Silvio Berlusconi deve accontentare, e alla svelta, l'elettorato, che è impaziente e al quale ha fatto tante promesse. Se può mantenerle, allora faremo tanta festa.

21 maggio 1994

LA GOGNA TELEMATICA

È il momento dei «mostri»: c'è quello di Firenze e quello di Palermo. Le stragi di Cosa Nostra e quelle del boschetto dei giovani amanti.

Non esistono più, in Italia, i processi a porte chiuse, ma vanno molto quelli a telecamera accesa. Che sono una dimostrazione di democrazia, sicuro, e una prova di libertà.

Invidiavamo l'America che trasmetteva le inchieste sui gangster, adesso abbiamo, in diretta, Totò Riina che lancia, e fa la sua parte, avvertenze e messaggi. Presumibilmente di morte.

È ridicolo e patetico chiedere moderazione alla stampa: bisognerebbe, senza strepitare contro la censura, fissare qualche regola. Nessuno, spero, vorrà sostenere che la Gran Bretagna ha un regime illiberale: ma guai a chi fotografa un imputato anche nei dintorni di un tribunale. In America, invece, i cronisti possono assistere, dietro sorteggio, anche alle esecuzioni. Io stesso ho potuto incontrare dei condannati a morte. Da noi, come sempre, si va a spanne, vige la legge del pressappoco, della discrezione, che poi diventa arbitrio o abuso.

Il processo Cusani, con la facoltà dei testi di negare il consenso alle riprese, è stata l'occasione, oltre che per uno spettacolo, per un esame di coscienza nazionale: sul banco degli imputati sedeva non solo una classe politica, ma anche quella imprenditoriale, e anche la stampa, ed è stata citata perfino la banca vaticana. Ma la figlia e la moglie di Pietro Pacciani, involontarie protagoniste di una sordida vicenda, non meritavano qualche riguardo? Dove è che finisce il diritto di cronaca? Si può dire proprio tutto, dipende soltanto dal luogo e dall'ora?

L'appello del vicepresidente del Csm agli organi di informazione perché non diano «eccessivo clamore» a certi messaggi mi sembra nobile ma inutile. Petrolini, che era un comico serio, a un tizio che lo fischiava dal loggione disse: «Io non ce l'ho con te, ma con quello che ti è seduto accanto, e non ti butta giù».

La giustizia, ha detto qualcuno che ci ha pensato, dipende anche dal clima: da dove escono certe «indiscrezioni», certi verbali, certe anticipazioni? Chi ha costretto, ieri l'altro, il dottor Borrelli a smentire che è in viaggio un avviso di garanzia per il presidente del Consiglio? Chi ha fatto crollare la Borsa? Penso, con tutta la simpatia umana, con ogni solidarietà, a Caselli, a Violante e ad Arlacchi: che sono ancora di più nel mirino delle cosche. Ma penso anche alle donne Pacciani, ai loro disperati racconti.

Le ragioni dell'informazione sono più forti del diritto al pudore? E oltre al segreto professionale, c'è anche, come attenuante, l'amoralità di questo mestiere? Esiste una giustificazione sociale nel diffondere il resoconto di alcuni stupri? Scusate: ma si nasconde sotto una valanga di poliziotti il teste Buscetta, e si offrono sorridenti primi piani del boss ergastolano Riina, che sfida corte e governo, e impartisce le ultime disposizioni. Perché Galloni non si rivolge allo specchio, certo appannato dalle sue manchevolezze, e non mette un po' d'ordine nei vari Palazzi? Da lì nascono le immagini che vengono riflesse.

È vero che la libertà ha un prezzo: ma è immorale farlo pagare agli altri. Non illudiamoci: ciò che è accaduto a Reggio Calabria e a Firenze avverrà ancora. Perché non è un aspetto di un cedimento generale: ognuno di noi nutre i suoi mostri, e la morale è spesso un optional. Il dolore silenzioso in tv non rende.

27 maggio 1994

DURI E GAY

Non mi meraviglio: ogni tanto provano e qualche volta ci riescono. Quando non sei della loro squadra chiedono al padrone di buttarti fuori. È un vecchio vizio di certi politici: o ti arruolano o ti eliminano. Ci casca anche il libertario Marco Pannella, che ha passato la vita nella sofferenza perché, dice, stampa e tv non gli danno abbastanza retta. E lui ha tanto bisogno della platea.

Il leader radicale chiede, in un colpo, la messa al bando di quattro direttori di quotidiani: sono complici del passato, mentre lui, con Clemente Mastella e Publio Fiori, è una promessa per il futuro.

Pannella sostiene «che non si può più andare avanti così»: fu quello che disse anche Benito Mussolini nel 1925, quando cominciarono le cose buone e finirono le cattive, e tra queste i giornali che si permettevano di criticare il governo.

Inventarono anche un ministro della Cultura popolare: quasi ogni giorno emanava un «foglio di disposizioni». Era la bibbia dell'informazione: guai a dare certe notizie (non c'erano più suicidi e tutte le storie di corna, nel cinema, venivano ambientate a Budapest), bisognava gonfiare certi fatti e trascurarne altri. C'era un grande spreco di maiuscole, e si poteva polemizzare solo con le democrazie pluto-giudaiche.

Tutto era forte e virile in quei giorni, e lo dimostravano anche i gerarchi che affrontavano durissime esibizioni ginniche. Ma ormai siamo quasi pronti alla sfida. Roberto Gervaso (*L'Indipendente*, 11 giugno 1994) ha chiesto al senatore Umberto Bossi: «Ce l'ha sempre duro?».

«Sempre di più. Ma il mio midollo è intatto.»

«Che c'entra il midollo?»

«Non soffro di priapismo.»

«Ce l'ha più duro lei, Berlusconi o Fini?»

«Vogliamo scherzare? Molto di più io.»

Chissà quanto patisce il collega Francesco Storace, cultore della mascolinità, a sentire che in materia di erezione il capo della Lega ritiene di poter umiliare gli alleati di governo. Qui non si fa distinzione di teste: sono tutte fortissime.

Questo Storace, che la volontà popolare ha imposto alla nostra attenzione, è considerato un energumeno anche dal dottor Gianni Pilo, che è quello che interroga l'opinione pubblica per conto di Silvio Berlusconi; nella sua furia Storace non nasconde i programmi di sterminio e non frena i giudizi inappellabili. Eugenio Scalfari, Paolo Mieli, Ezio Mauro e Giulio Anselmi sono «progressisti», ed è già grave, e in più il loro operato è «un po' omosessuale», e inoltre, eccesso di snobismo, «con la erre moscia». Li conosco bene e non mi ero mai accorto di avere a che fare con delle «checche», sia pure di testa, con dei finocchi, sia pure della parola, diciamola tutta: con dei recchioni, con dei busoni, secondo la versione emiliana, della lotta politica. Non si sa mai chi si ha accanto.

Va riconosciuto che quando c'era Hitler, che fino a un certo punto, ricordiamolo, aveva ben sistemato 6 milioni di disoccupati, poi si occupò appassionatamente di 6 milioni di ebrei, era facile individuare questi «invertiti», lui gli metteva un bel distintivo rosa (si sa che in gioventù voleva dedicarsi alla pittura, ma purtroppo qualcuno lo dissuase) mentre il triangolo era nero per i criminali comuni e giallo per gli israeliti.

Ma cos'è questa ossessione della destra per i gay? Che cosa minacciano: la salute della razza? Ce la prendiamo anche con Giulio Cesare o con Michelangelo? Storace ha visto gli omoni della Cappella (Sistina) restaurati? Ma questi «riformatori» che cosa propongono, qualche decorazione da apporre (lasciamo perdere la camicia) sul pigiama? Ritorna la quercia che ornava l'asola dei padri di numerosa prole? Ma al merito di che?

Il sesso, diceva Federico Fellini, è un mistero che andrebbe rispettato. Perché la persecuzione, anche verbale, dei «diversi», di persone che hanno poi dato contributi determinanti alla cultura e alla storia?

Non sto tentando una sviolinata ai quattro direttori «dalla erre moscia».

Ho ripescato un libretto che acquistai in America, *Gay portraits* (Pomegranate Artbook, 1990), che elenca qualcuno di questi benemeriti: c'è André Gide e Benjamin Britten, c'è Charles Laughton e Cole Porter, Colette, Marguerite Yourcenar, il romanziere E. M. Forster, J. M. Barrie, l'autore di *Peter Pan*, e l'economista John Maynard Keynes, Lewis Carroll (*Alice nel paese delle meraviglie*) e Spender, Auden e Isherwood, e Truman Capote, Walt Whitman e Somerset Maugham. E il nostro più grande genio, Leonardo, con quella Gioconda dallo strano sorriso, Storace, che cosa vuol dire?

Ma davvero stiamo ritornando a questi discorsi, a questo genere di cortesie? Ma, con tutto il rispetto, davvero, Storace, lei che «darebbe le redini di un giornale fuori dal coro» al benemerito Gustavo Selva, le avrebbe tolte, magari, a Pier Paolo Pasolini?

Diceva Oscar Wilde, che guardava ai ragazzi con troppa attenzione ma secondo me era molto intelligente, «che si può far tutto, a condizione di non disturbare i passanti e di non fare imbizzarrire i cavalli».

Francesco Storace ha il diritto di distribuire voti e di avere una sua idea del mondo e del mestiere, di compilare pagelle, ormai tutti siamo soggetti agli esami e ai voti: dai calciatori ai film. Ma secondo me il pericolo non viene da lui o da Pannella: il futuro non è nelle mani degli scalmanati ma degli editori.

Il potere ha da offrire in cambio di qualche spostamento di linea e di persone interessanti materie di scambio. Cos'è un editorialista di fronte a certi appalti o a qualche legge? Tra la firma di un articolo e di un decreto c'è una evidente differenza.

25 giugno 1994

NUOVE MODE E TEMPI ANDATI

«Questa Italia non mi piace» diceva Giovanni Amendola. Ritengo il giudizio ancora attuale. Basta seguire la cronaca. Hanno trasmesso da Saxa Rubra un vecchio film che ha tra le interpreti Veronica Lario, nella vita Miriam Bartolini coniugata Berlusconi. La signora recita la parte di una lesbica, «più che altro di testa», precisano gli esperti, e mi sembra un ulteriore inconveniente. «È stata una piccola provocazione» ha spiegato Angelo Guglielmi, direttore di RaiTre.

Sul *Giornale* altro gustoso pungolo, o bravata, o ingiuria, secondo il *Dizionario dei sinonimi e dei contrari* di Giuseppe Pittàno.

Giancarlo Perna tratteggia un sulfureo ritrattino di Bruno Vespa, con qualche particolare per me inedito: riconosce, ed è vero, che si tratta di un bravo giornalista, ma una parte del talento è rintracciabile già nel suo Dna. Durante l'esilio a Campo Imperatore il duce si sarebbe permesso qualche consolazione. Dunque: dopo le mogli, le madri.

Umberto Eco è un disfattista o un ironico? Ama i paradossi o sta con i traditori? Ha detto, secondo *La Prensa* di Buenos Aires, che non ce l'ha né con Berlusconi né con i fascisti, precisa: «Sono contro gli italiani».

E allora? Mentre vedo giocare la nazionale di calcio anch'io li sfotticchio, e specialmente quando sento Sacchi che dice: «Preghiamo», e il presidente, capirai, Matarrese, che aggiunge: «Speriamo in Dio». Dove lo mettiamo: a centrocampo?

Dice sempre il famoso scrittore e semiologo che preferirebbe vivere a Sarajevo. E spiega che ha fatto il militare: si vede che Eco è un soldato intrepido che non si arrende neppure davanti all'evidenza.

Ma su queste storie riempiamo pagine di giornale, e poi ci lamentiamo se la stampa estera descrive il nostro Paese con scarsa simpatia.

Abbiamo 240.000 disoccupati in più, il debito pubblico cresce, la Borsa crolla e il governo è ossessionato dal problema Rai.

Capisco il dramma del Cavaliere: non basta sistemare viale Mazzini, bisogna anche alleggerire la Fininvest. E come fa a mettere d'accordo Fini e Bossi, e soprattutto Berlusconi, che comanda ad Arcore, a Milano Due e un po' a piazza Colonna? Da Sua Emittenza a Santissima Trinità.

Non può fidarsi degli alleati e neppure degli elettori? Leggo sul *Messaggero* che, visti i risultati della Sicilia, ha deciso di «cambiare look». Ha convocato, nientemeno, il Gruppo Immagine guidato dalla giovane Mity Simonetto, che deve avere frequentato soprattutto Frette, visto che si occupa di biancheria e ha deciso: niente più doppiopetto gaullista, ma abito chiaro, solare, basta un petto, e basta con quelle cravatte a spillo: d'ora in poi rossa, ma da non confondere con quelle che usavano una volta: più larga.

E a Palazzo Chigi nessuno segue gli avvenimenti? Come diceva Petrolini: «C'è sempre uno stupido che li inventa e un cretino che li perfeziona».

Per stare all'argomento Sicilia, ecco che due stilisti lanciano un presunto modello Buscetta. C'era il cappello di Al Capone, Chicago anni Venti, la berretta operaia di Jean Gabin, Parigi anni Trenta, sotto con la coppola di don Masino, sempre attuale: ma il grande pentito, per la verità, tende più al manager che a Salvatore Giuliano.

«State fermi, se potete» diceva il santo dei ragazzini, Filippo Neri; adesso c'è chi vuole non solo vestire i cittadini da boss, ma anche trattare i boss da cittadini. Abolire la severità, niente più carceri speciali. Garantisce per tutti, al solito, l'onorevole Tiziana Maiolo, che ha alle spalle una cultura giuridica e una tumultuosa carriera politica: comincia con il *manifesto*, finisce, per il momento, con Forza Italia. Che cosa non si fa per servire il popolo e l'umanità: l'onorevole Maiolo sì che è buona, quasi come Eco, che andrebbe anche a fare le vacanze, invece che nelle pacifiche Marche, tra quei disgraziati della Bosnia.

E in questo momento penso a Pajetta: che cosa direbbe vedendo che si elegge il segretario del partito via fax? Ai suoi tempi facevano prima a stabilire chi era il migliore. Comandava il «centralismo democratico». E solo in Vaticano, e a Botteghe Oscure, le promozioni alla massima carica le decideva il Destino. Chissà se l'infarto è liberale.

Non so se Walter Veltroni ce la farà: gli sono amico, e spero di no. Ha cambiato, benissimo, *l'Unità*, è più complicato affrontare le correnti dei partiti che quelle del Golfo del Leone. Credo che se resta in redazione sarà più felice che se trasloca. Ma esistono anche chiamate alle quali non si può dire di no. Allora: che cosa vuole la sinistra? Che cos'ha da proporci? E chi sono, in definitiva, questi progressisti? Di sicuro, ma Bertinotti non se n'è ancora accorto, lo era più John Kennedy di Honecker.

Credo sia difficile fare il leader, e anche diventarlo. Dietro ai Togliatti, ai Nenni e ai De Gasperi c'erano l'esilio e la galera e poi la guerra di Spagna e la Resistenza e poi, per fare il caso di Berlinguer, un'educazione morale ricevuta dalla famiglia che faceva scegliere, fin dall'adolescenza, una certa parte.

È finita l'epoca del comizio, dei venditori dell'*Unità* della domenica, dei volontari dei festival e delle piadine: stiamo vivendo la stagione delle tv e del karaoke. Ma c'è sempre chi aspetta il messaggio della speranza, e c'è un forte bisogno di giustizia. Non è necessario, per saperlo, ricorrere ai sondaggi: può bastare anche un vecchio cronista. Dopo tante promesse, qualche fatto.

Rispuntano i *Diari* di Mussolini. Nell'ultima edizione aggiornata si scopre che Hitler non gli piaceva ed era convinto che non eravamo pronti ad affrontare una guerra.

Che delusione e che errori: abbiamo fatto male a prendercela con un dittatore che, come si vede, era un minorato. Faceva tutto il contrario di quello che pensava. Povero Benito.

9 luglio 1994

ALTRO CHE «BEAUTIFUL»

Non è facile capire quello che accade. Il nostro piccolo mondo è sempre più contradditorio. Della riunione promossa da Indro Montanelli per discutere tra giornalisti sui rischi che corre la libertà non ho letto, mentre scrivo questa nota, alcun resoconto, ma ho visto qualche ripresa televisiva.

Sembra (il sonoro della scena mancava) che il collega Liguori, direttore di un telegiornale di Berlusconi, sia stato sonoramente fischiato. Mi pare impossibile che una assemblea di spiriti indipendenti, che si incontra per combattere gli arbitrî e le prepotenze, si lasci andare a una scomposta manifestazione di dissenso ascoltando, suppongo, discorsi non graditi.

L'autonomia, per qualcuno, anche quella della stampa, va forse intesa nel senso del '68? O Liguori ha insultato la platea? Si parla tanto di incontri, di scambi di opinione, ma spesso è un esercizio in pura perdita: quelli che urlano non hanno niente da barattare.

Sugli aspetti mondani del G7 ho letto due cronache, totalmente dissimili, ma interessanti, che testimoniano, come è ovvio, della diversità dei punti di vista. E sempre di due vispe croniste del costume: Donata Righetti e Antonella Boralevi. Luogo dell'azione: la reggia di Caserta, con le sue magie di luci, i giochi d'acqua, i profumi del parco, una atmosfera così suggestiva che «le signore» racconta Silvio Berlusconi «avevano gli occhi socchiusi, romantici».

E che cosa c'è di strano, o addirittura di sconveniente? Nulla, solo che il nostro presidente del Consiglio lancia per commento agli incanti una frasetta da maschietto italico, che avrà certamente colpito i padroni del mondo, e soprattutto le loro spose: «Attenti, sennò stanotte aumentiamo la prole».

Donata Righetti mi sembra più distaccata di Antonella Boralevi, e pensa a come avranno accolto la battuta, «del genere di quelle di solito utilizzate alle conventions dei venditori Fininvest», l'impenetrabile ed esangue Mitterrand o quel cordiale collaudatore di birra che è l'immenso Kohl; sono certo che sarà piaciuta al presidente Clinton, insidioso, secondo le cronache, stakanovista del canapè. Bill può essere considerato dei nostri.

Questa versione erotica del convegno dei potenti (ci fu qualcosa del genere anche al Congresso di Vienna) seduce invece Antonella. «È la prima volta» scrive «che il Paese ha una coppia a cui ispirarsi.» Le ragioni, da una acuta analisi, sono tante. Cominciamo: «Si baciano in pubblico sulla bocca». Penso, per un attimo, e inorridisco, alla vecchia partitocrazia: Andreotti e Totò Riina; ci volevano proprio degli innovatori.

Ci sarebbe, annota la scrittrice, il precedente di Occhetto e consorte a Capalbio, «ma si seppe allestita da una furba fotografa». I soliti inganni della sinistra.

Secondo: «Per la prima volta il Paese ha un premier che è anche un marito, una consorte che è una moglie». Per questo, storicamente, ci furono anche altre coppie, più o meno riuscite, ma Berlusconi «parla della moglie con rispetto», mentre quel malvagio di Craxi, il decaduto di turno, chissà cosa ne diceva.

«La signora Berlusconi, come tutte le mogli italiane, è morbida, dolce, serena e rasserenante.» È vero: ma come tutte no. «Ama molto il marito», anche se lui non la intrattiene con discorsi politici: «Non è questo che vuole da me» spiega la signora. Si può capire.

E cosa fanno i celebrati coniugi? «Dal palcoscenico del potere, propongono per la prima volta al Paese le dolcezze dell'amore coniugale e della stima reciproca. È una novità.»

No, signora. Forse i coniugi Einaudi non volevano celebrare la felicità di essere in due, erano vecchi sposi e lei non aveva «la pelle diafana di una porcellana preziosa», non erano neppure «discretamente belli», ma chi li ha visti anche da vicino conserva il ricordo di una straordinaria dignità.

Poco da eccepire sul gesto del nostro capo; anche i leader hanno un cuore. Il 12 gennaio 1807 Napoleone scrive alla contessa Walewska: «Venite, vi prego, venite. La vostra patria mi sarà cara se avrete pietà del mio povero cuore». Altro che «Beautiful».

Ma certi resoconti, così pervasi di tenerezza, possono offrire spunti vertiginosi a *Cuore* e mettere in crisi matrimoni e governi.

Poi il bacio sulle labbra, secondo un illustre esperto, serve anche perché vieta agli innamorati di dire qualche imperdonabile bischerata. Più composti, almeno negli incontri ufficiali, quelli sulla mano: anche perché da qualche parte bisogna pure cominciare.

14 luglio 1994

TRUCCHI, DECRETI, FAVORI

Senza tv forse non ci sarebbero nemmeno i fatti: è davanti alle telecamere che la squadra che indaga su Mani Sporche annuncia che intende occuparsi d'altro.

Dopo è di scena il ministro dell'Interno che annuncia di essere stato imbrogliato: non alla stazione Termini ma a Palazzo Chigi.

Poi interviene il presidente del Consiglio che conferma la bontà del suo decreto: anzi, gli piace tanto che intende allargarlo. Fuori tutti, dal carcere, si intende, e magari qualcuno anche dal governo, ed evviva la libertà.

Prima c'era il pericolo di fuga, adesso c'è invece quello di ritorno. Non solo dei latitanti, dei bustarellari e degli infermi: Silvio Berlusconi ha del resto annunciato «un nuovo miracolo italiano», e si comincia subito con la probabile prodigiosa guarigione di Bettino Craxi.

È anche un momento di confessioni in pubblico: dopo venticinque anni, Ted Kennedy, e sempre sul piccolo schermo, ammette che quella sera sbagliò ad attraversare un ponte che non c'era; l'onorevole Roberto Maroni riconosce di avere peccato per eccesso di buona fede. Gli hanno presentato, dice, un decreto diverso da quello che permetteva di mettere in galera i presunti colpevoli di concussione e corruzione che d'ora in poi vanno considerati crimini minori.

La tesi del ministro della Giustizia, Alfredo Biondi, ricorda un po' quel fidanzato che cercava attenuanti: «È incinta,» doveva pure riconoscerlo «ma appena appena». Sono ladri, magari, ma credono nel partito e nel profitto.

I giudici di Milano, mi pare, avevano per motto: «Avanti con il codice penale, e senza guardare in faccia a nessuno».

Come si è visto, sbagliavano: bisognerebbe, invece, fare molta attenzione a volti e a nomi, secondo l'immortale insegnamento del George Orwell della *Fattoria degli animali*: «La legge è uguale per tutti, ma per qualcuno è più uguale».

A me l'onorevole Maroni dava l'impressione di una brava ed efficiente persona, e mi faceva pena vederlo al *Tg3*, pallido e teso, che si chiedeva con costernazione: «Ma se non ci si deve fidare neppure dei ministri, allora?». Già: ma penso ai miliardi manovrati dallo Ior; c'era anche una croce sopra.

Certo, nessuno può immaginare che il governo se la spassi con il gioco delle tre carte: «Carta c'è, carta non c'è: carta c'è», conseguenza magari delle recenti feste napoletane, ma stupisce l'eccessivo candore del rappresentante della Lega. Bertoldo, che era un provinciale, come me e come Maroni, stava attento ai discorsi del re.

Ma, se la sua versione è esatta, chi si sarebbe permesso di sollevare dubbi o di lasciarsi trascinare dai sospetti? «Al massimo» gli dicevano «si arriva a 2000 scarcerazioni. Fidati.»

E lui, timidamente: «Ma De Lorenzo esce?».

Che domande, quasi quasi ha ragione Giuliano Ferrara quando lo accusa di una «forma di infantilismo e dilettantismo politico». Una malattia della prima età, sembrerebbe, e chissà come si cura. Secondo me, adeguandosi sempre ai vari poteri: si può, eventualmente, partire con Stalin per ritrovarsi con Gianni Letta.

Un argomento a favore del decreto Biondi è l'eccesso delle carcerazioni, che ha portato, purtroppo, ad alcuni suicidi. Forse sarebbe opportuno anche eliminare il campionato mondiale di calcio, perché l'entusiasmo per la nazionale ha provocato cinque morti.

Ma va anche ricordato che, prima che uno resti in cella, c'è sempre la possibilità di ricorrere al Tribunale della libertà, poi alla Corte di cassazione.

Su quattro italiani, tre sono a favore di Antonio Di Pietro. Uno sono io. Lo conosco, e conosco i suoi colleghi, e li stimo. Capisco il garantismo: ma non applicato per categorie. Credo di avere fatto la mia parte per Enzo Tortora, o a favore del professor Schillaci, il presunto bruto, vittima di medici, magistrati e giornalisti, ma non mi assocerei mai, per fare un caso, con l'onorevole Tiziana Maiolo, le cui conversioni non assicurano, a mio parere, quasi niente.

E non capisco proprio come si possa lanciare l'accusa di assassinio contro dei personaggi ai quali fino all'altro giorno si è fatto la corte, proponendogli cariche e poltrone: allora che cosa avremmo avuto, una associazione a delinquere?

Il presidente del Consiglio annuncia: «Sfiderò l'impopolarità». Bravo: lo faceva anche Giovanni Giolitti.

Ma prima risponda agli interrogativi che la gente, quella che lui ama, si pone: perché tanta fretta? È vero che stavano per colpire qualcuno dei suoi? E c'era proprio bisogno di approfittare del campionato del mondo di calcio?

I vari portavoce e portaborse l'hanno informato di quello che dice la stampa? Posso riassumere: che voleva impedire l'estradizione dell'amico Bettino. Che voleva tirar fuori alcuni protagonisti di Tangentopoli. Che voleva evitare altri guai al suo impero.

Non ho mai pronunciato sentenze, né processato le intenzioni. Una decisione come questa sembra o frutto di leggerezza o di paura. Silvio Berlusconi ha dimostrato di conoscere i gusti del pubblico, ma adesso deve capire gli umori del popolo.

Altra faccenda: chi lo ha votato ha visto in lui un portatore di speranza, adesso rischia di passare per un manovratore di favori. Lasciamo stare le promesse elettorali, che si scontrano con la realtà: ma sul Paese si distende l'ombra del sospetto. Che si allunga anche sul Quirinale, e non risparmia nessuno. Tutti sembrano ricattati dal passato, mentre il presente è gonfio di incertezze.

Un grande opportunista di altri tempi affermava che il miglior modo per rovesciare un governo è farne parte. L'onorevole Berlusconi di sicuro lo sa: ma non può andare contro tutti per far piacere a qualcuno.

30 luglio 1994

SPOT, TIMBRI, SVAGHI

Non so se l'onorevole Berlusconi riuscirà, come ha promesso, ad aumentare i posti di lavoro. Sono certo che Gesù moltiplicò i pani e i pesci, anche se non aprì mai una catena di fast food, e trasformò l'acqua in vino, e senza ricorrere a sofisticazioni. Dopo ha fatto in modo che tutti lo sapessero: per chi suona, infatti, la campana?

Ci fu un momento in cui i muri di mezza Italia vennero coperti da clamorosi manifesti, sui quali dominava uno slogan: «Telefonate al governo». Se il cittadino aveva un problema alzava la cornetta e formava il numero prodigioso: occupato. Quasi sicuramente le impiegate dei centralini romani stavano chiamando a casa: «A ma', er pupo ha magnato?».

Non si è mai avuta notizia di qualche caso risolto o di qualche pena alleviata, ma la trovatina lasciò un segno: nelle bollette.

Il presidente del Consiglio che, come riconosce Letta, è «un grande comunicatore» e di pubblicità se ne intende, aveva pensato di fare, come dice il linguista Funari, un po' di «réclame» a se stesso: non alla persona, che non ne ha bisogno, ma alla sua opera di statista.

Ed aveva fatto ricorso, naturalmente, al mezzo che gli è più proprio: la televisione. Tanti spot, che si alternano con gli insopportabili coristi del Galletto Vallespluga e con la loquace fanciulla dei telefoni che ha il suo stesso vizietto: vuol sempre sapere quanto la amano.

Non è vero, come dice l'opposizione, che i nuovi inquilini di Palazzo Chigi hanno decretato soprattutto il condono edilizio, quello fiscale, un provvedimento che guarda, con una certa benevolenza, chi inquina: no, hanno anche assunto personale per controllare le dighe, per gli interventi contro gli incendi e contro la delinquenza a Napoli. Volevano fare qualcosa anche per quella nazionale, ma il decreto Biondi, per colpa soprattutto della gente che non ha capito, è saltato.

Il filmino si chiudeva sempre con un timbro che stampigliava la parola: «Fatto».

Tra le pratiche «evase» c'è la istituzione di un fondo contro la droga, la cura gratuita delle malattie croniche, il costo delle ricette ridotto da cinque a tremila lire. È sfuggita, mi sembra, ai produttori dei «caroselli», la sistemazione della Rai; via i Professori e sotto altri capi: si cambia.

È andata sempre così, in tutte le parti del mondo: chi comanda licenzia e porta i suoi. Ma nel caso di Berlusconi, dai discorsi che circolano sulle prossime nomine, mi sembrano in arrivo, più o meno, quelli degli altri. Riciclati.

Silvio Berlusconi desidera che gli italiani sappiano che lui i programmi li sa realizzare, e non solo alla Fininvest. E per far vedere che davvero dorme solo tre ore, e che pensa e agisce, ecco una nuova sconvolgente iniziativa: d'ora in poi le riunioni dei ministri (composti, per favore) verranno registrate e le cassette saranno distribuite, penso gratuitamente, alle diverse emittenti. Basta con i cronisti, con gli intermediari: dal produttore al consumatore. Una volta bastava la *Gazzetta Ufficiale*: adesso c'è anche l'*ampex*.

L'ho sempre detto che Berlusconi in tv vorrebbe fare tutto: finalmente lo vedremo anche nelle vesti del moderatore.

Il «dottore», così lo chiama la suocera, da quanto ho letto, è ossessionato dall'idea che i giornalisti tradiscono sistematicamente il suo pensiero e sottovalutano le benefiche iniziative del governo: da ora in poi il popolo vedrà e saprà.

Per la stampa, oltre al testo, a evitare le consuete deformazioni, il dottor Letta dovrebbe fornire anche i titoli e i sommari: c'è già stato chi lo faceva, con un foglio di consigli quotidiani alle redazioni. Lo chiamavano, per brevità, Min-cul-pop, ed era già un po' osceno nella sigla. Si ritorna alle «Cronache del regime»?

Berlusconi forse soffre di un eccesso di fiducia nella notizia, in Fede e in una rubrica di villanie quotidiane: certo l'effetto è immediato, ma anche provvisorio. Quando il re d'Inghilterra piantò il trono per una divorziata, e non c'erano le «dirette», se ne parlò per tre giorni. È il fatto, dice Bulgakov, che è la cosa più ostinata del mondo. Non quello impresso dal timbro, che si cancella con facilità: quello che segna la coscienza collettiva e che il tempo consacra.

De Gasperi guidò il Paese nella miseria e tra furibonde polemiche che dividevano anche l'universo: c'era la zona della Coca-Cola e quella della vodka, e spaccate da una cortina di ferro.

È vero che non aveva accanto a sé Letta, ma Andreotti: che avrà commesso tanti peccati, ma condivideva e appoggiava l'idea saggia del suo maestro: «Politica vuol dire realizzare». Altro che l'immagine e la promozione; quando tornò dall'America l'onorevole trentino non organizzò una intervista: mostrò un assegno. In dollari. Il pane era assicurato. Adesso si eccede negli svaghi.

9 agosto 1994

EPURATORI E MACCHIETTE

È vero: un mio amico sostiene che Francesco Storace è quello che gli enigmisti chiamano «un cambio di vocale». La sua concezione del mondo è antica e totalitaria: chi non è con noi è contro, e magari critica per far piacere ad altri.

Per me continua a essere un refuso, ma per molti è Epurator: ha esordito, dopo la vittoria, con le liste di proscrizione. Via i giornalisti che non sintonizzano con il cosiddetto «nuovo». In particolare, secondo una recente «esternazione», ce l'ha con «i pagatissimi bacchettoni dell'informazione»: in ordine alfabetico Enzo Biagi, Giorgio Bocca e Arrigo Levi.

Bacchettoni perché, camerata? Ha l'impressione che

i tre reprobi amino flagellarsi? Sono eccessivamente zelanti, o gli sembrano ipocriti? Francesco Storace deve avere un'idea distorta di questo mestiere, e anche della morale. «Erano abituati» dice «a una classe politica che li pagava e li coccolava.»

Parlo, naturalmente, per me: anche se posso escludere che i miei due coetanei abbiano ricevuto le carezze e gli assegni del potere. Io non me ne sono accorto.

Se il camerata Storace si prendesse la briga di chiedere in giro, imparerebbe, suppongo, che il Palazzo non mi ha mai vezzeggiato, anzi: quando si è occupato di me, e parlo fin dai tempi di Tambroni, un simpatizzante delle sue idee, lo ha sempre fatto per indurmi a togliere il disturbo.

Debbo anche riconoscere che un democristiano, Ettore Bernabei, mi offrì lavoro, e senza chiedere disdicevoli compromessi: avevo sbagliato io ad accettare un incarico a Roma, e in un ambiente al quale non ero preparato. Mi sono congedato dopo un anno.

Poi fu il turno dei socialdemocratici: e a richiesta potrei fornire qualche onesta testimonianza. Anche allora, chi aveva qualche dubbio sulla loro utilità, veniva bollato come amico dei comunisti. E infine, fu il turno di Bettino Craxi: «E di Enzo Biagi che cosa vuole che pensi? Che è diventato troppo commerciale, che fa del moralismo un tanto al chilo» (*Panorama*, 1981).

Disse anche che mi aveva sempre letto poco e che avrebbe continuato a regolarsi così. Forse sbagliò: non per la mia prosa, ma perché raccontavo quello che accadeva: anche quando Bettino se la prendeva con i giornali che trattavano male il banchiere Roberto Calvi. Cominciò allora a deplorare i giudici e se la prese con la perfidia dei cronisti. Ha continuato. Allora ci chiamavano «sfascisti»; imperversava la lottizzazione, e parecchia gente ne trasse vantaggio.

Gli attacchi di Francesco Storace non mi feriscono: deve pure far capire che è un nostro contemporaneo, e non vale neppure la pena di chiedergli l'elenco dei versamenti che i tre vecchietti malvagi hanno incassato. E vorrei anche che precisasse quando gli sono state avanzate le richieste di oboli: ma il ragazzone, con quell'aria cordiale da salsamentario, non va preso sul serio. Di solito non dice niente di sensato, ma insiste nel ripetere.

Il problema, mi pare, è più che altro di Gianfranco Fini e di Silvio Berlusconi. Fini, se ne sarà accorto, non può concedersi il lusso di lasciare soli i comprimari di Alleanza nazionale: non debbono andare in giro, e soprattutto parlare, se non sono accompagnati dalla mamma. Il loro motto è: «Agosto, capo mio non ti conosco».

Hanno litigato con l'universo, non c'è problema o argomento che non abbiano affrontato, dalla caccia al football. Sotto con le interviste, i fax, le interrogazioni. Publio Fiori, questo residuato delle guerre democristiane, recuperato da Alleanza nazionale, è partito all'attacco della Banca d'Italia e non va neppure d'accordo con il ministro del Tesoro. Dovrebbe occuparsi dei trasporti, ma abbiate riguardo per la vostra bicicletta.

Il sottosegretario Maurizio Gasparri ce l'ha invece con Carlo Azeglio Ciampi, espressione dei «poteri forti» che non vorrebbero arrendersi alla realtà e tramano dietro le banconote.

Poi, liti tra i governativi: per le pensioni d'invalidità, per il Coni, c'è qualcuno che vorrebbe una poltrona nello sport, per il nuovo decreto pensato, e soprattutto sofferto, dall'onorevole Alfredo Biondi.

E avanti, contro Gianni Agnelli e Carlo De Benedetti, in nome della libertà di mercato, e con qualche preoccupazione per quella di stampa. I computer dell'Olivetti e le vetture Fiat potrebbero anche essere esclusi dagli appalti statali: e soffrirei davvero se qualche mio articolo dovesse ritardare la realizzazione di quel famoso milione di posti di lavoro.

«La fiamma è bella» dice un personaggio di Gabriele D'Annunzio, ma illumina anche tante sguaiataggini.

Silvio Berlusconi non riesce a imporre a certi baldanzosi compagni di viaggio il rispetto di una regola che, anche secondo la Chiesa, incoraggia alla meditazione: il silenzio. Ci sono, tra i suoi collaboratori, anche persone capaci e intelligenti, ma la loro credibilità è minata da alcune macchiette folcloristiche che predicano in tivù o imperversano con le quotidiane dichiarazioni.

«La ricreazione è finita» ha annunciato finalmente il ministro Giuliano Ferrara. A parte la frase, che ha precedenti infelici, è venuto il momento dei fatti, che sono anche inesistenti.

Mentiremmo se dicessimo che ci siamo divertiti: il repertorio è ormai noto. Abbiamo avuto anche fastose messinscena, dai mari ai monti, e una certa fantasia dei costumi: dalla canottiera alla camicia esibite dai protagonisti, anche gli osservatori del costume (nel caso: da bagno) hanno potuto esercitarsi. Adesso basta con il varietà e le recite all'aperto; viene l'autunno e ci si sente più soli: figuratevi poi se nessuno vi prende in considerazione.

9 settembre 1994

L'AMBRA CHE PARLA

Ormai ho visto tutto, o quasi: anche il mio vecchio maestro e amico Indro Montanelli accolto con tanti applausi alla Festa dell'Unità. La storia cammina in fretta, l'Italia va adagino.

Gioia Tauro si era fatta un certo nome quando, soprattutto per ragioni di clientela elettorale, vennero distrutti secolari uliveti per costruire un porto dove non attraccherà mai una nave; adesso torna al disonore della cronaca perché, con un rito medianico, e con tanti calci, alla presenza mistica dei genitori, viene massacrata una bambina di due mesi con la scusa che ha «il diavolo in corpo». C'è di mezzo, come sempre, una specie di santone: ma è nel nostro carattere affidare la salvezza all'uomo del miracolo.

Del resto questa nostra amata patria si distingue anche per le contraddizioni: non c'è solo l'Italia del Sud e quella del Nord, ma anche quella dell'olio e quella del burro. Il 2 giugno 1946 è diventata una Repubblica «fondata sul lavoro»: ed è in crescita il numero dei disoccupati. È generalmente considerata «la terra del sole»: in realtà Manchester ha un clima più mite di Milano, e Venezia è più fredda di Londra e più calda di Casablanca.

C'è di tutto: abbiamo nella Marsica gli orsi come nei Carpazi, in Sardegna le foche come sulla banchisa polare e a Siracusa il papiro come in Egitto.

E poi i primati. Un concittadino, Leonardo, ha dipinto la *Gioconda*, il quadro più prezioso che esista. Il più insigne poliglotta di tutti i tempi è un bolognese, il cardinale Mezzofanti: sapeva tradurre 114 lingue e ne parlava correttamente 39. Il Palladio ha disegnato l'Olimpico di Vicenza, il più antico teatro coperto.

Avevamo anche il secondo partito comunista, dopo quello russo, ma non c'è più. Però abbiamo Ambra: un fenomeno che non ha eguali sulla terra. Mentre Clinton vede un aereo che sta tentando di atterrare nella sua stanza da letto, mentre si discute delle pensioni, dei Leoni del cinema e della truffa infinita sulla sanità (mille miliardi solo in Sicilia), da noi c'è polemica su questa adolescente che, con altre creaturine anche più giovani, incanta le platee dei coetanei intonando un coro che dice: «Merda, merda, merda». Forse la piccina pensa di collaborare alla proposta di un nuovo inno nazionale.

Ha sedici anni la bimba che sgambetta nel programma «Non è la Rai», e parla proprio come se fosse viva. Dietro ai suoi discorsi c'è, come è ovvio, un suggeritore: lei è, più che altro, una doppiatrice; e dice di Berlusconi: «È invidiosissimo di me». Come è ridotto il povero presidente del Consiglio, nonché proprietario della Fininvest.

È, anche questa ragazzina, un prodigio, ed è circondata da 140 fanciulline, e tra loro c'è anche qualche vispa negretta, perché i nostri giovani non sono affatto razzisti.

Il programma ha addirittura degli autori, che percepiranno come meritano dei diritti, e lasciano stare i doveri. «Si fa,» scrive la bravissima Alessandra Comazzi sulla *Stampa* «ma non è civile.»

Forse questa esperienza lascerà un segno nelle giovinette che per nove mesi continueranno a esibirsi, tutti i giorni, in un gioco che, secondo la psicologa Daniela Conzales, mitizza «solo i valori della bellezza e del consumismo». Ambra ha fatto vedere che sa camminare sulle acque: il problema per lei e per le sue amiche è quando rimetteranno i piedi per terra.

Pare che due milioni di fedeli spettatori guardino «Non è la Rai», il che dimostra ancora una volta la forza del mezzo televisivo. Dice Ambra, questa volta spontaneamente: «Qualunque cosa io faccia, loro mi seguono». Capita anche con i «grandi».

A me fa piacere che non sia proprio la Rai che ha a che fare con questa, e anche con qualche altra trasmissione: ci sono «fenomeni» ai quali non è poi un grave sacrificio dovere rinunciare.

Qualcuno ha detto che la telecamera non è mai innocente, perché amplifica tutto: anche il nulla. D'ora in poi Ambra affronterà argomenti seri, si fa per dire: intervisterà ospiti non di eccezione, ma i consueti intellettuali di servizio. Non avrà problemi: l'affluenza è garantita. Per Ambra, credo, come per l'estroso personaggio di una commedia di André Roussin «l'intellettuale è uno che entra in una biblioteca anche quando non piove».

15 settembre 1994

DÉJÀ VU

Allora: la legge è, più o meno, uguale per tutti, tranne che per gli assidui frequentatori del Leoncavallo. Si dice: gli autonomi debbono avere un loro spazio. Perché no? E i subordinati? Lo predicavano già al tempo del duce: «Largo ai giovani», meglio, però, se non sono mascherati e con una inarrestabile propensione per il lancio di cubetti di porfido.

L'occupazione abusiva di uno stabile è, per il nostro codice forcaiolo, considerata un reato e non una conquista politica. La proprietà sarà anche un furto: ma chi si sostituisce al padrone che cos'è, un ricettatore? La polizia sloggia i senzatetto che cercano una sistemazione nelle case popolari, saltando i turni: forse perché non godono dell'appoggio degli intellettuali di pronto intervento. Accanto ai vivaci ragazzi si schierano anche vecchi arnesi della contestazione; ho letto quello che dice un anziano cattivo maestro che parla come esponente, si fa per dire, dei Cobas: «Risponderemo alle provocazioni e non solo con le pietre». Sono curioso: con che cosa?

Il bilancio del sabato milanese conta 74 feriti, 30 auto danneggiate, decine di vetrine spaccate, spesso con successivi «espropri proletari». Questi sono rivoluzionari che se entrano nel Palazzo d'Inverno puntano decisi alle cantine.

Dicono che tutta la colpa è del sindaco Formentini: ma esiste? Siamo onesti: qualcuno ha avvertito la sua presenza? Ci sono viali e strade intitolati a Caldara o a Greppi; non credo che una targa, in un giorno lontanissimo, si intende, celebrerà il ricordo del primo amministratore della Lega.

Per diciotto anni il Leonka, così lo chiamano, ha goduto di una specie di extraterritorialità: avevamo la Città del Vaticano, San Marino e questa istituzione dalle imprecisate finalità che non rispondeva né alle norme né agli affitti.

Per il sindaco Formentini il Leonka è stato la sua Ual-Ual (guerra d'Abissinia), la sua Danzica (secondo conflitto mondiale): e si è ritrovato a Sarajevo; perché gli sparano da tutte le parti. E credo che neppure Bossi e neppure il ministro Maroni gli siano stati accanto: è solo il Gavrilo Princip della sommossa urbana.

Si sa come queste storie cominciano, impossibile prevedere il seguito. Molti rivedono i disordini degli anni di piombo: allora c'era chi parlava di «sedicenti Brigate rosse», questa volta si tratta invece di autentici cialtroni. Spiegano che ce l'hanno con questo governo: se scendessero in strada tutti quelli che non sono d'accordo, non basterebbe piazza Cavour, occorrerebbe la valle di Giosafat dove tutti, il più tardi possibile, ci ritroveremo. Inseguono, più che grandi ideali, la loro giovinezza; sarebbe bene non doversi poi vergognare degli adolescenti che fummo.

Non escludo che anche alcuni poliziotti (quelli che Pasolini difendeva in circostanze quasi analoghe) abbiano trasceso: anche loro erano alla prima prova nell'affrontare la sommossa. Ma sono un effetto, non la causa, degli errori di altri: eseguono, come possono, non decidono.

Qualcuno dice che siamo all'inizio di lotte sociali: ma è un errore confondere il Leoncavallo con le officine Putilov. Non stiamo a discutere di un «soviet» di operai e di soldati; Dario Fo e Paolo Rossi non li vedo nella parte di Trockij, e il compagno Stalin, quando andava all'assalto delle banche, se ne infischiava del consenso dei «cantori del popolo». Quelli erano tipi poco folcloristici, crudeli, ma seri.

Qui c'è sempre un'aria, nonostante i cristalli rotti e le fiamme delle vetture parcheggiate (a proposito: chi pagherà i danni?) da avanspettacolo, con le consuete dichiarazioni di rito: si recita un copione collaudato.

E poi ci sono le figure patetiche, come il sociologo Luigi Manconi, che si è messo in testa al corteo per «evitare», riferiscono le cronache, «che la gente si facesse del male». È senatore dei verdi e, suppongo, socio della Polisportiva Lazio, sezione marciatori: la sua presenza ha impressionato i cronisti e ha lasciato nella totale indifferenza i contestatori.

Ci sono personaggi che, per fare capire che esistono, hanno bisogno di rendersi grotteschi. Sarà anche vero che dietro alle compatte legioni del Leonka c'è «un'esigenza sociale legittima»: ma questa città non ha più il Palazzetto dello Sport, crollato, ahimè, sotto la neve: a quando una invasione di cultori della boxe o della pallacanestro? E gli amanti del ciclismo, che cosa aspettano: nessuno si angoscia per il Vigorelli?

E i vecchi, che nessuno vuole, che cosa aspettano ad andare stabilmente al domicilio degli artisti, così sensibili ai bisogni della società?

14 settembre 1994

LO STRATEGA DEL BAR SPORT

Sembravano 300.000 ardimentosi, giovani e forti, ma per fortuna non sono morti. Credo, anzi, che non siano mai esistiti. Umberto Bossi assicura che li ha inventati la stampa malefica e annuncia querele: gli imputati ribattono che la trovata è la sua, e c'è anche la prova di una registrazione. Tra giornalisti e politici esiste un'insistente incomprensione; gli onorevoli parlano e i cronisti fraintendono. Non dovrebbe essere difficile interpretare certi discorsi, e non mi rendo proprio conto da dove nascano gli equivoci.

Il «senatur», a quanto ha riferito Pietro Piovani sul *Messaggero*, confidò la sua filosofia a un nostro collega: «Quando sono in difficoltà comincio a parlare». Immagino che la sua vita sia costellata da contrasti e disagi. Va anche detto che il leader dei lumbard ha una spiccata inclinazione per il linguaggio bellico; le sue esternazioni offrono un gustoso materiale per una antologia sull'idioma guerresco. Quando durante la campagna elettorale ce l'aveva con Silvio Berlusconi (che definì le sue chiacchiere «senza capo né coda»), proclamò: «La Lega è come un Winchester a canne sovrapposte, ha due pallottole in canna, una per i falsi amici, una per i nemici». Tutti a terra, compreso il pianista.

Per dimostrare che i seguaci di Alberto da Giussano non scherzano, ecco la dimostrazione: «Siamo veloci di mano e di pallottole, che da noi costano trecento lire». Si liquida, e l'avvertimento è per i magistrati: con modica spesa possono passare nella categoria dei defunti. Mino Martinazzoli non fu colpito da quelle che propriamente possono essere definite «sparate»: «È un fregnacciaro» fu il suo commento.

Sarà, ma ce ne è per tutti; 2 settembre 1992: «Sul fisco i nostri carri armati sono pronti». Umberto Rommel è pronto ad accendere i motori e i suoi cingolati possono essere più decisivi delle inchieste di Tangentopoli.

Ma Umberto Clausewitz ha già in mente la sua strategia: «Se qualche generaletto fa un colpo di Stato lo spazziamo via in tre giorni. Che ci vuole a far arrivare qualche camion di armi dalla Slovenia e dalla Croazia?... Scherzi a parte».

Fa anche ridere questo incerto italiano, ma lui pensa di dire cose serie; 22 giugno 1992: «Se a Milano non si andrà a elezioni anticipate in autunno, ci sarà la sparatoria generalizzata». E perché non esistano dubbi sui propositi battaglieri, ecco che entra in scena il sindaco Formentini: «Stiamo oliando i nostri Kalashnikov». Qui non siamo più a Montecitorio, ma alla Beretta, alla Skoda, alla Oerlikon. Si ha una sensazione che fa venire in mente i bambini che cantano quando hanno paura del buio.

Nessuno nega che certi resoconti siano maliziosi, o volutamente polemici, ma forse è venuto il momento di mettere un limite alle parole in libertà, alle promesse non mantenute, agli annunci puntualmente smentiti.

Ha ragione il parlamentare Antonio Serena, stessa parrocchia di Umberto Bossi, quando esorta i colleghi a limitare il rischio: dichiarazioni brevi e in tv comparsate di non più di due o tre minuti. Lo diceva già Giosue Carducci, che riteneva capace di qualunque azione chi, potendo esprimere un concetto con dieci vocaboli, ne usa molti di più. Ma bisogna anche smetterla di rispondere a domande che nessuno ha fatto e di lanciare accuse che poi vengono smentite dai fatti.

Un piccolo campionario di denunce di Umberto Savonarola finite in niente: «Silvio Berlusconi mi ha detto che Rocco Buttiglione è nel suo libro paga; si è già venduto». Per quanto? È un commercio simbolico o c'è una tariffa? E ancora: «Il Viminale ci ha rubato le firme per presentare le nostre liste. Hanno voluto favorire il Movimento sociale italiano».

E dài: «A Torino sono state buttate novemila schede fasulle nell'urna per escludere il nostro candidato nel ballottaggio».

Ho sempre riconosciuto a Umberto Masaniello un grande istinto: ha capito subito, forse anche per primo, gli umori della piazza, ma da quando è entrato nel Palazzo si comporta come se fosse al Bar Sport di Trecate. Forse pensa che tutto gli sia concesso, ma dovrebbe tener presente che il ridicolo è pericoloso quanto i proiettili, anche se sono a buon mercato. Non colpisce solo la tanto coltivata immagine dei rappresentanti del popolo, offende proprio la gente.

«State un po' zitti, se ce la fate» suggerisce il buonsenso. È sbagliato, secondo me, considerare i cittadini una massa di fessi: anche se hanno votato in un certo modo possono sempre ravvedersi.

Poi non è molto intelligente chiedere sacrifici ai pensionati e gonfiare la diaria di lire 750.000 mensili, senza tasse, naturalmente, dicendo con delicatezza, quando la trovata viene raccontata, che non si tratta di un aumento ma di un ritocco. E al vicepresidente del Consiglio Tatarella, che trova inopportuna l'iniziativa, del resto approvata all'unanimità, il leghista Maurizio Balocchi consiglia, con finezza, di attaccarsi al tram. Invece di un veicolo poteva capitargli anche di peggio.

Le usanze della Prima Repubblica proseguono con la Seconda. È vero che c'è differenza tra un onorevole e un netturbino, ma da un punto di vista morale non si può dire che ne esca sempre avvantaggiato. Non piacciono poi certe giustificazioni del nuovo compenso: «Se non si vuole che il deputato continui a fare man bassa di bustarelle». Andiamo.

Naturalmente torna in ballo la solita informazione accusata di avere montato lo scandalo. Forse è normale la cifra, perché è cresciuto il costo della vita: ma anche per i vecchi. È sbagliato di sicuro il momento di incassarla.

16 settembre 1994

IL PURO E IL PORNO

All'anagrafe si chiamava Alphonsine Plessis, ma diventò più nota per un romanzo: *La signora delle camelie*, e per un melodramma: *La traviata*. Confessò senza imbarazzi a una celebre attrice: «Perché mi sono venduta? Perché un lavoro onesto non mi avrebbe mai dato il lusso di cui avevo un desiderio sfrenato».

Un letterato che le fu amico la descrive come «una donna di gusto, di spirito, di buonsenso». Quando morì aveva ventitré anni; misero all'asta tutto quello che era stato suo, l'orologio (che aveva suonato le ore degli incontri e delle passioni, anche per Madame Pompadour e per la Du Barry), i candelieri d'argento per le cene galanti, gli uccelli nelle gabbie dorate, i servizi di Sèvres e il pettine e la spazzola per i capelli, i ritratti e le lettere d'amore. Lo scrittore Eugène Sue si assicurò il suo libro di preghiere.

Ho ripensato alla famosa «mondana», che evidentemente recitava anche le orazioni, leggendo che l'arcivescovo di Napoli ha citato, mentre colava il sangue di san Gennaro, Moana Pozzi, «la nostra povera figlia pornodiva».

Nessuna meraviglia: anche Francesco d'Assisi, in gioventù, condusse vita dissoluta, e Cristo ebbe pietà della Maddalena, anche lei pentita, e dell'adultera. «Chi è senza peccato scagli la prima pietra», è stato detto, e non vedo in giro braccia che si alzano.

La morte di una giovane e bella donna, poi, suscita sempre compassione e rispetto; ma secondo me esistono anche dei limiti invalicabili, e una scala di valori che non può essere abbattuta da impeti sentimentali e da prose disinvolte. Leggo l'analisi di un filosofo che spiega dopo, suppongo, una profonda meditazione che «con Moana Pozzi il sesso è normalizzato, inglobato, omogeneizzato, reso buono».

Non ho mai visto uno spettacolo della famosa ragazza, ma mi pareva, da quello che si è saputo, che le sue esibizioni fossero piuttosto, come dire, extra, molto varie, inconsuete.

Credo che i sospiri telefonici non fossero nella norma delle conversazioni Sip e che la sua più recente interpretazione, *Le calde labbra bagnate di Moana*, non si basasse su una lezione di trucco.

Mi pare che, a forza di voler essere intelligenti, si rischiano comportamenti cretini: le cronache, almeno nei titoli, hanno messo in rilievo che leggeva sant'Agostino e aveva fatto studi liceali, trascurando magari un libretto di ricordi giacerecci con classifica degli amatori: tra i concorrenti anche un ex presidente del Consiglio. Ha venduto anche la memoria.

Tutto, o quasi, va perdonato a chi ha molto amato, ma i nostri atti, anche quelli impuri, ci seguono. Nei titoli si è parlato di una «pornodiva intelligente», di una «diva senza ipocrisia»: come se fosse una prova di mancanza di doppiezza fare su un palcoscenico quello che, di solito, si combina nell'apposita camera da letto.

Intendiamoci almeno sulle parole: il rinomato signor Schicchi, che ha lanciato prima Cicciolina e poi Moana e le altre, è un geniale, brillante imprenditore che odia il conformismo ed esalta la bellezza? E le signorine si sentiranno soddisfatte di appartenere a una «scuderia», locale «capace di più cavalli, con tutto il necessario per riporre carrozze e finimenti» (Palazzi, *Novissimo Dizionario della Lingua Italiana*)?

L'industria del sesso rende, riferiscono, mille miliardi l'anno. Sessantamila persone hanno pagato il biglietto per partecipare al «Mi-Sex». Nessuno è più in grado, neppure i giudici, di stabilire dove arriva «il comune senso del pudore». Non vorrei ricevere la consueta offesa: moralista. Non credo che la virtù sia nascosta dentro le mutande, e che gli uomini, e anche le donne, come ammoniva l'interessato Napoleone, debbano essere giudicati dalla cintola in giù. Ma trovo indecente che dietro la triste fine della povera Moana si sia cantato quasi un inno alla sua crudele professione. Il silenzio che ha voluto circondasse la sua fine meritava più riguardo. Lei si era pentita: l'informazione sguaiata invece insiste.

22 settembre 1994

PARLIAMO UN POCO DI ME

Un libro di quel geniale scrittore che è Cesare Zavattini si intitola *Parliamo tanto di me*. La tentazione è forte. Diceva Federico Fellini: «Ho fatto dei film per raccontarmi, e non mi sembra un impegno da poco». Non mi considero un soggetto appassionante, anche se ogni vita lo è, ma la cronaca di questi giorni si è occupata della mia trascurabile persona, e non sempre in tono cordiale. Capisco e cercherò di spiegarmi.

Del '68 parigino c'è solo uno slogan che mi piace e condivido: «Ogni potere abusa. Il potere assoluto abusa assolutamente». Tema dei discorsi e dei dissensi: la Rai, ente che in ogni tempo è stato appaltato dai partiti, spesso secondo accordi impudichi e rispecchiando, in qualche modo, anche i risultati elettorali. Ma perfino gli oppositori, il Pci, hanno avuto una rete. Poi sono arrivati i «nuovi», e nel loro programma c'era anche la fine della lottizzazione. Invece si è scatenato il balletto delle nomine e delle spartizioni, con mosse che hanno indignato anche eminenti figure del giro governativo.

Non concorro, e non ho mai concorso, ad alcuna carica, e spero si riconosca che debbo tanto a molte persone ma niente ai partiti. I cui rappresentanti mi hanno mandato via dalla direzione di un settimanale e di un quotidiano, e mi hanno indotto, per libera e non sofferta scelta, a lasciare in un certo momento il *Corriere della Sera* e il tg che dirigevo: mi dimisi perché mi accorsi che non ero adatto a quel posto. Niente di eroico.

Mi spiace dover entrare in particolari sgradevoli: con viale Mazzini io ho un contratto di un miliardo, da dividere in ogni caso per due: lavoro, e sono disposto a fornire la prova, sei mesi per lo Stato e sei per me. Non accade in nessuna altra parte del mondo. Intendo dire che non sono un beneficato: quando l'ho sottoscritto, avevo offerte molto più vantaggiose, e i soldi sono tanto, lo riconosco, ma non tutto. Non ho trattato, ho accettato la proposta della Rai, e presidente era Enrico Manca. È nota, suppongo, la scarsa simpatia dei socialisti nei miei confronti.

Bene: non mi piace quello che sta accadendo nella tv di Stato e temo che certi biasimevoli usi e costumi si estendano, con prevedibili conseguenze, alla carta stampata. Ho aderito, io che di solito mi limito a firmare i miei articoli, a un appello al presidente della Repubblica perché prenda atto di ciò che sta avvenendo, ma il capo dello Stato, precisa, non ha alcun potere in questo campo: chissà se esiste il peccato dell'indifferenza. Altro che riforma della Rai.

Scrive Giorgio Bocca, su *la Repubblica*: «Il fascista Storace così illustra il rapporto informazione-libertà, cultura-libertà: "Cos'hai da criticare tu, Biagi, che mangi di questa minestra?"». Ma forse lo spettatore ha intuito che la salo a modo mio: e fino a questo momento nessuno mi ha ordinato di cambiare ricetta. Di rincalzo arriva Cesare Lanza (*L'Indipendente*: chissà da chi?): «Quei giornalisti non hanno il diritto di firmare contro la loro azienda, sono ugualmente mostruosi sul piano politico».

Sarò anche orrendo, ma a me sembra che «l'azienda» stia andando per aria, e non nel senso dell'etere e delle onde. «L'azienda» è una Spa che ha 58 milioni di azionisti: gli italiani. Può, se crede, comportarsi da imprenditore privato, come suggerisce Cesare Lanza, e licenziarmi, e farmi cambiare lavoro: ma non princìpi. Oppure mutare le regole, che fino a oggi sono state rispettate: io conosco i miei doveri, ma prima di essere un giornalista sono un cittadino. E poi c'è chi nasce «dipendente»: mio padre, operaio, mi ha insegnato che il principale non è il padrone.

Non voglio polemizzare con Giovanni Minoli; i nostri atti ci seguono, anche i nostri spot e le nostre biografie. Dice che aderirebbe all'appello di Biagi (insisto: io non invoco nessuno, mi limito a esprimere una preoccupazione) se io rinunciassi al contratto. Sarei più virtuoso se rifiutassi un compenso che certamente non è un obolo. Minoli che adesso non è più socialista, anzi: era martelliano, mi pare, ma viene definito liberista, sa che non è il risultato di intrallazzi, ma una offerta nata dal mio lavoro e dal tanto esaltato mercato.

Non sono, come dice lui, «maestro di professionalità e di etica» (*Corriere della Sera*), ma una personcina perbene, che già una volta, quando ha capito che non era più il caso di restare a via Teulada, se ne è andato, e senza chiedere contropartite: può avere la prova di quanto dico chiedendo in famiglia. E ho lasciato il *Corriere* quando ho capito che quello che scrivevo poteva apparire una provocazione, una sfida: non mi piace la parte dello scemo del villaggio.

Sono grato alla Rai per tutte le opportunità che mi ha offerto: ma se qualcuno pensa che la mia presenza non è in linea con la recente filosofia, sono sempre pronto a togliere il disturbo. Ho una età che mi consente di guardare a queste vicende e a certi personaggi con il dovuto distacco. Il mestiere mi ha fatto compagnia, ma so stare anche da solo. Non appartengo ad aree, non sventolo bandiere, sogno per la Repubblica un futuro che abbia il sapore della normalità: ognuno al suo posto, indipendentemente dagli sponsor, buongiorno che vuol dire buongiorno, i figli che rispettano i padri, che però non danno il cattivo esempio, una televisione pubblica credibile.

Abbiamo già avuto l'Eiar, Ente italiano audizioni radiofoniche, che diceva la verità del regime. Possiamo sperare di raccontare anche le nostre? Poi la gente giudicherà.

P.S. Vedo che su un giornale quasi clandestino (*L'opinione*) un certo Paolo Cantore, che si presenta come coordinatore del Gruppo dei Cento (ed è augurabile che non si arrivi ai Mille), dice pressappoco: «Santoro e Biagi, perché non seguono l'esempio del più famoso dei dissidenti del giornalismo italiano, Indro Montanelli? Quando non si riconobbe nel *Corriere* di Cavallari e Tassan Din se ne andò e fondò un altro giornale».

Montanelli fu licenziato da Piero Ottone; quella volta me ne andai io. Non sanno nemmeno quello che dicono, e addirittura coordinano.

18 novembre 1994

FINISCA IL SUO LAVORO

Qualche volta anche Emilio Fede può avere intuizioni profetiche, perfino annunciare una amara (non per lui, certo) verità. Circola voce che davvero Antonio Di Pietro avrebbe deciso di dimettersi. Dopo più di trenta mesi di fatica, di stress, di insulti starebbe per mollare. Non lo faccia. Capisco. Se i bimbi di Berlusconi piangono quando sentono dire che a Palazzo Chigi c'è un incapace, immagino come saranno allegri i figli del magistrato quando Sgarbi lo accusa di essere un assassino.

Certo, la sua vita è dura: ha ceduto a una vanitosa iniziativa editoriale, ma non alle lusinghe di una poltrona da ministro. Ha chiesto, e non ce n'era bisogno, una prefazione a Cossiga, e si è sentito dire dal senatore che è stata una svista. Credeva di indagare ed è sotto inchiesta: da Roma sono arrivati tre ispettori. Li ha mandati quel ministro che aveva in mente un bel decreto per sistemare Tangentopoli.

Ha avuto molte copertine di settimanali, articoli in tutto il mondo, ma lo stipendio è sempre lo stesso: quattro milioni e mezzo al mese, assegni familiari compresi. Non è una brillante carriera.

Mi ha concesso l'unica intervista: forse c'era già scritta la sua condanna. Mi disse: «Io ritengo che la morale sia una sola, per cittadini e politici».

Si è accorto che non è vero? Gli onorevoli non vengono quando il Palazzo di giustizia li chiama, ma quando gli pare.

La moglie gli diceva: «Speriamo che finisca presto». La signora Di Pietro ha ragione: ma non così. Un romanziere ha detto che i nostri atti ci seguono: anche quelli giudiziari. Con i suoi colleghi del pool ha adempiuto agli ordini compresi in una fredda formula burocratica: «Perseguire i reati contro la pubblica amministrazione». Ma voleva dire: ripulire la Repubblica dagli infiniti intrallazzi compiuti dietro la bandiera della libertà da ladri travestiti da idealisti.

Hanno cercato di fermare in tutti i modi Borrelli e i suoi: con le promesse e con le minacce. Perché, dottor Di Pietro, vuol togliere alla gente l'illusione che ci sono ancora dei giudici da queste parti?

Sua madre, mi raccontò, pregava ogni sera per i detenuti, perché non dovessero subire anche un giorno di prigione non meritato, adesso che non c'è più, lei che è cristiano, pensi che di certo raccomanderà a Dio anche i pubblici ministeri, perché non siano puniti per aver tentato di far rispettare la legge.

Stia al suo posto con generosità, lo faccia anche per il governo, e soprattutto per il nostro Paese: se lei molla, diranno che qui è impossibile far rispettare i comandamenti. Lei temeva che il desiderio di pulizia diventasse spettacolo: così è stato, ma non aggiunga, per favore, un colpo di scena. Perché arrendersi all'evidenza? È alla fine di Mani Pulite che puntano i superstiti, tanti, del mondo di ieri, protettori spesso di molti potenti di oggi, che sognano dopo Hammamet altri esuli, magari tra paesaggi meno esotici.

Il padre di Di Pietro morì cadendo da un carro di fieno, la madre raccoglieva le olive e zappava l'orto, lui ha studiato anche in seminario, ha fatto il pulitore di metalli in Germania, l'impiegato, il poliziotto, fino alla laurea: ma si è reso conto che è più duro applicare il codice. Quando gli chiesi che cosa avrebbe voluto che dicessero di lui, mi rispose: «Più nulla».

Invece le dicono: «Finisca il suo lavoro, come le hanno insegnato in famiglia e come fanno tutti laggiù al paese».

6 dicembre 1994

EXIT DI PIETRO

Lo sceriffo è stato disarmato. I ladri di bestiame esultano. Nel saloon la festa può ricominciare. Stia attento anche il pianista. Ma sbagliano: qualcosa hanno perso; di sicuro la reputazione. E con i dadi truccati si sono giocati anche un pezzo del prestigio del nostro Paese. Non più patria del diritto, ma del rovescio.

Con Antonio Di Pietro cade il simbolo di una grande illusione; Giosuè Borsi, un poeta, andò a combattere la prima guerra «per un'Italia più buona». Non era un retore, come non lo è questo contadino del Sud che ha indossato la toga: pensava a un'Italia più giusta.

Partendo dai 7 miserabili milioni di una bustarella ha portato nelle aule del tribunale il vecchio e corrotto mondo degli affari e della politica; quello che comperava voti e coscienze, quello che davvero aveva fatto del patriottismo, e della libertà, l'ultimo rifugio dei mascalzoni.

Erano forti e prepotenti, e la loro arroganza veniva interpretata come prova di carattere: sapevano decidere a Sigonella, ma sono incerti e vaghi ad Hammamet.

Questo percorso della vergogna, che ha visto tanti camminatori, è stato svelato dal pool di Milano. Altrimenti certi nomi dominerebbero ancora la cronaca: ma non quella «nera».

Sono usciti molti corruttori e corrotti dalle stanze del potere; ma è assai probabile che regolino certi comportamenti dei nuovi inquilini. È morta, dicono, la Prima Repubblica: ma solo per l'anagrafe. Viveva e prosperava convinta dell'impunità; la presunta Seconda sta dimostrando che si può anche tirare avanti estenuando le regole del codice. La vera, profetica interprete dello spirito dei capi è, nientemeno, Caterina Caselli: «Nessuno mi può giudicare, nemmeno tu».

Mani Pulite chiude. Non so perché Di Pietro ha deciso di lasciare. Sono certo, non per ragioni volgari. Non so neppure che cosa farà in futuro: la vita gli ha insegnato a ricominciare, e ha mani e testa robuste. Credo che molti gli saranno grati: per la passione, per la generosità con la quale ha affrontato un compito durissimo.

Spero che si fosse preparato anche al congedo, al ritorno a una pacata esistenza «normale». Gli italiani non sopportano a lungo gli «eroi»; di Silvio Pellico, reduce dallo Spielberg, qualcuno disse che era stato una spia degli austriaci; quando Cavour morì, un manifesto proclamava che non aveva fatto l'Italia e aveva distrutto il Piemonte.

Di Pietro ha sempre taciuto, anche quando lo accusavano di omicidio. Anche quando Craxi annunciava terribili dossier, anche quando hanno mandato gli ispettori da Roma perché indagassero sul suo comportamento. Non so se un giorno racconterà il suo dramma, la storia di una profonda delusione. Non di una resa: questa battaglia è segnata nelle pagine oneste della nostra storia. Nessuno può cancellarle. E se c'è una Caporetto è quella degli alti comandi. Il contadino del Sud Antonio Di Pietro è stato anche un buon soldato: lo accompagneranno l'augurio e il sorriso della gente, e sarà quella la sua decorazione.

7 dicembre 1994

UN MESSAGGIO DI CAPODANNO

Grazie, signor presidente. Lei ha parlato e ha detto quello che tanti cittadini si attendevano. Ci sono momenti in cui affermazioni che dovrebbero essere ovvie diventano coraggiose. Ha spiegato al primo ministro, e ai suoi alleati, che l'inquilino del Quirinale «raccoglie e registra» la volontà del Parlamento. Che non è mai «delegittimato». (Spiegazione per i centri con meno di mille abitanti: non è mai fuori dalla legge.) Scalfaro non deve quindi contare le schede elettorali, ma prendere atto dei voti degli onorevoli deputati e dei rispettabili senatori. Così vuole la Costituzione, che si può anche cambiare, ma non va interpretata secondo le urgenti necessità di Silvio Berlusconi.

Scalfaro si è rivolto al Cavaliere con affetto: «Ditelo con i fiori» è lo slogan dei mercanti di rose e gardenie americani per piazzare dolcemente il prodotto. Ma ha chiarito il suo atteggiamento, che non nasce da preconcetti e da manovre, ma dal senso del dovere e della giustizia. Perché, come spiega santa Caterina, che per Scalfaro è un riferimento morale, «l'umile spegne la superbia, ma il superbo non può fare danno all'umile». A proposito: nella lotta politica, e risulta anche dal discorso di Capodanno, bisogna battersi a parità di forze; contare su tre reti televisive, e magari su cinque, per diffondere inni, motti e promesse riduce la decantata *par condicio* a una barzelletta.

Scalfaro ha detto che capisce il dramma umano del Cavaliere, la «ferita della rottura»; e si augura che senta il richiamo di «questa nostra Patria», che si può servire anche facendo la guardia non solo al bidone di benzina, come predicavano nei tempi eroici ma, in questi per niente epici, ai bilanci della Fininvest.

«Ragazzino, lasciami lavorare» invocavano i venditori ambulanti nelle fiere, ed era anche l'appello che il presidente del Consiglio rivolgeva ai birichini delle varie opposizioni: soprattutto a quelli che aveva in casa.

Di certo è stato disturbato, ma non può affermare di avere governato bene: non legga solo i sondaggi del dottor Pilo, dia un'occhiata al bollettino dei cambi o alle statistiche dell'Istat.

Per la prima volta Berlusconi si trova di fronte a una sconfitta, e finisce così anche la leggenda di quelli che nascono vincenti. Qualcuno ha detto che ognuno conosce la sua Waterloo. E vale la pena di chiedere una proroga di cento giorni? Davvero Berlusconi, che è intelligente, e quando vuole anche ironico, si considera indispensabile e insostituibile? O lo preoccupano gli orfanelli che dovrà lasciare nei vari Palazzi del potere? Non si amareggi e non si angosci: come già in passato, troveranno un nuovo padre di servizio.

E tenga presente che spesso il carattere conta più del talento: una decorosa uscita merita più rispetto delle solite e ripetitive conferenze stampa. Del resto, avrà sempre la consolazione di considerarsi incompreso.

Grandi rinunce, ha detto il presidente della Repubblica, attendono gli italiani, e se c'è in giro poca speranza, esistono anche molte cose positive. Ma nessuno scrive il romanzo del bene.

Scalfaro si augura anche che il dialogo con lo Stato diventi più umano: per molti si fa vivo soltanto con la cartolina di precetto e la cartella delle tasse. Ci sono fatti e personaggi che lo rendono poco credibile: e Scalfaro ha opportunamente descritto la realtà. Ho pensato alla sua solitudine, che è quella dei capi: guai a chi è solo, si legge nei testi sacri. Ma aveva attorno tanta gente, quella seria, che le candele le accende davanti agli altari o sulle tombe. O anche per un valzer: mai per delle carnevalate.

2 gennaio 1995

LA VIOLENZA TRA NOI

Si può morire a venticinque anni, di domenica, andando alla partita di calcio? Ma che domanda: perché no? Si può morire anche a venti, durante i giorni feriali, passando in auto con il fidanzato sotto un cavalcavia: basta un imbecille che molla per gioco una grossa pietra.

Si può essere uccisi anche a quattro, a cinque, a sei: è sufficiente essere bambini zingari, vivere in un accampamento alla periferia della grande città e correre nel vento verso una bomba carta. E si può finire, appena nati, in un sacchetto di plastica, o gettati nel cassonetto delle immondizie.

La violenza che si scatena negli stadi è una sorpresa solo per i commentatori di pronto intervento; è nell'aria, nel costume, in certe trasmissioni televisive, nella cultura dei club degli ultras, negli striscioni insultanti, nelle divise ridicole. Il rigore è concepito soltanto come un tiro dagli undici metri.

La violenza è in Parlamento: negli insulti, nei cappi da impiccagione, nelle risse, nel linguaggio. È sulle pagine dei quotidiani e dei settimanali: su cento interviste, la metà, e vado a braccio, sono fondate sul pettegolezzo e vogliono essere pretesto non per una spiegazione ma per una zuffa. È nelle cronache tendenziose, o fondate sul sospetto e sulla chiacchiera; diceva un mio illustre collega francese che il giornalismo ha ormai due tette: una per la notizia e una per la smentita. Non è eccitante.

È in molte trasmissioni, non solo nei film, nei dialoghi, ma negli show, perfino in quelli con pretese culturali. Falsi i protagonisti, le sfide, le confessioni: impudichi i racconti degli amori infelici, dei dissensi familiari, delle solitudini e delle disperazioni.

Lo spettacolo di domenica a Genova è la radiografia di un malessere generale, di una disinvolta concezione dei rapporti umani e dei valori. È ridicola la proposta del cosiddetto «gesto forte»: sospendere per un turno il campionato. Bisogna fare in modo che non facciano il segno della croce solo i giocatori quando entrano in campo, anche il pubblico quando rientra dallo stadio.

È tutto sproporzionato, è il clima che è eccitatissimo. Ci ostiniamo a considerare sport un enorme *business* dietro al quale non ci sono missionari della lealtà e gare di bravura, ma anche corse al potere. I tifosi si scatenano ovunque, anche in Belgio, lo abbiamo visto, o in Inghilterra, dove i poliziotti girano disarmati. Ma se ne colpisci uno rischi parecchio.

Qui si vuole attribuire ogni responsabilità alla polizia: che dovrebbe perquisire anche 50.000 cittadini e fare un preventivo censimento degli idioti e dei delinquenti. È un programma troppo ambizioso, e il compito andrebbe distribuito fra tutti noi.

Finiamola anche con le spanciate di retorica: è troppo comodo attribuire quel giovane morto accoltellato alle vicende del campionato. Guardiamo invece un po' dentro a quelle italiane, che non dipendono solo dagli allenatori o dal Coni. Piangono in due famiglie, in una ci si prepara per un funerale, nell'altra per un ergastolo. Non aspettiamo domenica prossima per fare, in silenzio, qualche riflessione, purtroppo triste, molto triste.

30 gennaio 1995

TIRO INCROCIATO

Ci siamo. Titolo a tutta pagina di *Repubblica*: «Tiro incrociato su Biagi. Craxi querela, Previti e Sgarbi attaccano». Pazienza: ma la penso come il presidente del Consiglio Dini che, nonostante i guai, ha detto: «Vado avanti».

Io anche: ed è ciò che cerco di fare, del resto, da mezzo secolo e non sono tra quelli che, per combinare una bella saponata, si sputano in faccia. Con qualcuno di questi personaggi potrei avanzare una premessa: «Discutiamo almeno a parità di fedina penale», ma non sarebbe generoso, e poi in questo momento i partiti vanno molto.

Devo riconoscere che ha qualche ragione l'onorevole Previti quando spiega che la mia «autorità morale» deriva «forse soltanto dalla tarda età».

Gli anni ci sono, ma al giovanottone Previti, che ha quell'aria cordiale da tartarughina, la mamma non ha ancora detto che esistono, oltre a vegliardi rimbambiti, anche ragazzi intellettualmente poco dotati che, non sapendo parlare, urlano.

Previti dice che mi affido alla notorietà della mia faccia; forse pecco di supponenza, ma ho anche scritto qualcosa, e magari troppo. L'avvocato Previti, che è considerato il consigliere più vicino a Berlusconi, e chissà che fastidio, chiede ai dirigenti Rai che facciano rientrare nei ranghi i pericolosi Santoro e Biagi.

Si è fatto vivo, come ogni settimana, anche Stefano Giovanardi, capogruppo, nientemeno, del Ccd alla Camera. Questo cristiano di centro è una specie di macchietta dell'interrogazione, uno stakanovista, e cerca di farsi notare; vuol sapere con insistenza, forse la prima volta non capisce, se per «offendere Berlusconi incasso un miliardo dalla tv pubblica».

Meno della metà, onorevole: ma perché non riesce a pensare che nella vita esistono cose che non hanno prezzo? E quando mai io ho insultato il leader di Forza Italia, che probabilmente ha la debolezza di non accettare neppure lievi ironie sui suoi eufemismi?

Poi entra inevitabilmente in scena l'equilibrato, il sereno, onorevole Sgarbi; Ciuffettino denuncia: «Esiste in tv un caso Biagi e va risolto».

Come? Con l'eliminazione fisica? Oppure con licenziamento? Ci sarebbe anche la deportazione e c'era una volta il confino. Pianaccio, comune di Lizzano, provincia di Bologna, se posso chiedere pietà, sarebbe residenza gradita. «Dagli Appennini alle onde» scrissero alcuni decenni fa quando cominciai a lavorare in Rai.

Da Hammamet, con il consueto fax, l'esule Bettino Craxi annuncia che ha dato incarico ai suoi legali di querelarmi perché in trasmissione ho detto che la sua segretaria, la mitica Enza Tomaselli, disponeva nel cassetto per le spese di ufficio di 9 miliardi.

Craxi fa sapere che chiederà una somma a titolo di risarcimento che sarà «devoluta a iniziative umanitarie in Italia e nel Terzo Mondo».

Questo, francamente, è l'aspetto più bello della faccenda: l'idea che, se perdo, qualche soldo potrà andare magari alla Baggina e in Somalia, dove hanno dei così tristi ricordi dei cosiddetti «aiuti italiani».

Ma suppongo che, oltre a me, vorrà riportare davanti ai giudici anche la signora Tomaselli, e che non vorrà mancare all'udienza: perché privarsi della gioia di veder punire il malvagio? Perché insistere nello sdegnoso rifiuto di rivedere il suolo dell'amata patria? Fino a oggi, l'ex leader massimo del Psi è stato raggiunto da 26 avvisi di garanzia, con un totale di 106 capi di imputazione. Parla di una congiura: ma venga dunque a difendersi, con la forza che ha il linguaggio dell'innocenza e la faccia limpida del vessato. Non ha una idea di quante cose spiegarono certe immagini del processo Cusani.

Ma ritengo che vorrà querelare anche la signora Tomaselli: è lei la colpevole della storia di quei fatali 9 miliardi.

Riproduco testualmente dal verbale dell'interrogatorio che la signora ha affrontato il 3 marzo 1993. Domanda del pubblico ministero: «Il nucleo di polizia tributaria ha accertato che lei ha pagato... con assegni sul conto corrente 49937 in essere presso l'agenzia 60 della Cariplo di Milano e che, su tale conto, dall'aprile al gennaio 1993 risultano versamenti per 8 miliardi 975 milioni e 356.881 lire. A che cosa si riferisce tale movimento di denaro?».

Risposta Tomaselli: «Il conto corrente in questione è quello che io utilizzavo per tutte le spese del mio ufficio». (Inoltre su tale conto sono transitate somme utilizzate per spese relative ad attività politiche personali di Craxi.)

Il linguaggio è quello burocratico, ma mi sembra chiaro: sono miliardi, e forse il mio primo errore è stato di collocarli nel cassetto. Ma c'è anche chi li sistema, e per uso familiare, in libretti al portatore.

Secondo sbaglio: ho parlato di 9 miliardi, come peraltro tutta la stampa italiana, e sono già pronto a documentarlo, mentre sono solo 8, più 975 milioni, più 356.881 lire.

Debbo, mi pare, dare ragione di quell'arrotondamento: sono in ballo 24 milioni e qualcosa. Sui conti, lo ammetto fin da adesso, Bettino è bravo. Forse in quello «Protezione» c'è qualche svista se, in primo grado, è stato condannato a otto anni; ma è noto che Craxi non ha alcuna considerazione della nostra giustizia, che gliene ha appioppati altri cinque nel processo Eni-Sai, mentre lo attendono i magistrati per la Enimont, la metropolitana milanese e la Cariplo.

Venga, così sistema, oltre a me, queste antiche pendenze.

3 marzo 1995

IL PESO DELLE PAROLE

Le parole, è stato detto, sono pietre: qualcuno le getta nell'aria ma poi ricadono. Sono anche pallottole.

Antonino Lombardo, maresciallo maggiore dei carabinieri, ha affidato la sua reputazione alla pistola d'ordinanza. Ci si uccide anche per esistere.

È salito sulla piccola utilitaria parcheggiata nel cortile della caserma: un colpo. Voleva attirare l'attenzione degli altri; gli pareva che non ci fosse un modo più immediato e leale per dimostrare la sua innocenza.

Dicono che nell'ultimo istante si rivive, come in un film dalle sequenze precipitose, la nostra piccola storia. Antonino Lombardo, forse, ha ripercorso la sua avventura: trent'anni di servizio, nel rispetto del giuramento e in quello della gente. Le ronde di giorno e di notte, le confessioni ricevute, i morti ammazzati, nei campi e sulle piazze, la fatica per capire e combattere i drammi della Sicilia e anche i suoi: un giovane figlio malato, da portare a passeggio quando c'era un'ora per la famiglia, e magari una ossessione: avrebbero potuto colpire anche lui.

Antonino Lombardo aveva visto cambiare d'un tratto la sua vita: qualcuno, durante una trasmissione televisiva, lo accusava come un possibile complice dei mafiosi. Chiedeva che indagassero sui suoi trent'anni di soldato.

Si sa che i medici vedono il sangue, e i poliziotti si muovono tra i delinquenti, e i giornalisti scrivono la cronaca delle miserie di ogni mattina, e non si sentono colpevoli, perché lo scandalo è in chi fa il male, non in chi lo combatte o in chi lo racconta.

Due sindaci, quello di Palermo, e quello di Terrasini, due «autorità», lanciavano il sospetto che lo ha distrutto: un dubbio che per qualcuno diventa una sentenza: altro che *par condicio*: lui non c'era, parlava la piazza, e chi l'ascolta una voce sgomenta, specialmente nella tempesta?

La lotta politica e il Kalashnikov sconvolgono non solo l'isola ma l'Italia. L'agguato non si nasconde solo dietro le foglie dei sicomori, nelle «trazzere», e spara la lupara, o nelle viuzze dalle imposte sempre socchiuse: una moto che guizza, una raffica, e nessuno ha visto; ma anche nei comizi ambigui, nei pentimenti insinceri, nelle prediche che cadono dai pulpiti che guardano più alle poltrone del potere che ai crocifissi.

C'è anche una «mattanza» che non colpisce i tonni e non sporca le onde del mare, ma i marciapiedi, e l'ambulanza corre a sirene ululanti verso i tavoli di marmo dell'Istituto di medicina legale.

Poi ci sono i discorsi privi di carità che insudiciano le coscienze e spengono dei destini, e un povero maresciallo maggiore, che è andato a prendere Totò Riina, non ce la fa a sopportare il rischio della calunnia. E così, con un atto orgoglioso, si toglie di mezzo: perché il mondo attorno a lui gli sembra nemico, e non si concilia con la sua pulita esistenza.

E poi c'è angoscia e protesta perché la televisione narra le imprese della *Piovra*. Non sono quelle immagini che ci disonorano, è la bara, avvolta nel tricolore, del sottufficiale Antonino Lombardo, anni 49, caduto in un'imboscata, sotto il tiro delle parole.

Dice un proverbio siciliano: «Giudicare e indovinare Dio solo lo può fare». Adesso, per carità, un po' di silenzio.

6 marzo 1995

IV

Informazione, Rai e dintorni

TESTIMONI, NON GIUDICI

Mi pare che il problema abbia preso la spinta dell'urgenza: con l'informazione dove andremo a finire? *Le Monde* ha dedicato due puntate al mestiere di chi diffonde notizie e alle regole che dovrebbe rispettare.

Qualche settimana fa il *Nouvel Observateur* ha pubblicato i risultati di una inchiesta per niente favorevole alla categoria; da un sondaggio risulta che i cittadini più rispettati dai francesi sono i pompieri, i cronisti arrivano penultimi, tra le puttane e i deputati.

Con la telematica, con i satelliti, con l'informatica, il mondo è davvero diventato un villaggio: e possiamo seguire i fatti nel momento stesso in cui accadono. Veniamo bombardati dalle voci, e soprattutto dalle immagini, ma è sempre più difficile raccontare e far capire la realtà.

Non siamo degli apostoli: lo sono, eventualmente, i redattori della stampa di partito, ma persuadono, di solito, quelli che credono già. Anche se resto convinto che tra cento anni i posteri capiranno più questo tempo dai resoconti dei reporter che dalle intuizioni dei romanzieri.

Non siamo neppure degli artisti, concordo con chi si considera un artigiano. Che dovrebbe essere dotato di un certo talento, o di una qualche abilità, ma anche di una morale. Del resto, senza un punto di vista, è impossibile valutare le storie. Informare vuole anche dire scegliere, perché gli «eventi», come li chiamano pomposamente, non sono oggetti, e qualche volta neppure ciò che vedi coincide con la verità. Sono stato in Romania nei giorni terribili: e non era credibile, per gli evidenti peccati di omissione, neppure la ripresa televisiva del processo, condanna e morte del dittatore Ceausescu. Arbìtri del montaggio.

Falsi perfino i cadaveri di Timisoara: non il risultato di una strage, ma una macabra trovata propagandistica lanciata dall'agenzia iugoslava Taniug. E false le memorie di Hitler, autenticate dall'illustre storico inglese Trevor-Ropper. E falso il mostro di Foligno, avvalorato addirittura da una confessione. E falsi i resoconti della guerra del Golfo: dopo aver presentato con tanta enfasi il crudele Saddam, ci siamo affidati a qualche telefonata degli inviati, alle ridicole spiegazioni degli strateghi da dibattito, e poi l'epico scontro venne sistemato in poche ore. Effetti della censura.

La crisi è dunque di credibilità: c'è chi manipola, chi inventa, chi applaude, anche quando il silenzio sarebbe più dignitoso. E in più c'è chi, in nome della denuncia e della virtù, e magari con gli occhi incantati dagli indici di ascolto, o anche dalla tiratura, trascura quel rispetto che si deve a ogni creatura umana. Anche la più spregevole. Alla vita della persona. La trasparenza totale, dice *Le Monde*, è una utopia: ci deve essere un limite al sensazionalismo. E non è corretto, mi sembra, sostenere che dar voce alla piazza significa dar voce alla gente: tra la piazza e il piazzale, ricordiamolo, c'è una sottile barriera.

Ho trovato bellissimo un articolo di Luigi Manconi sulla *Stampa*, titolo: «La tv non serve alla giustizia». Chiunque sia l'imputato, aggiungo: in America, di Frank Costello, eminente gangster, riprendevano, durante l'inchiesta Kefauver, soltanto le mani. Un conto è un articolo, una descrizione, una foto, un conto è una faccia, diffusa con insistenza per ore, con le sue emozioni, le debolezze o le alterigie, le lacrime o i silenzi.

È proprio tutto spettacolo, anche il dolore, e anche gli insulti a puntate, ed è giornalista chi fa l'animatore di quiz, scherzi, lazzi e frizzi? Mentre tutto rischia di essere travolto dagli scandali e dal vuoto di potere, dovremmo, io in testa, anche perché sono vecchio, e non avrei più tempo per riparare, riflettere sul nostro lavoro, e sulla sorte spesso amara del nostro prossimo. Ricordando che, per fortuna, siamo testimoni e non giudici.

25 febbraio 1993

A PROPOSITO DI INDIPENDENZA

Mino Martinazzoli se la prende con quella che, con una folcloristica definizione, viene chiamata «TeleKabul». La accusa di faziosità e minaccia di non pagare più il canone: perché, si chiede, dovrei sostenere chi mi spara addosso? Curzi, il direttore, si difende e fa sapere che «negli ultimi tempi ha dato più spazio alla Dc». Lo dice con candore, come se la democrazia si misurasse a minuti. E come se non ne bastasse uno per mandare un Tizio, facciamo nomi: Andreotti o Craxi, alla berlina, oppure per salvarlo.

E ancora: come se il tempo, in tv, dovesse essere concesso per benevolenza e non per necessità, per rispetto della cronaca. Specifica, anzi: «Ho intervistato Martinazzoli così a lungo, come mai nella mia carriera». Penso allo spettatore: chissà che spasso. Martinazzoli è intelligente, e ha accanto amici che se ne intendono: non è colpa dei vari tg se le cose non funzionano, se l'informazione segue degli schemi e non dei princìpi: anni di lottizzazione formano una mentalità e lasciano un segno.

L'indipendenza non la si ottiene con un ordine di servizio, e c'è un costume giornalistico che sarà duro smontare: apparire premia più che saper fare. E sono ancora i partiti che comandano, e non c'è bisogno che chiedano: sono tanti quelli che offrono.

La Rai non c'è più: questa è la verità. Non c'è più chi guarda lontano: si vive alla giornata. Tanti piccoli feudi, che si difendono strenuamente. E tanti piccoli notai della politica: che recitano il quotidiano sermone con alle spalle la stomachevole diapositiva di piazza Colonna, di Montecitorio, dei soliti palazzi: del potere e della noia. Hanno paura di dispiacere a quelli che contano: che sono anche i loro vecchi protettori.

Nessuno si è vergognato, faccio un piccolo esempio, per la storia di un ex direttore generale che continua a firmare: «Da una idea di Biagio Agnes», nientemeno una rubrica di medicina, percependo addirittura un compenso. Esisteva già qualcosa del genere nella *Domenica del Corriere*, anno 1908, e la firmava un certo dottor Amal, che compilava pure una nota gastronomica con lo pseudonimo di Petronilla.

Se il colonnello Bernacca, che spiegava ogni sera la depressione che veniva dall'Atlantico – da aggiungere a quella che normalmente affligge gli italiani –, chiedesse i diritti per la trovata, aumenterebbe il deficit nazionale.

Questa è aneddotica spicciola, ma per dare un'idea di come ognuno fa i suoi comodi, su otto puntate di una trasmissione tre sono state annunciate dagli spot nei giorni sbagliati. Senza che nessuno ne rendesse conto. O si scusasse per l'insistenza. Il motto è, infatti, «di tutto, di più».

C'è una sede a New York che non l'ha neppure la Bbc, tre corrispondenti, uno per rete, più quelli che ogni quindici giorni, secondo usi di altre stagioni, si danno il cambio, e vengono mandati negli Usa in viaggio premio per trasmettere qualche notizia di agenzia e qualche filmato registrato su piazza.

Il colpo formidabile è che ti dicono, sempre che se qui sono le 22.30, laggiù sono invece le 16.30: e c'è una bella differenza, oltre che di fusi, tra chi va a spasso e chi va a letto.

Si parla di garanti: e forse è cominciata la manovra per le nomine. Come debbono essere: con un passato socialista, pci, o democristiano? Debbono piacere a Napolitano o a Spadolini? Serve qualche «segnalazione»? Facciamo subito un convegno? Su tv e cultura magari, che va sempre bene? E un comunicato sindacale?

Andreotti diceva che in manicomio c'erano due tipi di matti: quelli che pensavano di essere Napoleone e quelli che credevano di risanare le ferrovie. Poi, aggiungo, quelli in stato più avanzato: che si consideravano Giuseppina e inventavano riforme della Rai. Forse tra questi folli irrecuperabili ci vuole qualcuno che riparta da zero: se cambieranno le facce della nomenklatura, è il caso di adeguare anche lo specchio. Accadrà quando il servizio pubblico sarà gestito come un'impresa privata: con il rispetto di scadenze, budget, e soprattutto degli abbonati. È finita l'epoca del buon Švejk, quando il soldato non doveva pensare, perché provvedevano i superiori. Ora con un referendum è possibile mettere in moto una rivoluzione. Che in questo settore, poi, non avrebbe tantissime teste da tagliare.

29 aprile 1993

ARRIVANO I PROFESSORI

È venuta finalmente l'ora della Rai: il Parlamento ha scelto cinque cittadini di buona reputazione perché provvedano a sistemarla. Non so se le vie dell'etere hanno gli stessi problemi delle strade ferrate, ma sono sicuro che li attende un compito impegnativo.

Dice Pippo Baudo che i cinque eletti dichiaravano, a suo tempo, con snobistico distacco, che la tv non la guardano mai, ma forse non è questo l'aspetto più angosciante della faccenda.

Come assicurava il saggio protagonista di un vecchio film americano: «Per dire che un uovo è marcio non occorre essere una gallina» e poi il piccolo schermo è come *Novella 2000*: le signore confessano che la leggono dal parrucchiere. A me non risulta che in Italia esistano mezzo milione di acconciatori.

Eduardo De Filippo chiamava con sarcasmo il televisore «quell'elettrodomestico». Lo è: ma nel bene e nel male, e oltre a parecchie colpe ha anche qualche merito. Ha fatto, per l'unità degli italiani, quasi quanto Garibaldi: adesso parlano almeno la stessa lingua, mentre durante il Risorgimento si sparavano addosso perché non si capivano.

Dopo gli anni di Ettore Bernabei – che mi ostino a non considerare cupi perché, invece di Gigi Marzullo, entrarono a via Teulada Emmanuele Milano, Fabiano Fabiani, Ugo Gregoretti, Furio Colombo, Umberto Eco, Giuseppe Lisi, e di sicuro scordo qualcuno (si faceva, per esempio, della grande divulgazione, in un Paese che aveva dimenticato i Manuali Hoepli, e le benemerite edizioni Sonzogno) – in nome di un sano pluralismo arrivò la lottizzazione: che faceva finire la dittatura democristiana, ma aggiungeva nuovi commensali per la spartizione della torta.

Non bastavano più le tessere di partito, ma si era sensibili anche alle correnti: e le politiche sono più insidiose di quelle del golfo.

C'erano i craxiani e i martelliani, la sinistra dc e la destra, e se il presidente credeva nel Garofano, gli Sgaravatti della democrazia esigevano che il direttore innaffiasse il Biancofiore.

Sono convinto che la spartizione è più dannosa di Tangentopoli: perché la bustarella è quantificabile, mentre le conseguenze di un fesso al posto sbagliato le ritengo incalcolabili.

Se i cinque samurai sono forniti anche di una spada hanno parecchi tagli da fare, vedi il capitolo spese. Programmi realizzati con estenuanti ritardi, preventivi più sballati di quelli dello stadio Meazza e del Piccolo Teatro di Milano, troupe che si inseguono sullo stesso posto pestandosi i piedi, disguidi, in fondo, rimediabili.

Ma chi avrà la forza di ordinare ai 13.000 dipendenti: «Da oggi dovete considerarvi liberi?».

Questo è davvero un nobile compito. Perché gente di talento e perbene ce ne è in abbondanza anche a Saxa Rubra ma ha dovuto recitare cattivi copioni, e adesso deve affrontare il rischio della commedia dell'arte. Ognuno sarà responsabile, spero, delle sue battute.

Abbiamo un infinito campionario di possibili generi televisivi: c'è la tv spazzatura e la tv verità, c'è l'informazione spettacolo e lo spettacolo con la presentatrice che gioca all'intervista, c'è la tv urlata e quella che addormenta, c'è la tv che dà voce alla piazza e quella che la dà ai commenti di Sandro Curzi; servirebbe anche un po' più di tv credibile, discreta, magari non targata.

È un'azienda molto complessa quella di viale Mazzini, con sedimenti provocati dal variare dell'autorità, con gli inevitabili compromessi: una Rai che qualche volta ha creduto di dare spazio alla cultura mettendo in onda una rubrica sui libri o con la cronaca, estenuante, di qualche premio letterario.

Forse è per questo che il papa, che guarda il *Tg1*, il tennis, lo sci e, riferiscono, un po' meno il calcio, la trova frivola e dice che distrae la gente dalla meditazione e dalla preghiera.

I cinque nuovi consiglieri possono finire prigionieri dei vecchi apparati che, logicamente, tendono a chiudersi in difesa; e d'ora in poi diano magari un'occhiata, oltre che ai bilanci, anche ai programmi.

Gli italiani, credo, dopo tante, troppe avventure, tanta cronaca esasperata, sognano giorni pacati; che forte scoop sarebbe anche una televisione «normale», rispettosa, voglio dire, della realtà, vista senza lenti colorate.

11 luglio 1993

LA LIBERTÀ È UNA CLAUSOLA?

«Di tutto, di più.» Non è solo uno slogan della Rai, è un motivo nazionale. Non c'è giorno che non porti, e quasi sempre esasperata, una notizia che è una conferma. Prima sembrava che le mani sporche fossero solo quelle dei politici, poi si è scoperto che anche gli organi tattili degli industriali sono prensili: fondi neri, bilanci truccati, appalti con l'imbroglio. Poi si sono accusati i sindacalisti, perché è quasi ovvio che anche il mondo del lavoro deve essere rappresentato nella grande abbuffata, e dopo si è scoperto che il partito degli onesti non esiste altro che come promessa elettorale, e infine che il segretario amministrativo del Pds ha ricevuto una busta gialla, che contiene un avviso di garanzia. C'è la faccenda di un conto svizzero denominato Gabbietta, 621 milioni, una sciocchezza in fondo (Bettino Craxi deve fornire qualche ragguaglio su 207 miliardi), sulla quale i giudici milanesi vorrebbero qualche spiegazione. Il compagno Greganti, che di sicuro appartiene alla vecchia scuola, quella che teneva duro anche di fronte all'Ovra e al Tribunale speciale, sul delicato argomento ha saputo mantenere il massimo riserbo. Botteghe Oscure smentisce, ma ormai nessuno si salva dall'ombra del sospetto.

In questa estate segnata dalla cronaca nera e dalla crescita paurosa di quello che gli economisti, con gelido linguaggio, chiamano «tasso di disoccupazione», si inserisce anche qualche nota comica, che un poco stempera il clima tragico. L'onorevole Matarrese, per esempio, che si piazza nei primissimi posti tra gli assenteisti di Montecitorio, e che forse ha ispirato il programma «Chi l'ha visto?», ha annunciato che alle prossime elezioni non si ripresenterà. Ma chi avvertirà la sua mancanza?

Pettegolezzo, dirà qualcuno; ma cosa è stata la cronaca delle vacanze, se non un susseguirsi di tanti fatti truculenti, con protagoniste quasi sempre le donne, che se non le strangolavano i soliti uomini violenti, provvedeva la mamma? Che titoloni in prima pagina!

E la foto della defunta sconosciuta, che ci ha inseguito per alcune sere dai tg, povera creatura abbandonata sulla solita spiaggia, senza nome e senza storia?

E i deficienti di Milano, i benestanti con cabinato (o gabinato, come direbbe Umberto Bossi) che vanno in Sardegna per abbattere una roccia sulla quale il vento ha disegnato una tartaruga?

Oltre al trionfo del mostro, c'è stata la glorificazione dei cretini, vandali o razzisti, che si sono avventati a Sassari su un disgraziato manovale marocchino, e a Riccione, con magliette regolamentari decorate dalle immagini di Hitler e di Mussolini, su una «sporca negra». Nel festival dell'horror non poteva mancare la presenza di ragazzi razzisti: li abbiamo riempiti di vitamine, forse ci sarebbe voluta anche qualche idea della vita.

Una nota distensiva, un motivo di serena evasione, l'hanno fornita alcuni protagonisti del teleschermo di Stato: alludo ai colleghi Lilli Gruber e Michele Santoro. Non c'era, ogni giorno, solo incertezza sul destino di Sarajevo, ma anche sulla sorte del conduttore di «Samarcanda»: Rai o Fininvest? Cedeva alle lusinghe del dottor Berlusconi o alle promesse del duo Demattè-Locatelli? C'è chi lo ha definito «Gran Visir dell'informazione», chi gli riconosce il merito di aver dato voce alla piazza e di avere addirittura inventato un genere: e chi lo sistema, nell'organigramma della tivù pubblica, al vertice, con presidente e direttore generale relegati in ruoli minori.

Esagerazioni: ma non riesco a capire quale «autonomia assoluta» debba essere riconosciuta, per contratto, al bravo Santoro, di cui lui non abbia già goduto, si fa per dire, in passato. Non ha sempre detto quello che voleva, non ha scelto temi e collaboratori? La libertà che cosa è diventata, una clausola? E uno apprezzato come lui, oltre alla nomina a vicedirettore, non può anche chiedere un adeguato compenso? Non mi dirà che si sente inferiore ad Aldo Biscardi, e che Berlusconi non gli riconosce la stessa tariffa, anzi, anche qualcosa di più, se dovesse essere pretesa la parità di sintassi.

Del resto, tutta la RaiTre si è fatta apprezzare per le qualità innegabili di Angelo Guglielmi e compagni, non solo in senso politico, ma anche per l'assoluta indipendenza. Ricordate le corrispondenze dagli Usa di Lucio Manisco durante la guerra del Golfo? Un inno, credo, alla tolleranza di quel Paese, e non facciamo confronti con quella che dovrebbe essere la patria ideale dell'onorevole di Rifondazione.

Adesso la Rai ha finalmente scoperto di avere un vecchio padrone: l'Iri, mentre prima comandavano i partiti, che ancora oggi, secondo attendibili rilevazioni, godono di qualche premurosa attenzione: la Dc su RaiUno, il Psi ancora su RaiDue, la Quercia su RaiTre.

Solo la signorina Gruber continua a scandalizzarsi perché Bruno Vespa considerava la Democrazia cristiana «l'editore di riferimento»: quando lavorava con Alberto La Volpe non si era accorta della simpatia che circondava alcuni autorevoli socialisti? Ma non era lei che voleva convincere l'ambasciatore d'Israele, durante un'intervista, alle sue tesi?

Ma chi le ha detto che quello è «un impegno civile»? Ma non basterebbe cercare di fare lealmente la propria parte, il che non esclude affatto un punto di vista? Ma chi ha il monopolio della verità? Ma non è già importante avere, per gli inevitabili errori, l'attenuante della buona fede? Ma chi ha i titoli per dare la patente di democratico?

Ciò che impressiona in questo balletto di interviste, di polemiche, di smentite, è un abuso di sentenze e di certezze. Sembra di leggere un bollettino di guerra. Firmato Gruber, Santoro e via dicendo. Ma guerra contro chi?

5 settembre 1993

IN NOME DELLA GENTE

Forse anche in televisione qualcosa sta cambiando. È sempre lo specchio, più o meno deformato, di ciò che accade nel Paese. Ampliato dalla stampa che fa eco a ciò che appare sul teleschermo, fatti e figure, con particolare attenzione per le inevitabili coglionate.

Il cittadino adesso scopre che Crotone è in Italia, e quello che accade laggiù vale anche per Vigevano. Si accorge che è arrivata l'ora dei sacrifici, e non regge più l'antica trovata: «Intanto comincia tu». Certi vecchi ritornelli - «informazione democratica», «società civile» - mostrano la corda: meno slogan e più notizie, meno comparsate e più storie.

I telegiornali non possono essere i notai della politica: è scomparso il «pastone» dai quotidiani, quel cocktail di flash di agenzia e di veline, e non è più accettabile la diapositiva di Montecitorio, o la solita ripresa delle auto blu che entrano a Palazzo Chigi, sfondo rituale al bravo giovanotto che racconta, tanto per fare qualche nome e per accontentare il suo sponsor, irrilevanti vicende del piccolo cabotaggio governativo.

È venuto il momento di scegliere, bisogna dire «sì» o «no», come esorta il Vangelo, per chi crede, e la logica, per chi ha rispetto del proprio lavoro.

Basta con i forse; stiamo vivendo ore confuse e dilaga la cultura del sospetto. La voce incosciente diventa sentenza: alcuni ladri finiscono in galera, ma intanto crollano miti e scricchiolano reputazioni. Via con gli onorevoli, gli imprenditori, i portaborse, poi sotto con i giudici, i giornalisti, i banchieri. Il trionfo della giustizia ha come presupposto il massacro?

Non c'è più spazio né per le liste spese truccate, né per le sparate demagogiche, sempre fatte, ovviamente, in nome della gente: che poi non si è ancora stabilito con chiarezza chi è, e di norma la parola, in certi momenti, se la prende da sola.

Condivido quanto dice Walter Veltroni: cambierà la televisione e cambieranno i giornali. È augurabile che smettano di urlare, e aiutino il pubblico ad ascoltare e a capire. C'è un limite sempre più evidente tra cronaca e spettacolo, tra uno sketch di varietà e una intervista. Non basta dissacrare, anche perché non si sa che cosa non è stato ancora screditato.

Da sempre ho una profonda disistima per il cacciatore di scoop, per l'inventore della domanda provocatoria. Ricordo che una volta il mio amico Paolo Grassi era rimasto turbato da come un collega aveva avviato il colloquio: «Dottor Grassi, dicono che lei è impotente». Mi chiese: «Che cosa gli avresti detto?». Ero imbarazzato anch'io; poi tentai una risposta: «Sull'argomento possono esistere diverse scuole di pensiero, mentre mi pare certo che lei è un cretino».

Due episodi recenti mi hanno, in certo senso, stupito: Piero Chiambretti che, a Venezia, chiede a Cecchi Gori padre conferma della voce che vuole il figlio cornuto per colpa di un allenatore di calcio. La reazione del presunto becco, che evidentemente ha un diverso concetto della satira, è stata comprensibilmente violenta: e ha rivelato le difficoltà che già erano avvertibili nei blitz del vivace Pierino. Che è di sicuro un comico di talento, ma nei suoi scatenati travestimenti, nei suoi dialoghi, sbaglia con una certa frequenza la scelta della spalla.

Lui è, come si dice, di sinistra, e non deve però stupirsi se qualcuno, che si sente umanamente offeso e che ha una natura poco portata alle invenzioni spiritose, reagisce con il destro. Sbaglia, per un qualunquista e conservatore come me, quando tenta di andare a fare il suo numero in tribunale, dove c'è chi soffre, o dal cardinale Carlo Maria Martini, con sottobraccio il libro fotografico di Madonna che ha in copertina il significativo didietro della diva, perché l'arcivescovo di Milano non è una macchietta, ed è volgare e oltraggioso quando affronta il ragazzo Craxi e gli dice: «Bobo e i 40 ladroni». Doveva, caso mai, lui che si considera rappresentante dei derelitti, andarlo a dire a papà. Che non avrebbe apprezzato, forse, «l'immaginario popolare», come lo chiama l'ispiratore, o alter ego di Chiambretti, Tatti Sanguineti.

La piazza può esultare perché si puniscono i ladri, ma non dovrebbe gioire vedendo uno che va a scherzare, mascherato da forzato, davanti a San Vittore.

Piero Chiambretti, ripeto, è bravo: e che bisogno ha di ricorrere a espedienti crudeli per provocare una risata? Davvero il suo problema, come leggo, è «mordere»? E se invece fosse abbaiare?

E smettiamola, anche stavolta, di tirare in ballo la libertà di informazione: proprio RaiTre ha detto tutto quello che voleva, ha fatto, ed è stata apprezzata, l'opposizione in un sistema televisivo regolato dal potere. Non confondiamo gli insulti con le idee.

Tutto è in movimento, e non si capisce in quale direzione: vedo, dalle dichiarazioni di Michele Santoro e di Sandro Curzi, disponibili a passare da Silvio Berlusconi, che si delinea anche un recupero della professionalità. Con tutto quello che si è detto di Sua Emittenza in quei paraggi, mi sembra un episodio indicativo. Come diceva un personaggio di un film della Monroe: «Dove è il lavoro, ivi è la mia patria».

Ma forse Sandro Curzi può restare dov'è: un gruppo di «prestigiose firme» del cinema, «allarmato per le dimissioni del direttore del *Tg3*», rivolge un appello al presidente della Rai Claudio Demattè perché le respinga. Ci risiamo. E non c'è proprio nessuno che si agita per Albino Longhi e Alberto La Volpe? Dove va a finire la completezza? E l'Usigrai, dov'è l'Usigrai?

26 settembre 1993

I FUSTI DELLA TELECAMERA

Il rapporto tra stampa e televisione mi ricorda la favoletta inventata da un vecchio umorista, Gandolin. C'erano due fidanzati che volevano dar prova della reciproca tenerezza. Lui si fece fotografare mentre esibiva una istantanea di lei. Lei ricambiò subito facendosi ritrarre mentre mostrava l'amato bene, colto dal lampo di magnesio intento a mettere in mostra l'immagine della gentile ragazza. E continuavano.

È una partita a ping-pong quella che si gioca tra il piccolo schermo e i giornali. Fatti e personaggi rimbalzano dalle cronache registrate a quelle scritte. Forse perché la tv, come il calcio, si presta alle chiacchiere e ognuno è libero di mettere in campo la sua formazione.

Ho sotto gli occhi qualche resoconto del debutto del popolare Gianfranco Funari rientrato in squadra alla Fininvest. Purtroppo mi sono perso quella serata che deve essere stata senz'altro memorabile. Tutti riportano una battuta: «Questa trasmissione metterà un dito nel culo al Futuro». A parte la disponibilità dell'Avvenire e i gusti del conduttore, un interrogativo si impone. Funari è forse di destra? Come è noto gli intrattenitori di sinistra (vedi anche «Cielito lindo») citano invece con ossessiva frequenza il cazzo: «Che cazzo vuoi?» come se poi il campionario fosse vastissimo, o «Che cazzo dici?», lasciando ancora supporre una inesistente varietà dell'oggetto.

Non scandalizziamoci: la storia pullula di personaggi che si sono fatti notare anche con una sola parola, e Funari, mi riferisco a qualche precedente puntata, conosce certamente Cambronne.

Funari ha dalla sua il pubblico e gli sponsor: piace, credo, la sua franchezza, quella cordiale aria di Trastevere che si porta dietro: «Ah Gigé». Fa venire in mente il povero Claudio Villa che aveva una legione di devoti. Gli chiesi: «È vero che le baciano la mano?». «Me la magnano» rispose. Sarà così, penso, anche per Funari, che però non si fa travolgere dalla vanità, se è vero che si definisce «un giornalaio». No, lui è Walter Cronkite di Tor di Nona, e Retequattro la nostra Cbs. Sinceramente io mi considero un beneficato da Silvio Berlusconi, senza di lui la Rai sarebbe stata non solo un monopolio ma anche uno strozzino: esagerava con gli appalti e scarseggiava con le paghe. Capisco e stimo Mike Bongiorno, il primo arruolato, e fu una fortuna; non riesco sempre a capire tutte le trovate successive.

Berlusconi è anche autore di un saggio su Tommaso Moro e promuove i concerti alla Scala: davvero tutto fa audience e tutto fa spot? E alla Rai, quando esaltano le urla della piazza, spiegano che danno voce alla gente: ma non siamo tutti un po' confusi?

Non mi impressiona tanto l'uso disinvolto e spontaneo del vocabolario: anche Mao, come Bossi, parlava di scorregge, ma è evidente che tra questi due politici c'è una qualche differenza.

Mi colpisce la celebrazione quotidiana, ossessiva, smodata dei fasti e dei fusti della telecamera. Le sorelle Carlucci hanno avuto più articoli delle sorelle Brontë (scrivevano).

Nessun Paese di questo mondo dedica tante pagine alle monotone avventure del video. Forse è il momento di ricomporsi. Tutti hanno il diritto di esporre le loro idee, che meritano rispetto, come la sintassi, del resto, ma chi fa il cronista dovrebbe trascurare il varietà, e la signora Raffaella Carrà potrebbe convincersi che le interviste le fa meglio Oriana Fallaci. Anche se, come dicitrice, preferisco Valeria Moriconi. Mi pare sbagliato, insomma, a parte divergenze economiche, mettere al bando quelli del Bagaglino, per poi sgonfiare il prossimo con le tiritere di «Cielito lindo»; e mi dispiace che abbiano tirato in ballo Michele Serra. Non credo che il Leoncavallo sia l'Alcazar della democrazia.

Ho una età che si presta più ai necrologi che alle polemiche, e non credo affatto che il passato, secondo una celebre definizione, caro Funari, abbia il culo più roseo, ma questo guazzabuglio che coinvolge tutta l'informazione non contribuisce a raddrizzare la dissestata Patria.

Non mi sembra che i prossimi tempi si annuncino brillanti; quella tra la Rai e la Fininvest è una guerra tra poveri. Finita la stagione in cui Berlusconi mandava fiori e brillanti alle soubrette: è probabile che adesso andrebbe volentieri a prenderli indietro.

Non credo poi che per animare un telegiornale basti cambiare sigla o leggere le notizie senza cravatta, in piedi, o seduti sul tavolo: basterebbe, insegnava uno che se ne intende, dire ogni giorno anche una piccola verità in più. Sappiamo tutti che la tv rappresenta l'unico appuntamento per questo popolo, che la tv ha dato un linguaggio comune, e anche il riso, caro Serra, i cioccolatini di Ambrogio e le merendine tanto latte e poco cacao, e certamente ha riempito delle solitudini e spiegato e insegnato qualcosa.

Il televisore non è solo un elettrodomestico, come diceva Eduardo De Filippo, ma non è neppure un empireo, con tanti angioloni e provvisorie divinità.

L'organigramma della Rai è diventato un evento come il mercato dei calciatori e il Festival di Sanremo. A me importa poco chi riempie le caselle, se è di area laica o cattolica, mi interessa come riempie le serate. Per ora siamo fermi alle tasche. Per favore: di tutto, ma di meno.

31 ottobre 1993

PENNE SPORCHE E VELENO

Per *l'Unità* i traviati erano 10, per i tg della Rai erano 7, per i ben informati 4: fino a questo momento risultano 3.

Due non li conosco, uno è mio amico. Si chiama Giuseppe Turani. Per me è Peppino. Lo considero il più bravo a raccontare, e a spiegare, le vicende dell'economia. Non ho ancora avuto la forza di parlargli; e mi pare impossibile che abbia venduto la sua vita per un certo numero di milioni. Che si sia dichiarato prigioniero di una borsa di soldi.

Siamo all'accusa: aspettiamo, come per tutti, la sentenza. Dico subito che preferirei fosse pronunciata dai giudici con la toga. Perché non ho una stima senza condizioni della mia categoria.

Una precisazione; desidero che questo discorso sia

leale. Ero amico anche di Raul Gardini. A titolo gratuito. Sono perfino andato ai suoi funerali. Dovrei spiegare il perché, ma forse in un'altra occasione.

Devo anche aggiungere che non sto qui a propormi come esempio di virtù. Faccio questo mestiere da oltre mezzo secolo e nessuno, dico nessuno, mi ha mai offerto denaro in cambio di aggettivi o di silenzi. Dunque, come le brutte ragazze, non ho mai avuto l'occasione di dire no.

Non mi meraviglio se, anche tra i giornalisti, c'è qualche corrotto: mi pare quasi fisiologico che in Tangentopoli accanto a politici, a giudici, a imprenditori, a portaborse, ad avvocati e a burocrati ci sia una rappresentanza della stampa.

Gli iscritti all'Ordine professionale sono alcune migliaia; tra i dodici che andavano in giro a predicare il Bene un paio, se ben ricordo, caddero in tentazione: uno tradì, l'altro rinnegò.

È quello che accadde che rende grave, e unica, la corruzione del nostro Paese: non è una serie di casi, è un sistema.

In questo momento si processano le tangenti, ed è sacrosanto. Ma, per restare nelle vicende che riguardano il mio lavoro, anche tra coloro che oggi predicano ci sono i beneficati del vecchio potere e della lottizzazione: tra un posto immeritato ottenuto con i favori e una busta incassata per contanti c'è poi tanta differenza, da un punto di vista morale? E certe carriere che hanno fatto seguito ad ardori sindacali sono un modello di correttezza?

E questa corporazione, che adesso è invitata, o costretta, a un esame di coscienza, come si è regolata da quando in tribunale si è parlato di Penne Sporche? Che ne dice delle voci, dello sconcio balletto di nomi, sussurrato, ma non tanto, nelle redazioni e nei corridoi del Palazzo di giustizia? Quanti elenchi di «firme importanti» hanno inventato, nella disonesta caccia alle streghe, alcuni cialtroni dall'incerto avvenire. «La colleganza» affermava un famoso avvocato «è odio vigilante.» C'è più veleno nella carta stampata che nelle farmacie del dottor Poggiolini.

La nevrosi dello scoop, la stupidità incoraggiano giochi crudeli. L'impresa più difficile è poi la difesa di un innocente: complicato è trovare delle attenuanti.

È vero quello che diceva il direttore di un popolare quotidiano di Parigi: ormai viviamo di due mammelle, l'informazione e la smentita. Che non ripara mai, che non rimedia al dolore, alle reputazioni offese.

Dobbiamo fare in modo, penso, che il lettore, per trovare qualche verità, non debba rifugiarsi nei piccoli annunci. Già si è accorto che anche i cronisti appartengono al genere umano: con tutte le debolezze. Lo scandalo è stato finalmente rivelato: ora aspettiamo le prove. Basta con le «notizie» diffuse a bassa voce. Non mi risulta che tra gli esercizi delle nuove scuole di giornalismo ci sia la lettera anonima.

14 marzo 1994

IL DELIRIO DELL'AUTOCELEBRAZIONE

Lo capisco: è antipatico, anche se è comodo, parlare di sé, ma qualche volta non posso proprio farne a meno. So, per esperienza, che cosa significa la popolarità televisiva, e mi rendo conto come possa agire pericolosamente su psicologie fragili.

Mi capita, ogni tanto, di essere oggetto di spontanee manifestazioni di cordialità; gente che si avvicina e mi saluta: «Buongiorno, dottor Levi, come sta?».

Io, che sono di natura un po' introversa, rispondo con un mesto sorriso: «Bene, e se lo vede, mi ricordi a Biagi».

È ovvio che la stampa si occupi di chi compare con una certa frequenza sul piccolo schermo: ci sono facce che diventano consuetudini. Ma forse si sta esagerando: sembra che il problema della Seconda Repubblica non sia l'economia, ma la Rai-Tv.

Non conta tanto l'inflazione, ma quante emittenti staranno in piedi, che cosa farà Vespa, cosa pensa della situazione in genere la signorina Valeria Marini, che hobbies hanno i conduttori del tg, sia quelli che pongono stando seduti, come gli impavidi che affrontano le notizie in piedi.

Sono convinto che i Professori del consiglio di amministrazione e Demattè e Locatelli riusciranno, se li lasciano respirare, a pareggiare i conti, mentre credo sia quasi impossibile ristabilire in viale Mazzini e dintorni un clima di normalità.

Ho letto qualche anticipazione del diario di Gianni Pasquarelli, e mi ha colpito, perché è vera, una osservazione a proposito di presentatori di programmi, giornalisti e via dicendo: «Gente professionalmente brava, che però lavora in Rai come se della Rai fosse padrona».

È infatti così. È vero che anche i dipendenti dell'ente sono cittadini e godono di tutti i diritti, compreso quello di critica, ma non mi è chiaro perché un pur bravo conduttore, mi riferisco a Santoro, dichiari la sua disponibilità a cedere un paio di reti. Bisognerebbe chiedere anche a Fiorello, che di piazze se ne intende, come vede il problema.

Voglio dire che se un validissimo ingegnere della Fiat concedesse interviste per far sapere il suo progetto per sistemare l'azienda: chiudere, ad esempio, il reparto verniciatura, e smetterla con le cilindrate piccole, non credo che il dottor Romiti apprezzerebbe l'iniziativa.

Non esiste redattore della carta stampata che non abbia qualche riserva sulla gestione del suo giornale, e una idea di come sistemarlo, ma di solito la scena si svolge in redazione, o nei corridoi, anche perché mentre sono vietati i licenziamenti c'è sempre la facoltà di dimettersi.

Ma si possono mutare costumi che sono il risultato di infiniti compromessi e di insistenti lottizzazioni? C'è un delirio di autocelebrazione, tutti bravissimi, con spanciate di inni alla professionalità: ma che dire di una programmazione che ha un così scarso rispetto degli orari, che neppure le ferrovie ci riescono, e quindi del cosiddetto utente? Esistono forse quotidiani che escono con mezza pagina in più? Ma si può sballare di un'ora un varietà?

È legittimo, abbiamo appena celebrato il 25 aprile, avere delle opinioni o, come accade in molti casi, prenderle in prestito; ma basta essere progressisti per trasmettere, invece dei consueti consigli per gli acquisti, questo suggerimento al futuro presidente del Consiglio: «Vaffa'», precisando anche la località? È evidente che il «garante», che doveva vagliare sulla correttezza della campagna elettorale, e che di solito è assopito, ha avuto qualche sussulto, anche se in definitiva non si trattava di un ordine, ma di un invito.

C'è una insistente assegnazione di patenti: ma chi lo ha detto, ad esempio, che basta essere antifascisti per essere democratici? Non mi risulta che Iosif Stalin avesse simpatia per Hitler o per Mussolini. E chi ha stabilito che l'etichetta di progressista coincide con un elevato quoziente di intelligenza? È regola che il comico «di sinistra» debba sfoggiare un'aria lievemente sozza? Petrolini sbagliava a farsi la barba? D'accordo: alla Rai di tutto, ma non di più. C'è un amore di se stessi che mi pare troppo corrisposto.

28 aprile 1994

LA RAI NON C'È PIÙ

Una volta circolava una battuta che diceva: «In Rai hanno assunto cinque giornalisti: due democristiani, un socialista, un comunista e uno bravo». Nella facezia c'era del vero, ma per la tanto auspicata completezza dell'informazione mi corre l'obbligo di aggiungere che qualche riguardo veniva usato anche con i socialdemocratici, con i liberali e i repubblicani. Ci fu una riunione per decidere delle promozioni, e la signora che rappresentava l'edera non ricordava più il nome del suo raccomandato: esistevano due dipendenti con lo stesso cognome. Ma poi il caso, dopo una breve ricerca, venne risolto facilmente.

Nella sua lunga storia la tv pubblica ha capitoli assai discutibili ma, a mio parere, anche meriti innegabili. Adesso nessuno si stupisce se si parla con disinvoltura di preservativi, ma fu data notizia dell'entrata in vigore della legge Merlin senza citare i casini. Uno sciocchino presentato come comico, poche notti fa, su RaiTre, illustrava con dei pupazzetti le invenzioni del *Kamasutra*, e pensare che facevano scandalo le eterne gambe delle sorelle Kessler. A un film, *L'amante del bandito*, in nome della decenza venne cambiato il titolo: *La moglie del bandito*.

In un tg, a nome del governo, ci fu chi esaltò la superiorità del baccalà in confronto del volgarissimo filetto. Ma perché stupirsi tanto? Al *Corriere* Mario Missiroli pregava l'inviato Egisto Corradi, che doveva raccontare la storia di una contessa veronese scappata con l'autista, di omettere un particolare: che l'adultera era una nobildonna. Il massimo dell'improvvisazione si esercitava nelle «tribune politiche»: anche se si esibivano, foglietto alla mano, alcuni prestatori d'opera specialisti in domande «provocatorie». Tutto, a eccezione della santa messa, il cui svolgimento era prevedibile, veniva registrato. Funzionava anche la censura, affidata spesso a insospettabili funzionari: ricordo un comunista cattolico, assai severo, e un amico di Giuseppe Saragat, che vedeva ovunque agenti di Botteghe Oscure.

Venne inventata, in un clima già paludoso, la terrificante figura del moderatore: buttava acqua su un lago. E invece ci sarebbe stato bisogno di animare.

Ma la Rai, anche con le sue deformazioni dovute a quel mezzo corruttore che è la telecamera, che esaspera tutto, e in particolare la vanità, è stata ed è lo specchio di questo Paese. Del potere dell'ossequio, che di solito lo accompagna, delle infinite contraddizioni. Ma ha espresso, nel bene e nel male, il colore del tempo: e non è colpa di viale Mazzini, per esempio, se una volta l'asilo politico lo chiedeva Sandro Pertini e adesso, con motivazioni diverse, lo invoca Bettino Craxi.

Come ha sempre fatto, l'informazione si adegua. La mattina del 25 luglio 1943, da via Solferino, partiva una lettera di un noto inviato indirizzata a Badoglio: «Signor maresciallo, sono sempre stato dalla sua parte. Mi dia la direzione di un giornale». Tanto stupore se a via Teulada c'erano volonterosi giovanotti e disponibili ragazze pronti a far da spalla a qualche leader per gli spot elettorali? Poi si sono, come è ovvio, ravveduti. Già lo disse il poeta: «Itala gente dalle molte vite». C'è un fondo di innocenza anche in questi trasformismi che fanno parte del carattere nazionale. Non esisteva ente pubblico che non fosse gestito secondo il famoso manuale Cencelli: di solito, alle forze di complemento, vedi i saragattiani, venivano assegnate le vicepresidenze.

Qualche volta accadeva che al posto giusto, non fosse altro che per ragioni statistiche, arrivava una persona competente. Capitò a via del Babuino, vecchia sede del potere radiotelevisivo, un onestissimo ingegnere, che aveva una spiccata vocazione religiosa ma scarsa propensione per lo spettacolo: propose, come prima iniziativa, di scritturare Ruggero Ruggeri di cui conservava un buon ricordo. Ci fu un certo imbarazzo a spiegargli che lo impedivano obbiettive difficoltà: era morto da qualche anno.

Questo è il momento della revisione storica e delle rivolte, delle denunce e delle minacce. Parlano tutti. Chi vuole controllare le spese. Chi vuole controllare le assunzioni. Chi vuole controllare le sedi. Chi vuole controllare le nomine. Chi vuole abolire la pubblicità. Chi vuole abolire una rete. Chi proporre la tv dei professionisti: quella dei dilettanti c'è già. E chi quella dei privati. Poi c'è chi cerca di mantenere il posto e chi invece ne aspetta un altro. Viale Mazzini vive in perpetua agitazione, mentre imperversano denunce e deplorazioni. Tutti hanno diritto, si capisce, di cambiare idea e anche casacca: il guaio è che di solito i convertiti, folgorati dalla grazia, non si battono il petto, ma salgono anche sul pulpito.

Scandalizzo se oso dire che la Rai-Tv, anche se non è, come ripeteva la canzoncina, la Bbc, ha nel suo passato anche molte pagine dignitose e tanti programmi meritevoli di rispetto? Che i varietà di Antonello Falqui, per esempio, godevano di un apprezzamento internazionale? Che è la Rai che ha fatto i «Clown» di Federico Fellini e «Prova d'orchestra»? E il «Pinocchio» di Luigi Comencini? E anche le «Canzonissime» di Garinei e Giovannini? E dei buonissimi sceneggiati? Che ha lanciato Mike Bongiorno, un collaudato professionista, e Renzo Arbore, e mostrato l'America scoperta da Beppe Grillo, e presentato il professor Kranz del geniale, anche come scrittore, Paolo Villaggio, e i talk-show di Maurizio Costanzo, e anche inchieste giornalistiche coraggiose, e rubriche scientifiche e divulgative che di sicuro hanno migliorato le conoscenze della gente?

Tutti questi eccellenti personaggi hanno fatto la Rai, ma debbono riconoscere che è la Rai che gli ha permesso di rivelarsi. Alla Ferrari, a Maranello, c'erano tecnici di primissimo ordine, ma quelle macchine straordinarie avevano bisogno della «presenza» di quel magico meccanico, «ingegnere» per meriti non accademici. La Rai ha favorito dei talenti.

Penso da sempre che per l'unità linguistica dell'Italia, per il suo costume, abbiano fatto più i programmi del discutibilissimo ente che certi eroi delle patrie vicende. È criticabile l'autocrate Ettore Bernabei, che rappresentava la maggioranza, ma si dovrebbe ammettere che sapeva gestire l'azienda, che non amava circondarsi di cretini e che l'ha aperta a voci e a esperienze per quella stagione inconsuete. Certo, la democrazia si misurava con le clessidre: come se non fosse bastato un minuto a Giancarlo Pajetta per mettere nel sacco l'onorevole Covelli. È una tendenza che permane, specialmente nei radicali, quella di considerarsi vittime dell'orologio: poche occasioni e brevi comparsate. Ma il diritto di parola ha in effetti scarso valore se nessuno vi ascolta. C'è stato un momento in cui il Partito liberale aveva dalla sua gran parte della stampa: non trovò mai adeguata corrispondenza nell'elettorato. Di solito si incoraggiano quelli che già credono. È difficile convogliare il consenso verso posizioni e programmi politici. Con tutto questo è vero che esistono giornalisti che non si preoccupano di ciò che è accaduto ma di quello che si vuole dimostrare.

L'indipendenza non si ottiene con gli ordini di servizio, quando apparire conta più che saper fare. E sono sempre, e ancora, i partiti che comandano, e che vogliono contare: e non c'è bisogno che chiedano, perché sono tanti quelli che offrono.

La Rai non c'è più: questa è la conclusione. E non c'è più chi guarda lontano, perché si vive, tra un attacco e l'altro, alla giornata. Tanti piccoli feudi che si difendono strenuamente. E come soluzione per cercare una difficile indipendenza si pensa ai garanti. Un'altra trovata ridicola: ognuno deve provvedere a salvaguardarsi. Ma chi si erige a tutore della libertà, del rispetto per gli altri, della correttezza? Ma come si fa a dirigere la Rai se non si riesce neppure a far rispettare gli orari? Ma in quale televisione al mondo, compresa TeleKabul, il rispetto della puntualità è un optional? Ma in quale impresa i dipendenti suggeriscono la liquidazione? E la concorrenza delle «private» non ha portato a quei miglioramenti che di solito provoca la competizione. Ci si è livellati in basso, sacrificando l'impegno al culto dell'audience. La sguaiataggine, l'impudicizia, la morbosità, l'insulto sono componenti costanti dei palinsesti. Che propongono anche modelli di vista opinabili, di importazione.

E tutto trasformato in spettacolo: dal bambino nel pozzo di Vermicino a quello che nel Messico spariva affogato nel fango. Ci affidiamo a delle norme o alla coscienza? È la cronaca che è crudele o il racconto? È lecito, vedi certe confessioni in pubblico, intromettersi nella vita privata del prossimo? Per avvincere la platea, si possono trasmettere scene di violenza e di orrore, immagini di crudeltà che possono contagiare i deboli o i bambini? E il nuovo governo che cosa deciderà: prevarrà la corrente Storace o quella più tollerante di Umberto Bossi? La critica sarà ancora concessa, o del modello americano accetteremo solo «Beautiful», «Stranamore» e «Chi l'ha visto?».

Forse la mia mentalità è deformata da una quasi maniacale opposizione a tutte le censure: è probabilmente la memoria del passato che mi induce a temere il peggio, perché so quanta gente è portata istintivamente all'ossequio e all'omissione. Dagli Usa ci sono arrivati soltanto gli sceneggiati interminabili, ma non anche i Cronkite che hanno avuto un peso decisivo nella vicenda vietnamita e nella lotta contro il maccartismo. È faticoso riconoscere che tra il giornalismo di Gianfranco Funari e quello di Indro Montanelli c'è una qualche differenza? Io penso che ognuno di noi rappresenta se stesso, ed è presuntuoso affermare che interpreta l'opinione pubblica, il sentimento comune: e quindi risponde per quello che dice e, auspicabilmente, pensa. Da liberale o da comunista: deve essere consentito. Stiamo celebrando lo sbarco in Normandia. Lottarono e combatterono anche per la libertà delle idee, che hanno diritto di essere espresse sul piccolo schermo. C'è una commissione di vigilanza: che non ha il compito, suppongo, di valutare i buoni e i cattivi, ma di guardare se è rispettato il gioco democratico.

E non credo che in questo momento radio, televisione e carta stampata stiano conducendo crociate: raccontano, magari con inevitabili approssimazioni, che comportano anche parzialità, la storia che si sta svolgendo sotto i nostri occhi. Qualche volta distratti o maliziosi. Ormai destini e reputazioni, prima che nelle aule dei tribunali, si rischiano sulle piazze, e in particolare su quelle televisive. Guai se non ci fosse più il diritto di critica, che per chi fa il mio mestiere è anche un dovere, e ovviamente comporta anche quello di replica.

È un ammonimento che rivolgo prima di tutti a me stesso: perché vorrei chiudere con dignità la mia vita, nella quale tanta parte ha avuto la professione: rappresento una debole voce ma che però non si è mai associata al coro che accompagna il carro dei vincitori. La favola di Andersen che ho amato di più è quella del bambino innocente che grida: «Il re è nudo».

18 giugno 1994

I NUOVI CROCIATI

Napoleone III diceva: «Non leggo i giornali francesi; pubblicano solo quello che voglio io». Non era che un precursore e, come tutti sanno, ebbe parecchi seguaci.

Credo sia una naturale attitudine del potere, che ovviamente non gradisce le critiche. Vorrebbe, come è ovvio, essere circondato dalla simpatia della stampa il cui compito, invece, è controllare che chi soggiorna nella stanza dei bottoni non spinga i tasti con troppa disinvoltura. «Il vero giornalismo» ha detto Abe Rosenthal, il vecchio direttore del *New York Times* «rimane una scoperta continua, un esercizio e una avventura intellettuale. Ed è per questo che si può fare solo se si è indipendenti.»

Il che non significa, a mio parere, la rinuncia a un punto di vista: chi ne è privo non può fare della cronaca. Ma impone dei princìpi etici che sono prima di tutto il rispetto di se stessi e della professione. Non è vero che viene prima la pancia piena poi la morale: c'è chi ha fatto indigestione, però il pubblico se ne è accorto. Per gli inevitabili errori occorre almeno l'attenuante della buona fede. E il rimprovero più grave sarebbe tacere quando invece la coscienza, e i fatti, ti suggeriscono di parlare.

Qualche esempio: Silvio Berlusconi aveva promesso una riduzione delle tasse. Il governo aveva addirittura annunciato il rimborso delle 85.000 lire versate dai cittadini per la Sanità. Ora, invece, sollecita al pagamento anche chi non ha ancora sbrigato la pratica. È vero che è stato scoperto un buco di oltre 30.000 miliardi nell'Inps: non è una sorpresa, la sentenza è il risultato di una morte annunciata.

Si ripete la vecchia canzone: i ministri annunciano nuove imposte sulla benzina e sulle sigarette. Il presidente del Consiglio smentisce. Delirio. Ma Berlusconi ha un vantaggio, rispetto a Carlo Azeglio Ciampi, perché è anche fortunato: la situazione economica nel mondo sta migliorando, c'è una spinta alla ripresa e perfino l'Italia ne trarrà qualche vantaggio.

Il dramma di questo Paese è che non sa nemmeno fare i conti: e non si capisce neppure come si possa «lasciare invariata la manovra fiscale» aumentando però l'Irpef: questa è gente che può ubriacarsi guardando solo il bicchiere.

Credo che Berlusconi abbia anche dei problemi in casa, voglio dire con i suoi alleati, e anche con qualche collaboratore: la compagnia, visto come recita certe battute, non è proprio tutta di prim'ordine. Specialmente certi comprimari. È perfino un po' patetico Umberto Bossi che tenta di portare contemporaneamente acqua a due mulini: a quello di Pontida e a quello di piazza Colonna. Credo di più nella lealtà di Gianfranco Fini, il quale sta cercando di distaccarsi dal passato, stagione a cui si riferiscono però tanti camerati e anche molti osservatori stranieri.

La notte del 3 gennaio 1933 (è solo un aneddoto) il maresciallo Hindenburg assisteva a una sfilata di camicie brune, Adolf Hitler aveva vinto. Rivolgendosi al fedele aiutante Meissner, il grande vecchio commentò irritato: «Otto, lei non mi aveva detto che erano così tanti».

C'è un giro di attorucci che si agita scompostamente, una zuffa che coinvolge partiti e uomini, e il tema è sempre lo stesso: la Rai. Perché è diffusa la convinzione che l'uso delle telecamere ha una influenza fortissima sui risultati elettorali: ma non è proprio sicuro.

Silvio Berlusconi non ha vinto perché ha sorriso tanto sulle sue tre reti, ma perché la gente aveva pianto molto sulle altre. Ne avevano così piene le tasche del passato che hanno pensato a lui come a una rassicurante immagine per il futuro.

La Rai è servita ai partiti del sistema come ufficio di collocamento, più che come strumento di propaganda: tanto è vero che non ha frenato l'inesorabile destino della Dc e del Pci e ha accompagnato con opportunistico distacco la fine dei socialisti. Bettino Craxi decideva anche dei direttori del *Tg2*, scegliendo ovviamente tra due giornalisti «in quota», come si diceva allora. Adesso su viale Mazzini cadono i consueti fulmini di due miei ex colleghi oggi onorevoli: il troppo citato Francesco Storace, portavoce di Alleanza nazionale, e Fabrizio Del Noce, megafono di se stesso.

Non vorrei che Del Noce cadesse nello stesso errore di Giorgio La Malfa, che a un certo momento credeva di essere suo padre. Mentre il superfluo Francesco Storace polemizza con gli «scodinzolanti e untuosi servitorelli» che non considerano geniali le sue esternazioni, scherani già agli ordini del «conformismo tripartitico»; Fabrizio Del Noce ha traguardi più concreti: «Smaschererò» annuncia «il rosso Deaglio». Accidenti, che impresa.

Credo che Enrico Deaglio venga fuori da *Lotta continua*, come altri giovanotti della sua età, e penso che abbia vissuto le illusioni, e anche le crudeltà, della sua generazione. Dei suoi compagni di allora ce n'è in tutte le redazioni: qualcuno merita stima, altri sono dei trasformisti indecenti. È probabile che abbia scritto anche delle bischerate, figuratevi che il pacifico Riccardo Bacchelli sul *Corriere della Sera* tracciò un ritratto di Stalin considerandolo più importante e geniale di Giulio Cesare.

Può darsi che di qualche «pezzo» debba anche arrossire: ma se si vuole fare questa campagna purificatrice si può trovare, per varie «firme», materiale da antologia.

Ho visto qualche volta Deaglio a «Milano, Italia», mi è parso bravo e corretto. E di sicuro non tocca a Del Noce fargli l'esame. Questi crociati mi pare che si preoccupino più del commercio delle spezie che di liberare dagli infedeli il sacro sepolcro dei programmi televisivi.

9 luglio 1994

ARRIVANO I LORO

Allora: «il figlio di papà e la suorina», come li ha battezzati, con la consueta delicatezza, il ventriloquo di Pannella tenuto a galla da Berlusconi, l'onorevole Taradash, ce l'hanno fatta; sono riusciti, nientemeno, a nominare i cinque consiglieri della Rai.

La Rai è come la nazionale di calcio: tutti hanno in mente la formazione. Si sono fatti i nomi di Baudo e di De Benedetti, di Curzi e di Federico Orlando, di Domitilla Alessi, che purtroppo non so chi sia, e perfino il mio, e so bene che non c'entro proprio.

Se ne vanno finalmente i Professori e la Patria televisiva, almeno per il momento, è salva. Non so se quelli che arrivano si considerano docenti o allievi: non mi pare però che questa squadra rappresenti qualcosa di sconvolgente.

Si tratta, ancora una volta, di brave persone, chiamate ad amministrare una azienda che non c'è. Esistono, all'interno del baraccone, una serie di potentati: c'è la tv dei sindacati e quella dei dirigenti, quella dei giornalisti e quella delle reti, quella del direttore generale e quella delle sedi. Fino a qualche tempo fa, prima veniva il potere politico, poi gli abbonati, anche se in ordine con il canone.

È arrivato il tempo dei «nuovi»: che hanno fuor di dubbio dei meriti nella loro consueta attività, ma che gli addetti ai lavori, secondo i primi commenti, considerano inesperti.

Non mi pare un grave inconveniente, visti i risultati che di solito ottengono i competenti: non debbono fare delle trasmissioni, ma avere un programma.

Ho visto, tra l'altro, che nel nuovo consiglio c'è anche un professionista, Mauro Miccio, che si presenta come «tecnico della comunicazione»; ha già un'idea: «Basta con la tv generalista. Vorrei qualcosa come Videomusic». Ne parli a Guglielmi: vedrà che festa.

Pare che nella gara a chi ha più «fedeli» a viale Mazzini abbiano trionfato Forza Italia, Alleanza nazionale e la signora Pivetti, che ha imposto Alfio Marchini.

La signora Pivetti è una virtuosa e tenace cattolica, ma, a differenza di Giovanna d'Arco, non sente le voci: neppure quella di Bossi, che è stato preso in parola, ed è rimasto «fuori dalle pratiche spartitorie». Le sue scelte non sono piaciute al «senatur», ma è noto che la virtù ha un prezzo.

Riferiscono che il presidente del Consiglio era – testimonianza dell'onorevole Del Noce – «letteralmente furibondo».

Aveva ragione: mentre lui a Napoli trattava con Clinton e con Eltsin, a Roma discutevano aspramente se dare una poltrona a Franco Mugherli di «Radio Maria» (ed è un vero peccato avere lasciato fuori uno che ha un così stretto rapporto con la Madonna) con il citato Miccio, anche lui in ordine con i Sacramenti.

«Un gallinaio» diceva l'avvilito primo ministro. Ma dovrebbe, ci scusi, conoscere i suoi galli: che prima di cantare sbattono, come si vede, un po' troppo le ali.

Dopo lo spettacolo stupendo del G7, c'è stato quello dei tg: che ogni giorno riferivano delle manovre dei presidenti di Camera e Senato, con le pietose spiegazioni del senatore Scognamiglio, che ancora una volta prova in quali umilianti condizioni si trovano certi intellettuali quando debbono, per la carica, giustificare deplorevoli azioni.

Adesso c'è una Rai che, come sempre, come in passato, deve piacere al governo: in qualche modo lo rappresenta.

Ma ora che è stata sistemata la tv di Stato, toccherà alla Fininvest. Si prevedono tempi più lunghi. «Tutto bene quello che finisce bene», ha concluso l'onorevole Fini. Mancano tante cose, ma non l'ottimismo.

13 luglio 1994

CARRIERA, TUTTO SI FA PER TE...

François Mitterrand, come si sa, è molto malato e tra qualche mese lascerà l'Eliseo. Ma in Francia si è scatenata una specie di campagna «revisionista» che ha lo scopo di far luce sul suo confuso passato, sulle luci, e soprattutto sulle ombre, della sua strabiliante avventura politica, segnata anche da infinite promesse non rispettate e da tante contraddizioni.

Lo accusano di avere fatto delle «mezze verità» un metodo, di avere orientato tutta la sua vita con un «freddo cinismo». Mi sembrano, oltre che crudeli, scoperte tardive: già François Mauriac lo aveva definito, e non in senso cordiale, «un personaggio da romanzo», e Raymond Barre lo considerava «il principe dell'equivoco». Gli avversari gli hanno sempre rimproverato un certo *esprit florentin*, che vuol dire volgare machiavellismo.

L'ho intervistato due volte, e non pretendo certo di conoscerlo e di giudicarlo. Non ispira simpatia, ma questa non è una colpa: e la sua storia suggerisce qualche considerazione. Se anche da noi si ricostruissero, non dico con la stessa acredine, ma con egual tenacia, certe carriere, non salterebbero fuori anche colpevoli tolleranze, o addirittura interessate complicità? Quanti compromessi, quanti impudichi patti e quante parole mancate, e sempre in nome del bene comune.

A Bologna, nel vecchio *Avvenire*, il quotidiano cattolico, c'era un saggio prete che diceva: «In Italia siamo tutti ex». Per scelta, o per necessità, molti si erano adeguati alla legge del più forte: anche se Benito Mussolini poteva contare su sinceri ammiratori in patria e fuori. Se ripenso al volgare Mario Appelius o all'intelligente e poi tormentato Giovanni Ansaldo, propagandisti radiofonici ufficiali, e a certi urlatori oggi di moda, per fare un caso, credo che gli adulatori di allora fossero più candidi e più composti.

Se ripenso a Curzio Malaparte, criticato per la sua

smodata passione per le esibizioni e per il clamore, e considero quello che fanno certi personaggi che circolano adesso per farsi notare, Curzio mi sembra quasi indifeso e innocente. Ricordo che quando Paolo Monelli, autore di un bellissimo libro sulla Grande Guerra, opportunamente ristampato, *Le scarpe al sole*, che da cronista aveva avuto qualche trascorso segnato da eccessivo consenso al regime, arrivò nell'aprile del 1945 a Milano, fu accolto da un ironico corsivo del quotidiano del Partito d'Azione: «Dove sei stato, mio bell'alpino?».

È una domanda che mi sentirei di rivolgere anche a qualche mio collega, lette le chiacchiere che hanno accompagnato le nomine della Rai. Sono un lettore all'antica, di testi, insomma, molto popolari: quando ero adolescente non erano di moda le telenovelas e nelle famiglie operaie e piccolo-borghesi si leggevano i romanzi di Jack London, di Xavier de Montepin, di Carolina Invernizio e di Victor Hugo: capivo e giustificavo il Jean Valjean dei *Miserabili* che, spinto dalla fame, rubava una pagnotta. Mi riesce meno accettabile il gioco di alcuni giornalisti che, dopo avere deplorato la iniquità della lottizzazione, hanno fatto più «visite di calore» dei cardinali in Concilio, e c'è gente che è partita con Craxi ed è arrivata con Berlusconi. Che cosa non si fa, e non si perde, per la carriera.

Questo è il Paese delle intercessioni: c'è chi pensa di arrivare più facilmente a Gesù rivolgendosi per la grazia prima alla Madonna: «Non può dire di no a sua madre». Ci sono specializzazioni perfino tra i santi: per problemi di occhi santa Lucia, per i denti sant'Apollonia, per esami scolastici e scrutinio in vista san Giovanni da Copertino, che non può negare in cambio di offerte o di «fioretti» un po' di assistenza. Ma c'è chi ha fatto il giro dei potenti di Roma: considerando autorevole anche il sottosegretario alle Poste Antonio Marano.

Leggo in una minuziosa cronaca di Augusto Minzolini che per salvarsi un brillante funzionario «ha coltivato una serie di colloqui con il ministro Tatarella, ha scritto a Storace e a Taradash, e ovviamente a Gianni Letta». Ovviamente perché? Tutti quelli che vogliono un posto possono rivolgersi a Gianni Letta? E come se non bastasse «si è incontrato pure con Gianfranco Fini». Ma perché un professionista che sa anche il mestiere deve concedersi a queste umilianti richieste di favori? Ma perché tutte queste conversioni, che non portano a Damasco ma a una stanza con acclusa segretaria? Ci sarà pure un adeguato stipendio, ma proprio tutto è lecito per arrivare?

Ma quanti tipi di morale esistono dalle nostre parti: una per la stampa, una per gli onorevoli, una, proprio speciale, perfino per le pornostar?

Mi rattrista la morte della giovane e bella Moana Pozzi, regina degli spettacoli pornografici, letture di sant'Agostino, licenza liceale, allieva delle Orsoline, genitori rispettabilissimi e sorellina nel ramo. Ha lasciato il denaro guadagnato con ogni specie di rappresentazione di possibili connubi alle ricerche sul cancro. Aveva il senso del relativo: le sue ceneri saranno disperse in mare.

Ma i giornali, e anche la tv, l'hanno trattata non solo con il rispetto che è dovuto a ogni creatura, ma come se fosse una specie di Maria Goretti: «pornodiva intelligente», «ragazza perbene»; «ha portato la trasgressione nell'universo quotidiano», «pornostar con ironia», «una diva senza ipocrisia»: insomma, parrebbe degna di entrare nella leggenda, come fondatrice di una speciale Croce Rossa per debilitati del sesso bisognosi di incoraggiamento.

Una articolista si domanda che cosa è oggi «la vera volgarità»; risposta: «Certamente non quella che Moana Pozzi ha praticato». Quegli esercizi osceni e quei libri di memorie con la classifica dei grandi amatori (con qualche allusione a Bettino Craxi) vanno forse considerati come modelli di delicatezza, quelle tette al vento erano dunque un simbolo della liberazione della donna. Come minimo dal reggipetto.

30 settembre 1994

DONNA LETIZIA

C'è stato il vibrione, il Tanaro ha straripato, mezzo Piemonte è finito sott'acqua, gli studenti hanno occupato le scuole e gli operai le piazze, anche i pensionati protestano, i risultati elettorali mettono in crisi alcuni poteri, ma la Rai resta sempre al centro delle polemiche e anima le cronache.

Via i cosiddetti Professori, sono arrivati i «nuovi» e a viale Mazzini sono cominciate prima le grandi manovre, poi si sono scatenate le guerre. Il direttore generale, Gianni Billia, ha traslocato per benevola iniziativa del governo all'Inps, il consigliere Alfio Marchini si è dimesso, il sindacato dei giornalisti si è mobilitato, alcune figure del passato che si erano distinte anche per i meriti, come Angelo Guglielmi e Demetrio Volcic, sono state accantonate.

Poi è scattata la «campagna d'autunno» delle nomine offerte e rifiutate, dei posti assegnati, poi rimessi in discussione; mai viste tante rinunce.

Dal 12 luglio 1994 al settimo piano di viale Mazzini comanda una graziosa signora, Letizia Brichetto Arnaboldi Moratti, dai modi gentili ma dalle decisioni irremovibili. Una definizione: «Occhi di ghiaccio». Dicono che è tenace e perfezionista. Un settimanale si chiede se la nostra vera lady di ferro è lei o Irene Pivetti. Laureata in scienze politiche, è un'esperta broker di assicurazioni e ha fatto prosperare ancora di più l'azienda paterna.

È moglie del petroliere Gianmarco, e madre di due figli: Gilda, diciotto anni, e Gabriele, quindici. I Moratti sono i grandi sostenitori di Vincenzo Muccioli e di San Patrignano.

— Signora, molte delle mie domande si basano su dichiarazioni di suoi collaboratori, o su articoli di giornali. Ha detto il consigliere Franco Cardini: «Sono combattuto da un grande disagio per i troppi errori commessi dalla presidente Moratti». C'è qualche sbaglio che riconosce?

«Credo che uno debba sempre mettersi in discussione, perché dovrei escludere possibili sbagli, tra l'altro in un'azienda complessa e difficile da capire? Credo però che il bilancio debba essere fatto alla fine di un certo percorso.»

— È sempre il professor Cardini che parla: «In azienda c'è ormai un clima irrespirabile».

«La Rai riflette l'atmosfera difficile che si respira nel Paese. Possono anche esserci state delle incapacità di comunicare da parte nostra, di spiegare certe scelte. Gliene cito una: io mi sono trovata attribuita la volontà di cedere gli impianti. Avrei dovuto spiegare che la mia scelta non era quella. Hanno inventato una posizione che non è la mia, e alcune smentite non sono state sufficienti.»

— E a proposito delle dimissioni, chiamiamole così, del professor Billia, Cardini insiste: «Non ci sto con queste indegne porcherie. Non si sostituisce così un direttore generale».

«Questa è una scelta di Billia che rispetto.»

— Lei ha detto: «La Rai è un esercito di generali». Che bisogno c'era di nominare 5 vicedirettori 5 ai tg?

«Solo in uno, il *Tg3*: per il resto abbiamo ristretto il numero dei vicedirettori, ma aumentato le vicedirezioni perché abbiamo inventato i telegiornali tematici: economia, scienze, cultura e società.»

— Il Senato ha dichiarato la sua sfiducia nei confronti del consiglio di amministrazione. Che cosa significa?

«Per me vuole dire una attenzione dovuta da parte delle istituzioni all'informazione. Quando saranno dettate nuove norme noi ci dimetteremo.»

— Fabrizio Del Noce, deputato di Forza Italia, ha detto dopo il siluramento di Gianni Billia: «Ammetto che c'è qualcosa che non funziona nel meccanismo e che negli ultimi mesi sono stati dati colpi decisivi all'immagine della Rai che difficilmente potrà essere ricostruita».

«A volte mi chiedo: chi sta dando questi colpi decisivi e chi ha interesse a farlo? Vedo un accanimento verso questa gestione che non capisco, perché non è spiegato: giudizi a priori, posizioni preconcette.»

— Marco Taradash, presidente della Commissione di vigilanza: «Ne ammazza più la Rai di Rambo».

«Ci sono state delle direzioni non accettate perché ognuno dei candidati aveva una sua motivazione: io non posso fare altro che prenderle in considerazione.»

— Lei doveva rappresentare il nuovo: perché sta riciclando personaggi che non brillarono né per indipendenza né per meriti al tempo del vecchio regime?

«Ho già risposto alla Commissione di vigilanza: mi si accusa a volte di non valorizzare professionalità interne, altre di prendere gente di fuori. Perché si etichettano solo i redattori Rai, e perché gli stessi quando lavorano nei giornali non vengono classificati?»

— Che senso ha esiliare Guglielmi? È un preludio alle sue trasmissioni: «Blob», Piero Chiambretti, Michele Santoro?

«Questo attiene a una scelta complessiva del consiglio di amministrazione, non riguarda una persona. Sarà chi ha la responsabilità della rete a proporre modifiche o a mantenerle.»

— Le sembrerò ingenuo: la politica condiziona le sue scelte?

«No. Posso avere sbagliato, ma certe decisioni sono solo mie.»

— Scusi: chi è l'inventore di Gabriele La Porta, e mi auguro sia una rivelazione?

«Ho trovato una persona che mi sembra di valore, che poteva andare oltre il ruolo che aveva. È stato approvato dal consiglio che ha votato all'unanimità le ultime nomine.»

— Mi è permesso parlare di Franco Iseppi? Come può una direzione confondersi con un condominio?

«Non era questo il senso, ma una diversa interpretazione dei ruoli. Iseppi era il direttore, Minoli un conduttore.»

— Se Minoli è un patrimonio, perché gli ha tolto RaiDue?

«Per un motivo abbastanza chiaro: chi è allenatore è difficile che faccia anche il giocatore.»

— Due direttori dei tg alla prova del gradimento: Carlo Rossella passa per un voto, Clemente Mimun è bocciato. E allora?

«Mi sembrerebbe non corretto pronunciarmi sulla base di conoscenze molto superficiali che ho delle redazioni. Toccherà a Rossella e a Mimun valutare quella votazione. La mia stima è immutata, conterà quello che fanno: intanto i nostri telegiornali hanno aumentato l'audience da un 3 a un 7 per cento.»

— Lei ha avuto un breve colloquio con la signora Irene Pivetti, che ha contribuito alla sua nomina. Sono indiscreto: ha trovato solidarietà?

«Abbiamo responsabilità diverse: ho parlato delle mie che sono di gestione, le sue sono politiche. Apparteniamo a sfere che possono essere anche contigue, ma distaccate.»

— Lei ha detto: «Gli unici valori che per me contano sono l'affermazione della dignità, della onestà e della responsabilità». E le tessere?

«Le tessere possono anche esserci, troverei ingiusto giudicare una persona perché ha un'idea o appartiene a un movimento. Non deve essere favorita né danneggiata.»

— Quando lei è arrivata a viale Mazzini poteva contare su molte simpatie. E adesso?

«Non ho mai puntato sulla comprensione degli altri, ma su quello che faccio.»

— È vero che qualcuno è stato licenziato con un fax?

«No. Ci siamo attenuti alla legge e alle procedure.»

— Al suo arrivo, lei ha trovato nelle testate 28 direttori, 3 condirettori, 57 vice: oggi i direttori sono 32, i condirettori 4 e i vice addirittura 68. Non le sembrano tanti questi capi?

«Ci sono organigrammi pregressi che vanno rispettati. Ma oggi non esistono solo delle caselle e tutti avranno un lavoro.»

— Lei è una persona corretta e stimata. Si paga viaggi, albergo, segretaria e Mercedes con autista. Ha una sua vita, una indipendenza che nessuno può minacciare. Perché insiste?

«Perché credo che l'informazione sia un punto fondamentale nella vita difficile del nostro Paese e la tv gioca un forte ruolo a livello sociale, per la cultura, per la politica. Vorrei una televisione meno violenta, che aiuti gli anziani a sentirsi meno soli, i ragazzi a crescere con maggiori ideali, e io penso di potere fare qualcosa.»

— Gli appalti sono un tema delicato. Pensa di affrontarlo?

«Sì, abbiamo già incominciato. I costi di produzione interna sono di un 30 per cento più elevati. Prima bisogna promuovere l'efficienza dei nostri quattro centri e contemporaneamente stiamo controllando quello che accade fuori.»

— Dall'*Europeo*, a proposito di nomine: «Sei miliardi all'anno di spese in più. Tutto per recuperare una pattuglia di ex craxiani e per fare posto agli uomini di Gianfranco Fini».

«Non è così, credo che il bilancio debba essere valutato sull'esito complessivo: saremo in attivo l'anno prossimo.»

— Da *Epoca*: «C'è il problema delle nomine. Lo risolve facendo arrabbiare tutti. O quasi». Chi invece è contento?

«Se tutti sono arrabbiati, vuol dire che non abbiamo favorito nessuno.»

— Dall'*Europeo*: «Lottizzata o indipendente? Manager navigata o principiante? Prima o Seconda Repubblica?».

«È difficile giudicarsi: quello che mi dispiace è essere ridotta a schemi. Io mi sento diversa ogni giorno, dipende dalle circostanze.»

— Dal *Corriere*: «In Rai 2400 di troppo. Nessun licenziamento, l'anno prossimo bilancio in attivo». Conferma?

«Sì, stiamo utilizzando "la formula degli esodi incentivati".»

— Sempre dal *Corriere*: «Donna Letizia scatena gli avvocati contro chi ha rovinato l'azienda, da Gianni Locatelli a Biagio Agnes». Che cosa hanno fatto?

«Abbiamo dato un incarico ai legali per analizzare se le oltre cento nomine proposte dal dottor Locatelli erano legittime o no. Certo erano state fatte al di fuori del consiglio di amministrazione.»

— Secondo lei, che cosa è la *par condicio*?

«La pari opportunità che deve essere data a tutti: indipendentemente dai ruoli.»

— Il governo ha quattro portavoce: si fanno mai sentire da lei?

«No.»
— Rifarebbe questa esperienza?
«Sì.»

2 dicembre 1994

A PROPOSITO DI «PAR CONDICIO»

È il «latinorum» che mette nei guai il sempliciotto Renzo dei *Promessi sposi*. State attenti alle formulette pronunciate nella lingua dei padri: guardatevi dagli *omissis*, dai dolori dell'*una tantum* e anche dalle insidie della *par condicio*.

Bellissimo programma, ma difficile da realizzare. Specialmente per ciò che riguarda la televisione: dove anche uno sguardo può essere un giudizio, ma concedere a tutti lo stesso tempo è un'ipocrisia. Un voto vale qualunque altro voto, ma non è così per i candidati. Se da una parte metti Fini, per restare serenamente nel Polo, o Previti, vedrai che differenza.

È sciocco riferirsi al modello americano: la Cnn trasmetteva le interviste a Saddam, ed erano in guerra; alla Rai proibirono, ed era una esclusiva mondiale, il filmato di un incontro con Gheddafi registrato sei ore prima del bombardamento di Tripoli.

Il nostro ministro dell'Interno, per legge, può prendere la parola, senza restituirla, anche per qualche ora, e vietare un programma. Se il presidente degli Usa si rivolge al Paese, il capo dell'opposizione ha il diritto di rispondergli.

Racconta Furio Colombo che gli rifiutano anche di trasmettere i suoi messaggi a reti unificate, se pensano che il suo discorso abbia solo fini politici. Non è immaginabile che ci sia qualcuno laggiù disposto a trasmettere delle cassette preconfezionate. C'è un largo uso della conferenza stampa, ma da noi si fece notare un presidente del Consiglio che aveva lanciato una nuova formula: non contemplava le domande. E una volta, all'estero, rifiutò di rispondere a questioni sulla vita italiana, sui problemi di casa: gli mancava l'aria natia.

I codici deontologici, la morale per categorie, dovrebbero in qualche modo completare i Dieci Comandamenti. Ce ne è uno che esorta: «Non dire falsa testimonianza». Può valere anche per: «Non alterare le notizie, e non nasconderle», e di' quello che pensi, dopo avere magari pensato a quello che dici.

Ma perché la Guardia di finanza, che ha ben altri compiti (allegri, evasori), dovrebbe correre dietro ai giornalisti? E perché dovrebbero essere proprio loro un esempio di chiarezza e di trasparenza, se rispecchiano una società confusa e selvaggia? Con 22 articoli si guarisce una democrazia profondamente malata? E chi è che ha tanto orgoglio da ergersi a tribunale dei propri colleghi?

Ma non esiste già il diritto della rettifica e quello di querela? Il ministro Agostino Gambino è certamente in buona fede, ed è animato da oneste intenzioni: ma rischia di mettere ordine nella vita dei cimiteri. Non basta assicurare agli aspiranti parlamentari e ai partiti gli stessi spazi; dovrebbero disporre anche degli stessi soldi. Che è la avvertibile differenza tra chi non ne ha e i ricchi.

E che cosa è «l'informazione corretta»? Consente al cronista, quando usa la telecamera, di rispondere eventualmente alle accuse che ritiene ingiuste degli onorevoli? E il pubblico, «la gente», come dicono le persone sensibili, non ha il diritto di farsi la sua idea, e poi di valutare chi è disonesto? Ma se dalle reti private si urla che i giudici di Mani Pulite sono degli assassini, da quelle pubbliche si può replicare alle calunnie? L'immunità parlamentare contempla anche la facoltà di diffamare?

Le televisioni Usa hanno distrutto il maccartismo, e abbreviato il massacro del Vietnam; da noi si processa Andreotti in diretta, con tanto di verdetto popolare. La «vecchia volpe» deve essere proprio disperata per sottoporsi a certi esercizi. E la nostra dovrebbe essere «la tv degli uguali».

19 febbraio 1995

V

I misteri della mafia

«DON MASINO» E RIINA

Quando succede qualcosa di grosso, Tommaso Buscetta si fa vivo. È sempre molto bene informato. L'arresto di Totò Riina ha segnato per il vecchio boss un momento indimenticabile. Per colpa del capo dei corleonesi e di Cosa Nostra, «don Masino» ha perduto due figli, un fratello, il genero, un nipote.

Questo è il resoconto del nostro colloquio.

— Hanno preso Totò Riina. Cosa ne pensa?

«È stato il primo miracolo del 1993. Una cosa bellissima, che finalmente può dare un po' più di fiducia alle forze dello Stato nella lotta contro la mafia. Ha fatto molto bene al mio morale.»

— Come è riuscito Totò Riina a vivere tanto tempo da latitante?

«Credo che l'unica risposta la potrebbe dare soltanto lui. Riina godeva di molta compiacenza da parte di alcune persone che io non conosco. Perché è impossibile vivere venti anni nella stessa città e non essere mai preso.»

— Lei questa esperienza l'ha fatta. Quali sono gli inconvenienti?

«Sono stato per circa sei mesi latitante a Palermo. Potevo uscire nell'orario che mi avevano fissato i miei "amici" di allora. Dicevano: dall'una alle quattro vanno a mangiare ed è l'orario più bello per uscire, per poter incontrare persone. Loro sapevano che i vari poliziotti, i vari commissari andavano a pranzo, quindi la strada era libera.

«Riina camminava per tutte le strade della Sicilia e camminava tranquillamente, fino a stamattina.»

— Chi aiuta e chi protegge il mafioso alla macchia?

«Questa è una cultura prettamente siciliana. Io credo che tutti i siciliani si prestano volentieri, escluso il poliziotto e il magistrato, a tenere un latitante in casa. Spero sia storia antica, che non si verifichi mai più. L'arresto di Riina proverà al popolo siciliano che è meglio andare d'accordo con la legge che contro.»

— Riina è stato arrestato o si è arreso?

«Questa è una domanda bellissima. Io ho saputo che è stato trovato disarmato, che era in compagnia di un altro con documenti falsi, che non c'era una staffetta che lo proteggeva, come lui era abituato ad avere. E mi sembra una cosa strana come è stato preso, ma tutto è possibile.»

— Riina è un suo grande nemico. Che uomo è?

«Io non so chi sono stati gli esecutori materiali che mi hanno distrutto mezza famiglia, però so senz'altro che lui ha dato il suo assenso. Quindi per forza di cose è mio nemico. Non ci può essere nessun'altra alternativa. Io ho campato con l'odio di Riina, io ho vissuto pregando Dio che proteggesse l'anima dei miei figli, ma non pensando a Riina. Dio è grande: Riina oggi pagherà.»

— Lei lo conosceva? Me lo descriva.

«È un po' bassino, anche da giovanotto, perché io lo conosco da molti anni. Era un po' tarchiato, una faccia rotonda, due occhi di colore diverso uno dall'altro. O meglio: in uno ha una macchia marrone. Capelli ben rasati: però io sto parlando di un giovane, non so com'è lui ora, non ne ho l'idea.»

— C'era qualcosa di caratteristico in lui?

«La sua cordialità, la sua maniera di agire sempre con gentilezza, senza mai adirarsi, senza mai dare in escandescenze.»

— Non aveva l'aria di uno feroce?

«No, assolutamente: tutto il contrario.»

— Da Luciano Liggio che cosa ha ereditato?

«Si fa molta confusione: lui non ha ereditato niente da Liggio, anzi non sono due persone che si stimano completamente, al cento per cento. Ricordo che nel 1970 fu indicato da Liggio per sostituirlo nella commissione, ma poi subito dopo Liggio lo tolse e promosse l'altro suo pupillo, Bernardo Provenzano.»

— Non sono tutti e due di Corleone?

«Esatto. Sono stati da giovani nella guerra con i loro paesani corleonesi.»

— Lei ha conosciuto anche la moglie di Riina?

«No, non l'ho conosciuta.»

— Di quali delitti lo considera responsabile?

«Di tutti. Dal primo omicidio del 1981, quello di Stefano Bontade, a oggi: di tutti, nessuno escluso. Senza il suo volere nessuno si sarebbe mosso.»

— Otto anni fa lei mi ha detto: «Riina è in Sicilia». Che cosa le dava questa certezza?

«Una certa esperienza della vita: ne ho viste tante, di tutti i colori. E poi perché conosco l'individuo. Sono tipi che non possono perdere di vista i problemi che essi stessi hanno creato.

«C'è bisogno della loro presenza. Non possono lasciare le loro cose all'aria, e dire ''poi tornerò tra tre o sei mesi''. Perderebbero potere, seguaci.»

— Ce ne sono degli altri in giro?

«Ma certo. Lei deve aiutarmi, deve dirlo che non bisogna cantare vittoria, abbassare la guardia. Oggi è un gran giorno, ma non si è vinta la guerra.

«Però la vittoria è a portata di mano. Forse nessuno si rende conto del terremoto che è successo oggi. Ma io lo capisco.»

— Lei crede che Riina sia ricco?

«Lo credo fermamente.»

— Sotto di sé aveva molti soldati?

«La Sicilia intera.»

— Lei pensa che abbia avuto una parte nella morte di Falcone e Borsellino?

«Senz'altro. È stata ideata da lui. Non so se è l'esecutore. Non ho prove per poterlo accusare davanti a nessuna magistratura, ma come uomo posso dire che è lui che ha ordinato quelle stragi.»

— Come ha potuto mentre era clandestino sposarsi e mettere al mondo dei figli?

«Con la compiacenza che proteggeva un latitante come lui è la cosa più facile che esista al mondo, in Sicilia.»

— E cosa lo avrà spinto a mollare, se ha mollato?

«Non vorrei avventurarmi in labirinti. Ma io credo che lui non ha mollato. Uno che ha il potere per tanti anni è difficile che lo lasci.»

— Non crede che fosse già stanco e si sentisse alla fine?

«È molto prematuro poterlo stabilire, e poi bisognerebbe tirare a indovinare.»

— L'ultima volta che ci siamo parlati lei ha detto: «Cosa Nostra è in crisi». Qualcuno ha sghignazzato. Ne è ancora convinto?

«Convintissimo. Guardi il finimondo che è successo oggi, è incredibile. Io parto da un punto di vista: se lui non ha mollato, se lui è stato preso per un'indagine dell'autorità di polizia, si è arreso perché la gente si è stancata di lui. È stato lui l'artefice maggiore del suo danno.»

— Pensa che parlerà, che sia già potenzialmente un pentito?

«No, assolutamente. Non credo che il governo italiano dovrebbe proporgli di collaborare. Dovrebbe solo giudicarlo. Se vuole parlare, parli: dica quello che vuole. Ma non bisogna scendere a nessuna trattativa con un individuo del genere, che ha ordinato tutti gli omicidi dal 1981.»

— Qualcuno si chiede perché Buscetta è tornato in America senza andare a deporre a Palermo.

«È una cosa difficile da spiegare. Vorrei farlo di persona. Non come una confidenza, ma per renderla pubblica. Ma così, dall'America, non ce la faccio. Ho le mie ragioni, e non pensi che siano infondate.

— Dopo il mafioso, diciamo così «romantico», come lei, e dopo quello crudele e disumano, come Riina, è in vista un nuovo genere?

«Io credo di no. Io penso che non ci saranno più mafiosi perché nessuno ci crederà più.»

— Se lei fosse messo di fronte a Riina, che domande gli farebbe?

«Perché hai fatto tutto questo? Perché hai distrutto tutte queste famiglie, quelle dei morti e anche quelle dei vivi?»

— E che affari ha combinato lui in questo tempo?

«I soliti affari. Anche quelli che a prima vista sembrano puliti, perché ormai il mafioso sa fare anche quelli, con i soldi che ha.»

— Lui entrava nella droga?

«A pieno merito o demerito. Io ho detto a Giovanni Falcone: lui ne fabbricava 50 o 100 chili per volta. Questo ho spiegato, nell'84.»

— Ricorda l'ultima volta che ha visto Totò Riina?

«Nel 1980.»

— Dove?

«A Palermo. E precisamente nella tenuta di Salvatore Greco, di Michele Greco.»

— E perché era venuto là?

«Ci andava quasi tutti i giorni là: era la sede delle riunioni.»

— E che cosa è accaduto quella volta?

«Solita amministrazione mafiosa, niente di particolare. Avevamo avuto delle discussioni con Pippo Calò, così Pippo Calò si era rivolto a lui, e io ero stato chiamato da tre membri della commissione che volevano che ci riappacificassimo: siete stati per tanti anni uniti, tanto amici e adesso non sta bene che le persone estranee discutano le vostre faccende. Questa è stata l'ultima volta che l'ho visto, intorno al novembre del 1980.»

— Vi siete detti niente?

«No, non ci siamo detti niente. Lui avrebbe preferito che la svolta tra me e Calò fosse degenerata in un'altra situazione, perché già allora aveva intenzione di liberarsi della mia persona.»

— Da che cosa nasceva il suo conflitto con Calò?

«Il mio conflitto con Calò nasceva dal fatto che si era completamente legato ai corleonesi e non teneva in considerazione le antiche amicizie.»

— Come pensa che passerà queste ore Riina in carcere?

«Le passerà a scrutare chi è stata la persona che lo ha venduto alla giustizia. Se c'è stato qualche errore da parte sua nel valutare qualche cosa. E scoprirà certamente chi lo ha giocato.»

— E potrà organizzare ancora delle vendette?

«Passerà molto tempo prima che ne abbia la possibilità. Immagino che le autorità carcerarie considereranno chi è Riina e useranno certe accortezze.»

— Allora è finito Totò Riina?

«Sì. Totò Riina è finito.»

24 gennaio 1993

«A ME NON SERVONO LE PROVE»

Giulio Andreotti è nato mentre in cielo fiammeggiava la costellazione del Capricorno. Il segno, dicono gli esperti, rappresenta il peccato: infatti, spiegano, «ovunque e in ogni tempo il sacrificio di un bambino o di un capretto serve a espiare le colpe dell'uomo».

Ma le caratteristiche di coloro che vengono al mondo sotto queste stelle sono la riflessività, la diplomazia, la prudenza e la misura.

Non so che credito riconoscere all'astrologia, e ignoro di quali colpe si è macchiato veramente il senatore a vita Andreotti, ma con l'intelligenza che gli si riconosce, non riesco proprio a credere che si sia abbandonato a tresche oscure con la mafia.

Pare che un pentito abbia parlato addirittura del rito di iniziazione: il santino bruciato, il sangue che sgorga dal dito, il giuramento, e via dicendo; questo genere di cerimoniale non gli assomiglia: almeno per gli aspetti comici.

Anche Eugenio Scalfari, che notoriamente non lo apprezza, ha scritto: «Averlo amico è impossibile, averlo nemico è sconsigliabile. Certo, arricchisce il paesaggio politico. Il quale è di una piattezza che perfino Andreotti può essere rivalutato, se non altro perché con lui non ci si annoia e si sta sul chi vive».

Un «uomo d'onore» ha detto che quelli delle cosche lo chiamavano «zio»: e mi dispiace notare che ha anche dei nipotini imbecilli. Adesso si scopre che tutti sapevano che è lui Belzebù, e finalmente gli italiani, anche quei 600.000 che una volta lo hanno votato, possono liberarsi del Diavolo. Per anni e anni si è alluso, si è mormorato, si è anche vagamente scritto: ma solo Leoluca Orlando è sicuro che «il referente di Cosa Nostra», il boss, è Andreotti; e precisa: «A me non servono le prove».

Che è un curioso modo di concepire la giustizia.

Poi Orlando si spiega: non fa accuse giudiziarie, ma politiche. Debbono pensare i poliziotti a trovare le conferme.

Siamo sicuri che l'onorevole Giulio era amico di Salvo Lima, e non lo rinnega neppure oggi, che intratteneva rapporti con Michele Sindona, con il banchiere Calvi (e non doveva però sentirsi solo: assai vasta era la compagnia degli estimatori), che ha visto Gelli accanto a Perón, o addirittura a Reagan, ma da quanto si è letto nei giornali non sembra proprio che avesse legami tanto intimi con Cosa Nostra.

Non lo pensano neppure i giudici di Palermo che, a quanto sembra, hanno soprattutto una preoccupazione: non passare per insabbiatori. Le maggiori responsabilità vengono attribuite dai pentiti a Salvo Lima. Lima che è, in fondo, il Balzamo dei democristiani: essendo defunto, non ha più alcun gioco nella partita. Non può smentire.

E Lima, fanno capire i «collaboratori di giustizia», quando andava a Roma, a chi faceva visita? Chi era il suo capo?

I magistrati di Palermo, che hanno già sofferto per le chiacchiere dei malevoli, questa volta si tolgono di mezzo, e dicono al Parlamento: «Questa pratica dovete sbrigarla voi: è la politica che è tirata in ballo. I nostri cassetti ora sono spalancati: guardateci dentro».

Non si sospetta solo di Andreotti, ma anche di Corrado Carnevale, quel presidente di Cassazione che ha «sistemato» tante sentenze, e di altri suoi colleghi, e poi avvocati, dirigenti, affaristi, portaborse, quel coro che accompagna sempre i protagonisti di tutte le storie, grandi e miserabili.

Il dottor Caselli, il nuovo procuratore, che arriva dal Piemonte, non si lava le mani, il suo modello non è Pilato: ma per procedere ad altre indagini, non disponendo di prove, chiede ai rappresentanti del popolo un consenso che è anche una prova di responsabilità. È la mafia che ha bisogno del potere, o è il potere che ne è addirittura vittima? I voti siciliani sono andati a tutti i partiti: e allora? Ci sono stati cambiamenti di orientamento improvvisi e scandalosi: e nessuno si stupiva.

Purtroppo, dietro le polemiche e le risse demagogiche ci sono tanti morti: ma siamo testimoni e protagonisti di una rivoluzione. Che non vuole neppure una nuova legge, ma chiede il rispetto di quella antica.

E nella commedia della nostra vita nazionale non stanno cambiando soltanto i protagonisti, ma anche i ruoli. I tribunali sono le barricate di una rivolta che non si basa solo sui codici, ma coinvolge milioni di coscienze.

1° aprile 1993

NON SI SALVA NESSUNO

Mi fa pena Andreotti: è vero, sta vivendo giorni di una insopportabile angoscia. Ha detto: «Era meglio morire», ma non è vero. In questa situazione non si salva nessuno: nemmeno i defunti.

Il generale Dalla Chiesa sarebbe stato, secondo certi racconti, un infido servitore del Paese: nascondeva nella cassaforte carte compromettenti sul sequestro Moro. Sputtanato.

Antonino Caponnetto, sfuggito agli agguati di Cosa Nostra e caduto nella Rete, adesso rivela vicende sconosciute. L'assassinato Giovanni Falcone, che secondo Orlando insabbiava i processi, da Tommaso Buscetta aveva imparato già tutto su mafia e politica. Non aveva verbalizzato le sconvolgenti rivelazioni per un riguardo a don Masino che temeva per la pelle.

È una scoperta straordinaria, anche se un po' tardiva: il «boss dei due mondi», così lo hanno battezzato, che ha tentato un vero suicidio, che ha mezza famiglia accoppata, che ha rivelato i segreti di Cosa Nostra, prega il dottor Falcone di lasciar perdere. Falcone aderisce. Umano, ma non corretto.

Il guaio è che non è andata proprio così. Buscetta gli disse: «Dobbiamo scegliere chi deve morire per primo, e se lei intende continuare a fare il magistrato. Parliamo di quello che è subito riscontrabile: in futuro, quando lo Stato sarà pronto, affronteremo la politica».

Sono cose che ho scritto e che ho voluto ancora controllare: Buscetta conferma. Nessuna confidenza, allora, sui temi e sui personaggi in discussione. Debbono mettersi d'accordo: il pentito, fino a prova contraria, va rispettato. Anche quando non soddisfa le nostre convinzioni.

Ciancimino gli disse che un altro estinto, l'onorevole Lima, gli confidò che sempre il povero Giulio entrava in alcune stragi palermitane. Anche La Torre, dopo il prefetto-generale. Ancora voci dall'aldilà.

Quando il senatore Andreotti ha preso parte a una mia trasmissione, non abbiamo concordato altro che l'orario: sapeva chi c'era, non di che cosa si parlava.

Prima di entrare in studio gli dissi: «Qualcuno le chiederà perché non rinuncia all'autorizzazione del Parlamento, e non va subito in tribunale». Avrebbe sgombrato il terreno di alcune critiche: ma non si fidava. Credo che ci andrà lo stesso, e gli è sfuggito un bel gesto.

Confermo la stima in Buscetta: ripeto, non ha mai tradito la mia fiducia. Quello che diceva era vero; spesso anticipava anche i fatti, del resto mai smentiti. Anche lui si rifà alle confidenze di qualche scomparso, ma non ha mai parlato, per quanto ho letto, di ridicole cerimonie di iniziazione, con sangue che sgorga e santini che bruciano.

Non riesco a capire come non si riesca a sapere se un piccolo aereo noleggiato ha portato Andreotti a Trapani per un incontro con i cosiddetti «uomini d'onore». Lo scalo di Trapani, senza offesa, dovrebbe essere meno movimentato del Kennedy Airport.

Non è stato ancora scoperto, mi scuso se la notizia mi è sfuggita, il covo di Riina: ma la villa dei convegni del senatore a vita dovrebbe essere almeno nota, visto anche il numero dei partecipanti e la minuzia delle descrizioni, come quella dove fu firmato il trattato di Villafranca.

Gesù, invocava lo scrittore Domenico Rea, fate luce. Mi associo. Il Signore sa il bene che voglio a Indro Montanelli (spero lo sappia anche lui), ma non condivido le sue perplessità su Caselli, Violante e Pellegrino perché «sono comunisti».

Con quello che hanno combinato socialisti, democristiani, e anche certi liberali, e certi repubblicani, e sempre in nome del partito, eviterei, caro Maestro, gli schemi ideologici.

E asteniamoci dalla crociata contro Giulio Andreotti. Avrà i vizi del potere: quelli di un insistente presidente del Consiglio: non della Murder Incorporated. Aspettiamo un momento prima di considerarlo il potenziale leader di una banda di assassini.

17 aprile 1993

IL POTERE FA ANCHE SOFFRIRE

«Prima o poi le vecchie volpi finiscono in pellicceria» diceva una volta Craxi: e alludeva a Giulio Andreotti. Adesso invece lo difende non solo perché «gli anni passano e gli uomini cambiano», ma è convinto che la parte dello «zio», che qualche pentito di Cosa Nostra attribuisce all'ex presidente del Consiglio, non è proprio tagliata su misura.

Come poteva per tanto tempo ordire, nelle stanze del potere, bieche manovre senza che qualche ministro o qualche sottosegretario (e ce ne erano tanti) si insospettisse?

E chi è che lancia le prime accuse? Chi scatena la campagna? Se la memoria funziona, Leoluca Orlando si indigna quando, per le elezioni europee, è costretto a porre il dilemma: «O me o Lima» e De Mita sceglie Lima. E Lima chi è? Il rappresentante in Sicilia di Andreotti e, soprattutto, un mafioso. Un tale Pellegriti assicura che è stato proprio l'onorevole andreottiano il mandante dell'uccisione di Mattarella: e Falcone lo incrimina, perché è anche convinto che il pentito è gestito dai servizi.

Procediamo: ed ecco che si fa vivo Leonardo Messina. Racconta, nientemeno, che Andreotti è stato *punciutu*: lo ha saputo da altri detenuti. Ilarità: Andreotti può essere anche Belzebù, ma è difficile vederlo mentre, per rispetto del cerimoniale di iniziazione, si scotta le dita con il santino che brucia e poi fa uscire qualche goccia di sangue.

Poi interviene Buscetta: seppe, non vide, di alcuni compari che sarebbero andati a Roma a rendere grazie al senatore a vita Giulio, che si era dato benevolmente da fare per un processo in Cassazione.

Tra gli introdotti nello studio di piazza Montecitorio ci sarebbe stato anche Filippo Rimi: peccato, osservano i diligenti cronisti, che in quel tempo fosse detenuto.

Poi c'è un viaggio all'isola di Andreotti su un aereo che i Salvo avrebbero noleggiato proprio per lui: ne possedevano già uno, ma evidentemente in quel giorno era impegnato.

Arriva alla fine Balduccio Di Maggio e porta una simpatica nota di colore, un tocco di sentimento: Balduccio è l'autista di Riina, e assiste al bacio del capo che accoglie festosamente l'onorevole appena arrivato da Roma in casa di Ignazio Salvo, al centro di Palermo. Che in quel momento è agli arresti domiciliari.

Dal che si deduce che la «piovra» è anche una associazione, non poi tanto segreta, di deficienti. Il «terzo livello» sarebbe quello, a giudicare dai comportamenti, dei subnormali.

E queste che ho succintamente esposte sono alcune osservazioni sui fatti narrati, che però non inficiano per niente, sempre a mio parere, il comportamento del dottor Caselli e della procura di Palermo. Caselli, arrivato da Torino, raccoglie quello che Falcone e Borsellino avevano seminato. Non va a caccia di elementi di accusa: trasmette al Parlamento quello che alcuni testimoni hanno raccontato. Offre materia di giudizio, non anticipa sentenze. Va negli Usa, ma per un appuntamento che è stato chiesto da tanti mesi, prima che lui arrivasse a quello che fu definito «il Palazzo dei veleni»: e parte solo quando gli americani danno il via.

Non indaga per una specie di ossessione di giustizia: chiede, come il codice impone, l'autorizzazione a procedere. Potrebbe interrogare Andreotti solo se l'indiziato stesso lo chiedesse: vietato ricorrere a intercettazioni, a confronti, a tutte quelle procedure che possono riguardare i cittadini, ma che escludono, e qualche volta salvano, i parlamentari.

Il tribunale di Palermo è da sempre al centro della bufera: ma ora non dovrebbe essere delegittimato dai sospetti. Si muove, mi sembra, con grande trasparenza e secondo le regole della procedura: e manda con i pacchi che spedisce a Roma non solo indizi da discutere e da valutare, ma anche fantasiose stupidaggini. Se questi giudici sbagliano, «l'onorata società» ne trae vantaggio, e se la spassa.

Andreotti chiede di essere sottoposto al vaglio dei ministri, perché si sente al centro di una persecuzione. Rispetto la sua richiesta; ma mi riesce difficile evitare una considerazione: quelli che lo accusano non sono solo appartenenti a una banda criminale, ma l'espressione di una forte corrente di minorati. Ci hanno offerto del Diavolo perfino una versione appassionata: è così difficile resistere all'abbraccio di Riina?

Penso con malinconia che noi, sudditi della Repubblica, non possiamo scegliere chi deve misurare le nostre azioni: e da Orwell abbiamo imparato che per qualcuno la legge è più uguale.

In questa vicenda storica, perché è in gioco non solo la reputazione e la vita di alcune persone, ma anche il passato e la speranza del nostro Paese, si inseriscono anche molte, troppe spinte al protagonismo.

I congiunti dei caduti per le bombe e la lupara meritano comprensione e rispetto, ed è legittima la rivendicazione dei meriti e del sacrificio dei loro cari, ma anche certi silenzi sono delle condanne. Sciascia venne dileggiato quando parlò di «professionisti dell'antimafia»: ma ci sono anche dolori che hanno favorito carriere. Siamo da sempre malati di reducismo: e in Sicilia ci fu un lungo strascico burocratico provocato dalla sistemazione dei garibaldini.

Caselli e i sostituti procuratori trasmettono perché sia rispettato il diritto, anche quello della difesa. Che Andreotti fa benissimo a esercitare: alla coscienza dei suoi colleghi affida la valutazione della sua lunga consuetudine con il potere, che – come si è visto – fa soffrire anche chi lo ha.

Qualcuno ha detto che dove comincia il mistero finisce la giustizia. Forse è venuta l'ora di chiarire qualcuno degli infiniti enigmi che ci opprimono. Quanto buio. Altro che terra del sole.

2 maggio 1993

LUCIANO LIGGIO

Forse ha vinto Tommaso Buscetta: oppure la vita. Tra poco «don Masino» potrà affrontare in Corte d'assise, occhi negli occhi, un mortale nemico: Totò Riina.

Un infarto ha tolto di mezzo Lucianuzzu Liggio, quello che era considerato «il volto nuovo della mafia». E per i corleonesi, inseguiti dai magistrati e dalla polizia, spariscono alcuni capi e cadono alcuni miti.

Tra le vittime di Luciano Leggio, diventato Liggio per una disinvolta trascrizione, ci sono due figli, un fratello, un cognato, un nipote e il genero del vecchio «romantico» padrino. E poi anche due giudici: Scaglione e Terranova, ma in tribunale se la cavò e venne assolto con formula dubitativa. Anche per la gente.

Liggio commentava con ironia: «Quelli che hanno avuto rapporti con me sono tutti disgraziatamente morti, tranne Buscetta».

Cosa Nostra ha un motto che non si presta a incerte interpretazioni: «O con noi o defunti». Una ventina di poveracci che non seppero evitare il dilemma furono prima traditi poi abbattuti. Nello stemma di Corleone c'è un leone rampante: ha azzannato quasi cinquecento volte.

Diceva Liggio, che studiava anche filosofia: «La faccia è lo specchio dell'anima». Gli ho parlato nel carcere di Bad 'e Carros: gonfio, labbra che ridevano insolenti, mentre i denti stringevano il lungo sigaro, lo sguardo ironico dietro le lenti. Evidentemente ci guardiamo con benevolenza. Spiegava con fierezza, citando Socrate: «A lui la cicuta, a me la galera. Ma non ho mai parlato, non ho mai tradito». Su di lui c'erano, di solito, più indizi che conferme. Attribuiva i suoi guai a giudici e a «sbirri» senza scrupoli che avevano conquistato posizioni alle sue spalle.

Ripercorrendo la sua carriera, ammetteva di aver violato più volte la legge: sciocchezze, in fondo, un po' di mercato nero e poi saggi e fortunati investimenti in brillanti che gli avevano procurato «una fortuna immensa».

Mi fece anche un ritrattino del suo erede, Totò Riina, con il quale aveva condiviso per otto mesi una cella: «È un ragazzo che merita, educatissimo, ansioso di crearsi degli amici. Se uscivamo tutti e due, gli proposi di fondare una società, un grande frigorifero per uso commerciale, per affittarlo, perché vedevo in lui una intelligenza enorme. La polizia ci venne a disturbare e non ci siamo più visti».

Di Cosa Nostra non sapeva niente: «Io sono stato considerato un capomafia, e non è vero, fandonie. Se poi esiste non lo so». Poi si lasciava andare a qualche interpretazione culturale: «Leggendo vari autori» spiegava «o rifacendomi al Pitrè, dovrebbe significare bellezza, e non solo fisica: una bella donna, un bel cavallo; ecco, un mafioso è un bel cavallo».

Dissi: — Allora è un complimento.

«Sissignore.»

— Se è così non si offende se dico che lei è un mafioso?

«No, semplicemente mi dispiace di non possedere quella ricchezza del corpo e dello spirito che è sottintesa nel senso bello del termine.»

Aveva molte teorie; sul commercio degli stupefacenti, ad esempio. Vedeva con favore l'eroina libera, dava poca importanza allo spacciatore. «Quando non c'è,» spiegava «lo fanno quelli dei servizi segreti.» La politica, per lui, era «una cosa sporca, troppo sporca», e dopo essere stato con i separatisti se ne era, ovviamente, lavato le mani. «Chi vuole essere onesto» ammoniva «deve farsi i fatti suoi.»

Mi raccontò che iniziava la giornata con il segno della croce e la chiudeva con una preghiera al Signore: «Mi raccomando, fammi migliore». Seguiva l'insegnamento di Gesù, ma non aveva tante guance da porgere «a tutti quei molluschi che credono di diventare uomini accanendosi contro di me». Gli occhi, mentre parlava, diventavano sempre più sottili.

Aveva una spiegazione per tutto; in Sicilia muoiono in tanti «perché» diceva senza imbarazzo «siamo tipi sanguigni, e mentre da altre parti una questione si liquida con una scazzottata, da noi si chiude con un colpo di pistola».

Non confessava rimpianti, né temeva la morte: «Non ho tentazioni suicide perché vivere è bello». Il peccato più grave, per la sua morale, era la superficialità. Forse Liggio non aveva considerato abbastanza che non sempre i detti popolari rispecchiano la realtà: «Chi è orvu, surdu e taci, campa cent'anni in paci». Ha concluso, con qualche tormento, a sessantotto, e senza vedere suo figlio. Credo il suo vero amore.

16 novembre 1993

PROCESSO ALL'ITALIA DC

Quando arrestarono Enzo Tortora scrissi un articolo il cui senso era nel titolo: e se fosse innocente? Mi aveva colpito il cerimoniale delle manette che fu sincronizzato con l'arrivo della troupe del telegiornale.

Per la qualità di certi testimoni: ricordo un pittore che si era già fatto notare per alcune clamorose esibizioni. Non gli avresti fatto credito di 10.000 lire.

Poi lo schieramento della stampa, che riconfermava l'attendibilità di un certo detto: «La colleganza è odio vigilante».

E ancora l'umanità del personaggio: spacciatore di droga era una figura che mi pareva inventata e ritagliata con perfidia.

E dopo vennero le squallide sceneggiate della detenzione: i farabutti che attaccavano il presentatore godevano, anche da carcerati, di parecchi privilegi. Ricevevano le fidanzate con tale larghezza di movimento da poterle perfino ingravidare, posavano per i rotocalchi con l'appassionata collaborazione tecnica dei tutori della legge, consumavano pasti da gourmet e si concedevano anche languide telefonate internazionali.

Ho ripensato a questa storia leggendo i necrologi di Giovanni Goria: cancro. E tumore è stato anche per Franco Evangelisti. E la stessa insidia, dicono, minaccia la vita di altri due popolari nomi della politica e delle cronache giudiziarie.

C'è un rapporto tra stress e cellule maligne? Ci furono medici che lo sostennero quando Tortora agonizzava. Di sicuro quella passione lo debilitò, lo rese ancora più fragile, e più disperato nella battaglia che aveva ingaggiata nel nome della giustizia.

E dopo, lo confesso, mi è venuto in mente Giulio Andreotti: neoplasie, si capisce, escluse. Finalmente è stato rinviato a giudizio, e di una affermazione almeno avrà dovuto ravvedersi: il potere logora, eccome, soprattutto chi lo ha.

Con lui, ha scritto acutamente Sergio Romano, processeranno l'Italia, quaranta e più anni di vicende di questo Paese. Sul banco degli imputati sederemo anche noi: la magistratura compresa, che con questa decisione mette in gioco non solo la reputazione del tribunale di Palermo, che ha già subìto nel tempo trascorso robusti scossoni, ma un metodo di indagine che si fonda anche in larga parte sulle rivelazioni dei cosiddetti pentiti.

È augurabile che per ogni deposizione, anche per quelle che sembrano strampalate, ci siano prove inconfutabili. Giulio Andreotti che prende un aereo da Copenaghen per correre a Palermo dove c'è una Festa dell'amicizia, che evidentemente intende sia estesa anche a Cosa Nostra, e sfugge a una compagnia di onorevoli e alla scorta per andare a baciare Totò Riina sembra, più che una credibile testimonianza, una invenzione di Belzebù, pseudonimo attribuito da Bettino Craxi all'ex presidente del Consiglio.

C'è in questa avventurosa trama un po' di Le Carré e un po' di Stevenson: che doppiezza in questo cattolico romano che avrebbe frequentato la messa delle 6 e l'onorata società in giornata.

Che il suo referente Salvo Lima fosse «chiacchierato», che figurasse nei verbali dell'Antimafia, è indubbio: anche la sua fine legittima gli antichi sospetti. È assai probabile che dicesse agli amici: «State tranquilli, ché a Roma c'è il nostro Giulio che sistema tutto»: ma aspettiamo di potere leggere i verbali, e di sapere quali processi ha «aggiustato», e anche, mi pare ovvio, chi sono i giudici che si sono prestati alla sporca operazione, e se sono indiziati di reato.

La situazione sembra un po' complicata perché ora c'è una delle nove «gole profonde», un tale Cancemi, che tira in ballo quattro rispettabili toghe del Palazzo siciliano: e ritorna la memoria del povero «Corvo», sputtanato, condannato, poi assolto.

Siamo in tanti a pensare che la Prima Repubblica è finita, e che il palcoscenico va ripulito da certi protagonisti del dramma: anche se alcuni sono ancora in scena, con il nuovo trucco, per la farsa. Bisogna vincere le cosche, per rispetto del sacrificio dei Giovanni Falcone e dei Paolo Borsellino, ma non c'è fine superiore che renda accettabile qualunque mezzo.

Senza Tommaso Buscetta e senza quelli che lo hanno seguito non si sarebbero ottenuti certi risultati: e c'è sempre la possibilità di controllare le loro «verità», e Falcone e il questore Gianni De Gennaro sapevano farlo. Ma non mi sembra logico affermare, come ho letto da qualche parte, che avendo Balduccio Di Maggio, uno degli ultimi convertiti, favorito l'arresto di Totò Riina, è per forza attendibile anche quando parla di amplessi del suo capo con il capo del governo. È vero che nel cuore c'è tanto spazio, ma questa versione di un Andreotti sentimentale, a prima vista, sembra eccessiva. Anche se, probabilmente, è solo un particolare colorito: ci può essere ben altro.

Tra poco, ci auguriamo, il senatore uscirà, entrando in un'aula giudiziaria, da quello che ha chiamato «un incubo crudele». Forse non è feroce, ma un pensiero oppressivo lo è anche per 57 milioni di sudditi di questa che si presenta come Seconda Repubblica: per alcuni decenni siamo davvero stati guidati dal Grande Vecchio che, mentre morivano poliziotti, carabinieri e giudici, trattava e complottava con i loro assassini?

Giulio Andreotti non è sospettato, come tanti suoi onorevoli colleghi, di essere un ladro: niente soldi, ma un assassino. E perché accecato da quella tentazione che dovette affrontare anche Gesù nel deserto: l'autorità, il comando, l'ossequio della gente. Un misto di incenso e di esplosivi: terribile. La confessione, questa volta, va fatta davanti a una corte. E sarà l'esame di coscienza di una nazione.

4 giugno 1994

UN UOMO, UN SIMBOLO, UN'EPOCA

Finalmente Giulio Andreotti, senatore a vita, sette volte presidente del Consiglio, venti ministro, andrà a raccontare la sua vicenda a un tribunale. Quella misteriosa, quella che la gente non conosce e che dovrebbe essere svelata dagli atti processuali. Il condizionale, mi sembra, non è soltanto opportuno, ma doveroso.

Non siamo seguaci di quella scuola di pensiero predicata da un politico siciliano che afferma: «Il sospetto è l'anticamera della verità». Per noi è invece il salotto del linciaggio.

Finalmente Giulio Andreotti sarà esposto al giudizio del codice, non alle indiscrezioni giornalistiche o ai sondaggi televisivi. Sarà discusso un uomo, diventato quasi il simbolo di un'epoca, ma per quelle responsabilità che sono contemplate dalle norme penali: non ci attendiamo, e non compete ai magistrati, il giudizio della Storia.

Se potrà dimostrare la sua innocenza, avremo un altro martire: perché ha vissuto giorni terribili, che hanno pesato in modo devastante anche sulla sua famiglia Perché nessuno potrà riparare.

Se risulterà colpevole, se era lui il manovratore di Cosa Nostra, vorrà dire che, oltre che da molti ladri, siamo stati governati anche dai complici, o dagli ispiratori, degli assassini. Che si faceva il male annunciandone la sconfitta, che la Croce del Golgota veniva usata non come simbolo della redenzione ma come arma contundente.

Finalmente sapremo che non si trattava di indizi ma di prove, che non era una sfida tra Palazzi, ma avremo la conferma che la legge (più o meno) è uguale per tutti. Tanti hanno vissuto convinti che l'ora della punizione non sarebbe mai arrivata.

Non siamo favorevoli alle udienze trasmesse in tv come alternativa alla «Ruota della fortuna» o al Festival di Sanremo: ma questa è una straordinaria occasione per fare pubblico. Non ci piacciono le condanne pronunciate davanti alle telecamere, perché diventano ergastoli. Ma nel «caso Andreotti» c'è il «caso Italia», ci siamo tutti noi, come testimoni, e in qualche modo anche complici involontari. Molti credevano di votare per la libertà: scoprirebbero che dietro lo scudo crociato non c'era la speranza ma l'intrigo fosco, qualcuno barattava il consenso con l'omertà. C'è sempre nell'aria un conto Protezione. Andreotti era, tra i rappresentanti del nostro popolo, forse quello che godeva anche del maggior prestigio internazionale: ho sentito fare il suo elogio dai russi comunisti, dagli israeliani, e i cinesi gli offrivano ospitalità anche in tempi non lontani. Se è vero che baciava Totò Riina, è provato anche che si può ingannare tutti e molto a lungo.

In un biglietto di auguri natalizi aveva fatto stampare questa massima: «Il primo dei doveri è di essere giusti; il primo dei beni è la pace dei nostri cuori». Non sono parole di sant'Agostino ma di Voltaire: gliele ricordo in queste ore, e le scrivo anche per tutti noi.

3 marzo 1995

Appendice

Legenda

Testate

CS: Corriere della Sera
PA: Panorama

Rubriche

(DT): Diciamoci tutto
(SP): Strettamente personale

Note

I
Il Vecchio e il Nuovo

E ora l'onesto Mino, PA, 28.2.1993, «E ora torniamo alla politica» (fra virgolette sono indicati i titoli originali dell'articolo).
Les dieux (?) s'en vont, PA, 11.4.1993, «Italia anno uno».
Paura di chi?, PA, 25.4.1993, «Referendum» (DT).
Si ricomincia, PA, 6.6.1993, «Attentato all'Italia» (DT).
Tanto rumor per..., CS, 24.6.1993, «Calma, il dottor Formentini non assomiglia a Ceausescu».
Modeste proposte, PA, 4.7.1993, «Lettera ai nuovi sindaci» (DT).
Fantasmi, PA, 11.12.1993, «Requiem in bianco».
Diavoli e cretini, CS, 13.2.94, «Italiani anno zero».
Tristi amori, CS, 3.3.1994, «Sondaggi, i motivi per non crederci» (SP).
Idealisti e poltrone, CS, 31.3.1994, «Ma quanti idealisti in cerca di poltrona» (SP).

Speranze e illusioni, PA, 8.4.1994, «Agenda per una nuova Italia».
Il dovere della memoria, PA, 30.4.1994, «25 aprile: una festa per ricordare».
La sfida della verità, CS, 1.6.1994, «Scalfaro dica la verità».
Il suo momento più bello, CS, 16.6.1994, «Il Cavaliere, Occhetto e l'inganno del potere» (SP).
Anche per lottizzare ci vuole stile, PA, 23.7.1994, «È il momento di governare» (DT).
Complimenti, PA, 6.8.1994, «Scusi, ha detto mezza... che?» (DT).
Parole, parole, parole, PA, 7.10.1994, «Fermate Chiacchieropoli!» (DT).
A proposito di democrazia, PA, 9.12.1994, «Antifascismo non fa rima con censura» (DT).
Teatrini e capicomici, CS, 15.12.1994, «Non vorrei risentire "meglio i puzzoni"» (SP).
Chi paga il conto, CS, 20.12.1994, «Niente marce Cavaliere».
Mr Smith va a Washington, CS, 31.12.1994, «L'anno che va».
Colpo di Stato?, CS, 12.1.1995, «Il golpe, la volpe e i trasformismi» (SP).
Matrimonio a tre, PA, 13.1.1995, «Quell'impossibile matrimonio a tre» (DT).
Cinquant'anni dopo, PA, 10.2.1995, «E ora che il dopoguerra è finito...» (DT).
Di Pietro e la Madonna, CS, 25.2.1995, «Se Di Pietro è come la Madonna» (SP).

II
Protagonisti & comparse

Luigi Abete, CS, 2.3.1993, «"Corruttori in galera, salviamo i ricattati"».
Renato Altissimo, CS, 10.2.1994, «"Abbasso Di Pietro. Evviva Ceausescu..."» (SP).
Pietro Barilla, PA, 25.4.1993, «Tra Barilla e Venere» (DT).
Silvio Berlusconi, CS, 18.8.1994, «Cavaliere, troppa Tv. I fatti parlano da soli» (SP).
Paolo Casaroli, PA, 17.1.1993, «Quell'ultimo bandito da film» (DT).
Carlo & Diana, PA, 10.1.1993, «Sulla corona dominano le corna» (DT).
Alcide De Gasperi, PA, 2.9.1994, «De Gasperi, che esempio» (DT).
Antonio Di Pietro, PA, 16.12.1994, «Cincinnato».
Federico Fellini, PA, 7.2.1993, «Così cominciò Fellini» (DT).

Raul Gardini, PA, 1.8.1993, «L'ultima regata».
Reginald Green, CS, 3.10.1994, «Lettera a un padre».
Giovannino Guareschi, PA, 11.7.1993, «In memoria di Peppone» (DT).
Helmut Kohl, PA, 11.11.1994, «Cancelliere d'Europa» (DT).
Alessandra Mussolini, PA, 28.11.1993, «Achtung, Mussolini!».
Albert B. Sabin, PA, 21.3.1993, «Eroe senza Nobel».
Palmiro Togliatti, PA, 11.4.1993, «Il Migliore, ma fallito» (DT).
Ersilio Tonini, PA, 11.11.1994, «Il Cardinale, io e Dio».
Vladimir V. Žirinovskij, PA, 18.2.1994, «E se fosse un altro Führer?» (DT).

III
Polemiche

La vita non è una telenovela, PA, 7.2.1993, «Diario di una rivoluzione».
Persecuzioni, stampa e tv, PA, 16.5.1993, «Fumus & arrosto».
Non è più tempo d'eroi, PA, 25.7.1993, «Dalli all'eroe!».
La giustizia e la vita, PA, 1.8.1993, «I giudici e il suicida».
La resa dei conti, PA, 22.8.1993, «Quel poker fatto di scartine» (DT).
La virtù del riserbo, CS, 14.10.1993, «Il pool? Come la nazionale, ma ora attenti agli autogol» (SP).
Una Mata Hari nostrana, CS, 21.10.1993, «Donatella ci dà una certezza. Le nostre sono ''Forze amate''» (SP).
Beffati e scontenti, CS, 11.11.1993, «Due sicurezze ci restano. Le tasse e il Totocalcio» (SP).
Lenzuola e valigette, PA, 4.3.1994, «Peggio Tangentopoli o Lenzuolopoli?» (DT).
Voti e salumi, PA, 8.4.1994, «Ma la tv sarà stata determinante?» (DT).
Retorica e ipocrisia, CS, 3.5.1994, «Biglietto di sola andata».
Magistrati brava gente, CS, 5.5.1994, «Un grazie ai giudici per quel grande ''no''» (SP).
Governo di famiglia, PA, 21.5.1994, «Che governo!».
La gogna telematica, CS, 27.5.1994, «Mostri e boss in diretta».
Duri e gay, PA, 25.6.1994, «Più rispetto per l'omo» (DT).
Nuove mode e tempi andati, PA, 9.7.1994, «Bella Italia, odiate sponde...».
Altro che «Beautiful», CS, 14.7.1994, «Montanelli, la libertà e quei fischi a Liguori» (SP).
Trucchi, decreti, favori, PA, 30.7.1994, «Quel garantismo un po' sospetto» (DT).

Spot, timbri, svaghi, CS, 9.8.1994, «Le vie di carosello».
Epuratori e macchiette, PA, 9.9.1994, «È autunno: basta col varietà» (DT).
L'Ambra che parla, CS, 15.9.1994, «C'è sempre alla fine l'uomo del miracolo» (SP).
Déjà vu, CS, 14.9.1994, «Le maschere del Leoncavallo».
Lo stratega del Bar Sport, PA, 16.9.1994, «Bossi, anche il ridicolo uccide» (DT).
Il puro e il porno, CS, 22.9.1994, «Non cantiamo inni alle scuderie porno» (SP).
Parliamo un poco di me, PA, 18.11.1994, «Non ridateci l'Eiar del regime» (DT).
Finisca il suo lavoro, CS, 6.12.1994, «Non mollare».
Exit Di Pietro, CS, 7.12.1994, «Lo sceriffo disarmato».
Un messaggio di Capodanno, CS, 2.1.1995, «I fiori del presidente».
La violenza tra noi, CS, 30.1.1995, «Non solo calcio».
Tiro incrociato, PA, 3.3.1995, «Onorevole Previti» (DT).
Il peso delle parole, CS, 6.3.1995, «Il tiro delle parole».

IV
Informazione, Rai e dintorni

Testimoni, non giudici, CS, 25.2.1993, «Se si sacrifica un uomo sull'altare dell'audience» (SP).
A proposito di indipendenza, CS, 29.4.1993, «Caro Curzi, la democrazia non si misura in minuti» (SP).
Arrivano i Professori, PA, 11.7.1993, «E adesso, liberi tutti».
La libertà è una clausola?, PA, 5.9.1993, «Arsenico e vecchie mazzette».
In nome della gente, PA, 26.9.1993, «Il postino sbaglia sempre due volte» (DT).
I fusti della telecamera, PA, 31.10.1993, «Figlioli miei, ricomponetevi!».
Penne Sporche e veleno, CS, 14.3.1994, «Le tangenti e il resto».
Il delirio dell'autocelebrazione, CS, 28.4.1994, «Quanti padroni ci sono alla Rai» (SP).
La Rai non c'è più, PA, 18.6.1994, «Rai. Assedio a Saxa Rubra».
I nuovi crociati, PA, 9.7.1994, «Se non morde, che giornalista è» (DT).
Arrivano i loro, CS, 13.7.1994, «Il gallinaio televisivo».
Carriera, tutto si fa per te..., PA, 30.9.1994, «San Tatarella intercedi per me» (DT).

Donna Letizia, PA, 2.12.1994, «Video delle mie brame».
A proposito di «par condicio», CS, 19.2.1995, «Attenti al latino».

V
I misteri della mafia

«Don Masino» e Riina, PA, 24.1.1993, «Dio è grande: Riina pagherà!».
«A me non servono le prove», CS, 1.4.1993, «Orlando non vuole prove. Di quale giustizia parla?» (SP).
Non si salva nessuno, CS, 17.4.1993, «Io, Buscetta e Montanelli».
Il potere fa anche soffrire, PA, 2.5.1993, «Andreotti: le due verità».
Luciano Liggio, CS, 16.11.1993, «"Mafioso è un complimento"».
Processo all'Italia dc, PA, 4.6.1994, «Andreotti e le gole profonde» (DT).
Un uomo, un simbolo, un'epoca, CS, 3.3.1995, «La giustizia vera».

INDICE DEI NOMI

Abete, Luigi 95
Adenauer, Konrad 133 135
Adorno, Theodor Wiesengrund 151
Agnelli, Gianni 214
Agnes, Biagio 248 285
Agostino, santo 150 225 279 312
Aiello, membro del Csm 168
Aiuti, Ferdinando 182
Alberto da Giussano 45 83 221
Alessandro il Grande, re di Macedonia 7
Alessi, Domitilla 275
Alicata, Mario 145
Alighieri, Dante 194
Altissimo, Renato 101 102 154 192
Alvaro, Corrado 39 130
Amal, dottore (Petronilla) 248
Amato, Giuliano 22 24
Ambra (Ambra Angiolini) 215-218
Amendola, Giorgio 59 115
Amendola, Giovanni 200
Amleto 179
Amorese, Roberto 169
Andersen, Hans Christian 271
Andrea d'Inghilterra 112
Andreotti, Giulio 8 13 19 20 22 98 156 163 164 171 194 205 212 247 249 288 297-304 308 309 310 311-312
Anna d'Inghilterra 112
Ansaldo, Giovanni 277
Anselmi, Giulio 199
Apollonia, santa 278
Appelius, Mario 277
Arafat, Yasser 10
Arbore, Renzo 268
Aristotele 66
Arlacchi, Pino 196
Armanini, Walter 97 162
Ascari, Alberto 190
Auden, Wystan Hugh 200
Aznavour, Charles 107

Bacchelli, Riccardo 49 274
Badoglio, Pietro 163 267
Baldi, Alessandro 9
Balocchi, Maurizio 223
Balzamo, Vincenzo 174 298
Bancor 177
Barilla, Guido 104
Barilla, Luca 104
Barilla, Paolo 104
Barilla, Pietro 103-106
Barilla, Riccardo 104
Barilla, Virginia 104
Barre, Raymond 277
Barrie, James M. 200

Bartolini, Miriam v. Lario, Veronica
Barzini, Luigi 191
Bassanini, Franco 57
Bassolino, Antonio 138
Baudo, Pippo 139 250 275
Bechelloni, sociologo 70
Beckett, Samuel 72
Benvenuto, Giorgio 24
Berlinguer, Enrico 59 203
Berlusconi, Paolo 9 95
Berlusconi, Silvio 9 43 44-48 50 56 58-60 62 63 65 67 68 70 71 73-81 82-87 106 119 133 187 192-195 198 201 202 204-206 209 211 214 215 217 221 222 229 233-237 238 254 258 259 260 272 273 274 275 278
Bernabei, Ettore 213 250 269
Bernacca, Edmondo 248
Bernanos, Georges 149
Berni, Lorenzo 112
Berni, Mara 112
Berselli, Filippo 111
Bertinotti, Fausto 43 45 46 50 71 80 86 203
Biagi, Enzo 212 213 227-229 237 238 263
Bianchi, Pietrino 105
Biffi, Giacomo 79
Billia, Gianni 280 281 282
Bindi, Rosi 44
Biondi, Alfredo 66 80 120 207 208 210 214
Biscardi, Aldo 254
Bismarck-Schönhausen, Otto von 133
Blasetti, Alessandro 123
Bobbio, Norberto 14
Bocca, Giorgio 65 212 227
Boccasile, Gino 55
Bolívar, Simon 35
Bombacci, Nicola 80
Bonaccorsi, Arconovaldo 88
Bongiorno, Mike 188 194 259 268
Bonino, Emma 133
Boniver, Margherita 26
Bontade, Stefano 293
Bontempelli, Massimo 130
Booth, Hankley 184
Boralevi, Antonella 204 205
Borghese, Junio Valerio 88
Borgia, Lucrezia 47
Borrelli, Francesco Saverio 24 120 163 165 166 176 179 191 192 196 230
Borsa, Mario 25
Borsellino, Paolo 294 303 309
Borsi, Giosuè 231
Bossi, Umberto 18 32 35 45 50 56 60 62 63 71 73 77-81 82-84 106 108 119 137 192 194 198 201 219 220 222 253 260 270 273 276
Botticelli (Sandro Filipepi) 29
Brancati, Vitaliano 130
Brandt, Willy 120 133 134
Braun, Wernher von 151
Britten, Benjamin 199
Broccoletti, Maurizio 57
Brontë, sorelle 260
Bruno, cugino dell'autore 87
Bulgakov, Michail A. 212
Buonarroti, Michelangelo 194 199
Buscetta, Tommaso (don Masino) 7 20 197 202 291-296 299 300 302 305 309
Buttafava, Vittorio 108
Buttiglione, Rocco 72 73 222
Buzzati, Dino 130

Cabassi, famiglia 180
Cagliari, famiglia 172
Cagliari, Bruna 8 171 172

Cagliari, Gabriele 8 125 169 171-173
Cagliari, Silvano 172
Cagliari, Stefano 172
Caldara, Emilio 219
Caldwell, Erskine 87
Calò, Pippo 296
Calvi, Roberto 213 298
Cambronne, Pierre-Jacques-Étienne barone di 259
Cancemi, Salvatore 309
Cannizzi, magistrato 167
Cantore, Paolo 229
Capitini, Aldo 90
Capone, Alphonse (Al) 202
Caponnetto, Antonino 24 299
Capote, Truman 184 200
Capra, Frank 78 87
Carboni, grafico 105
Cardini, Franco 281
Carducci, Giosue 222
Carli, Guido 177
Carlo d'Inghilterra, principe di Galles 9 112 114 115
Carlucci, sorelle 260
Carnevale, Corrado 298
Carrà, Raffaella 193 260
Carroll, Lewis 200
Cartland, Barbara 114
Casaroli, Paolo 108-112
Caselli, Caterina 232
Caselli, Giancarlo 75 163 196 298 301 303 304
Casini, Pierferdinando 44 63 92
Castellani, Valentino 32 34 35
Caterina, santa 56 233
Cavallari, Alberto 229
Cavour, Camillo Benso conte di 232
Ceausescu, Nicolae 32 102 246
Ceccarelli, Filippo 184
Cecchi, Emilio 130
Cecchi Gori, Mario 257
Cecchi Gori, Vittorio 257
Čechov, Anton P. 87
Cederna, Camilla 165
Celentano, Adriano 43
Cencelli, 194 267
Čerebranov, scienziato 155
Cesare, Gaio Giulio 84 199 274
Chaplin, Charlie 58 78 108
Chiambretti, Piero 257 282
Chiesa, Mario 121 161 167
Chiodi, Roberto 166
Chiti, Carlo 189
Chruščëv, Nikita S. 145
Churchill, Winston L. S. 52 64 87 133 145 185
Ciampi, Carlo Azeglio 8 50 214 272
Ciancimino, Vito 21 300
Ciarrapico, Giuseppe 22
Cicala, Mario 168 192
Ciccardini, Bartolo 51
Cicciolina (Ilona Staller) 225
Cirino Pomicino, Paolo 22 174
Clausewitz, Karl von 221
Clemenceau, Georges 66 133
Clinton, Bill 183 205 216 276
Colette, Sidonie-Gabrielle 199
Colleoni, Bartolomeo 176
Colombo, Cristoforo 78
Colombo, Furio 250 286
Colombo, Gherardo 24 172 179
Comazzi, Alessandra 217
Comencini, Luigi 268
Compagnone, Luigi 136
Confalonieri, Fedele 85
Conso, Giovanni 160
Conzales, Daniela 217
Corradi, Egisto 266
Correnti, Giovanni 173
Cosimo I de' Medici, granduca di Toscana 30
Cossiga, Francesco 73 120 194 230
Cossutta, Armando 144
Costa, Raffaele 82

Costanzo, Maurizio 180 268
Costello, Frank 246
Covelli, Alfredo 269
Craxi, Bettino 8 9 13 14 19 23 24 26 28 32 40 56 76 78 119 121 163 164 168 171 173-176 181 185 192-194 205 207 209 213 232 237 238 239 240 247 252 257 267 273 278 280 301 309
Craxi, Vittorio (Bobo) 257
Croce, Benedetto 54 101 144 145
Cronkite, Walter 259 270
Curtò, Diego 178
Curzi, Sandro 138 180 247 251 258 275
Cusani, Sergio 49 186 196 239

D'Aiello, Vittorio 169-171
D'Alema, Massimo 9 63 86 185
Dalla Chiesa, Carlo Alberto 299
Dalla Chiesa, Nando 35
D'Ambrosio, Gerardo 179
D'Annunzio, Gabriele 64 137 215
Dante v. Alighieri, Dante
Davigo, Piercamillo 179 191 192
Deaglio, Enrico 274
De Benedetti, Carlo 74 95 176 214 275
De Chirico, Giorgio 181
De Filippo, Eduardo 35 139 250 261
De Gasperi, Alcide 40 64 115 116 131 144 187 203 212
De Gasperi, Maria Romana 116 117
De Gaulle, Charles 64
De Gennaro, Gianni 309
De Kruif, Paul 141
Delfino, generale 180
Dell'Unto, Paris 174
De Lorenzo, Francesco 66 72 208
Del Noce, Fabrizio 68 274 276 282
Del Turco, Ottaviano 33 41 48
De Luca, Marco 125
Demattè, Claudio 254 258 264
De Michelis, Gianni 101 185
De Mita, Ciriaco 194 302
Deng Xiaoping 35
De Nicola, Enrico 54 115 136
Depardieu, Gérard 105
De Pasquale, Fabio 169 170 172 173
Diana d'Inghilterra, principessa di Galles v. Spencer, Diana
Di Donato, Giulio 66
Di Donna, Leonardo 170
Dietrich, Marlene 185
Di Maggio, Balduccio 302 309
Dini, Lamberto 72 92 237
Di Pietro, Antonio 10 24 27 65 66 71 73 90-92 101 118-120 159 160 162 163 165-168 171 175 179 191-193 208 229-233
Di Rosa, Donatella 179
Disraeli, Benjamin 20
Domingo, Placido 105
D'Onofrio, Francesco 44
Dostoevskij, Fëdor M. 87 107 153
Douglas, Kirk 69
Dozza, Giuseppe 145
Du Barry, Marie-Jeanne Bécu contessa 224

Eco, Umberto 201 202 250
Edoardo VII, re d'Inghilterra e Irlanda 113
Edoardo VIII, re d'Inghilterra e Irlanda 113
Edoardo d'Inghilterra 113
Einaudi, Ida 205
Einaudi, Luigi 39 205

Eisenhower, Dwight David 184
Elisabetta II, regina del Regno Unito 112 113
Eltsin, Boris N. 8 154 156 276
Enrico VIII, re d'Inghilterra e Irlanda 113
Evangelisti, Franco 308

Fabiani, Fabiano 250
Facchini, Eugenio 88 89
Facta, Luigi 64
Falcone, Giovanni 294 295 299 300 302 303 309
Fallaci, Oriana 260
Falqui, Antonello 268
Fanfani, Amintore 39 85
Farris, bandito 109 111
Faruk, re d'Egitto 114
Fede, Emilio 46 58 67 107 211 229
Fellini, Federico 8 103 121 122 124 199 226 268
Feltri, Vittorio 9
Ferguson, Sarah (Fergie) 112
Fermi, Enrico 102 130
Ferrara, Giuliano 66 67 74 75 193 195 208 215
Ferrari, Enzo 132 189 190
Ferri, Enrico 45
Ferruzzi, famiglia 8 95 125
Ferruzzi, Idina v. Gardini Ferruzzi, Idina
Ferruzzi, Serafino 125-127
Filippo Neri, san 202
Fini, Gianfranco 46 50 55 57 73 78 82 89 139 198 201 214 273 276 279 285 286
Fiorello (Rosario Fiore) 60 108 264
Fiori, Publio 198 214
Fiorini, Florio 170
Fiume, Salvatore 171
Fo, Dario 180 220
Forattini, Giorgio 176
Forlani, Arnaldo 119 171 192
Formentini, Marco 8 32 34 47 180 219 222
Formica, Rino 119 175
Forster, Edward Morgan 199
Fortebraccio v. Melloni, Mario
Francesco d'Assisi, san 224
Fregoli, Leopoldo 194
Fumagalli Carulli, Ombretta 44 195
Funari, Gianfranco 188 210 259 260 270

Gabin, Jean 87 202
Galante Garrone, Alessandro 193
Galloni, Giovanni 66 197
Gambino, Agostino 287
Gandhi, Mohandas Karamchand 64
Gandolin (Luigi Arnaldo Vassallo) 258
Garampelli, imprenditore 97
Garattini, Silvio 182
Gardini, Raul 8 124-127 262
Gardini Ferruzzi, Idina 125 126
Garibaldi, Giuseppe 35 250
Garinei, Pietro 268
Garofano, Giuseppe 125 171
Gasparri, Maurizio 214
Gawronski, Jas 86
Gedda, Luigi 86
Gelli, Licio 194 298
Gennaro, san 53 139 224
Gerolamo, san 150
Gervaso, Roberto 198
Gesù Cristo 67 85 150 194 209 224 278 301 306 310
Gheddafi, Muammar 286
Ghino di Tacco v. Craxi, Bettino
Ghitti, Italo 179
Giannini, Guglielmo 37

Gide, André 199
Gigi, zio dell'autore 88
Giolitti, Giovanni 14 180 208
Giovanardi, Stefano 238
Giovanna d'Arco 44 276
Giovanni XXIII (Angelo Giuseppe Roncalli), papa 18 130 147
Giovanni da Copertino, san 278
Giovannini, Sandro 268
Giscard d'Estaing, Valéry 135
Giuda Iscariota 71 77 79 85
Giuliano, Salvatore 202
Giulio Cesare v. Cesare, Gaio Giulio
Giuriolo, Toni 89
Giuseppe, san 7
Giuseppina Beauharnais, imperatrice dei francesi 84 249
Gladstone, William Ewart 20
Gogol', Nikolaj V. 120
Gorbaciov, Michail S. 156 159
Goria, Giovanni 308
Graf, Steffi 106
Gramsci, Antonio 72 81
Grassi, Paolo 256
Graziani, Rodolfo 89
Greco, Michele 295
Greco, Salvatore 295
Green, Eleanor 128 129
Green, Margaret 129
Green, Nicholas 128 129
Green, Reginald 128 129
Greganti, Primo 33 252
Gregoretti, Ugo 250
Greppi, Antonio 219
Grigo, Maurizio 172
Grillo, Beppe 268
Gronchi, Giovanni 54 171
Gruber, Lilli 253-255
Guareschi, Alberto 130
Guareschi, Carlotta 130
Guareschi, Giovannino 39 104 116 130 132
Guglielmi, Angelo 201 254 275 280 282
Guidi, Antonio 69 70
Guzzanti, Paolo 139
Guzzanti, Sabina 47

Hammarskjöld, Dag 75
Harris, Kenneth 115
Heidegger, Martin 151
Hemingway, Ernest 150
Hindenburg, Paul von Beneckendorff von 156 273
Hitler, Adolf 88 90 153 155 156 171 199 203 246 253 265 273
Hobsbawn, Eric 114
Honecker, Erich 56 203
Höss, comandante di Lager 53
Hugo, Victor 278
Hussein, Saddam 246 286

Ielo, Paolo 179
Invernizio, Carolina 278
Iotti, Nilde 117 143-146
Isaia, profeta 150
Iseppi, Franco 283
Isherwood, Christopher 200

Jablokov, scienziato 156
Jacobelli, Jader 187
Jefferson, Thomas 184
Jenner, Edward 142
Jung, Carl Gustav 114

Kafka, Franz 130
Kaiser, giornalista 63
Kefauver, Estes 246
Kennedy, famiglia 184
Kennedy, John Fitzgerald 108 203
Kennedy, Robert (Bob) 33
Kennedy, Edward (Ted) 207
Kessler, sorelle 266

Keynes, John Maynard 200
Kohl, Anneliese 135
Kohl, Helmut 133-135 205
Lady D. v. Spencer, Diana

La Malfa, Giorgio 161 170 192 274
La Malfa, Ugo 64 274
Lamartine, Alphonse de 29
Lanza, Cesare 227 228
La Porta, Gabriele 283
Larini, Silvano 165
Lario, Veronica (Miriam Berlusconi Bartolini) 200-201 205
La Torre, Pio 300
Laughton, Charles 199
Laurence, Timothy 112
Lauro, prefetto 57
Lauro, Achille 136
La Volpe, Alberto 51 254 258
Le Carré, John 309
Leggio, Luciano v. Liggio, Luciano
Lenin, Nicolaj (Vladimir Ilič Ul'janov) 52
Leonardo da Vinci 29 47 102 194 200 216
Leone, Giovanni 165
Leopardi, Giacomo 60
Lerner, Gad 18
Letta, Gianni 193 208 210-212 279
Levi, Arrigo 19 212 263
Liala (Liana Negretti) 114
Libertini, Lucio 99
Liggio, Luciano (Lucianuzzu) 293 305-307
Ligresti, Salvatore 95 171
Liguori, Paolo 204
Lima, Salvo 21 298 300 302 309
Lincoln, Abraham 35 79
Lionello, Oreste 164
Lisi, Giuseppe 250
Lloyd George, David 64
Locatelli, Gianni 254 264 285
Lombardo, Antonino 240 242
London, Jack 278
Longanesi, Leo 89 132
Longhi, Albino 258
Longo, Luigi 59
Loren, Sofia (Sofia Scicolone) 136 137
Lucia, santa 278

MacArthur, Douglas Arthur 75
Maccari, Mino 48
Mach di Palmstein, Ferdinando 72
Machiavelli, Niccolò 81
Maddalena v. Maria Maddalena
Madonna (Luisa Veronica Ciccone) 257
Madonna v. Maria Vergine
Maiolo, Tiziana 66 75 83 202 208
Major, John 184
Malaparte, Curzio 130 277 278
Malgara, Giulio 62
Malpica, Riccardo 185
Manca, Enrico 227
Mancini, Giacomo 176
Mancino, Nicola 57 180
Manconi, Luigi 220 246
Mangione, giornalista 187
Manisco, Lucio 254
Manzoni, Alessandro 14 125
Mao Tse-tung 60 260
Marano, Antonio 278
Marchais, Georges 71
Marchini, Alfio 276 280
Marconi, Guglielmo 102
Margaret d'Inghilterra 113
Maria Antonietta d'Absburgo-Lorena, regina di Francia 59
Maria Goretti, santa 279

Maria Maddalena 224
Maria Vergine 276 278
Marini, Valeria 264
Maritain, Jacques 79
Maroni, Roberto (Bobo) 65 81-84 194 207 219
Marotta, Giuseppe 130
Martinazzoli, Mino (Fermo) 9 13 14 33 39 46 159 221 247
Martini, Carlo Maria 152 257
Martini, Simone 29
Martone, membro del Csm 168
Martucci, Matilde (la Zarina) 182 186
Marzullo, Gigi 250
Masaccio (Tommaso di ser Giovanni Cassai) 29
Masaniello (Tommaso Aniello d'Amalfi) 62 81 223
Mastella, Clemente 44 59 198
Mata Hari (Margaretha Geertruida Zelle) 179 182
Matarrese, Antonio 201 253
Mattarella, Piersanti 302
Mattei, Enrico 95 170
Maughan, William Somerset 200
Mauriac, François 277
Mauro, Ezio 199
Mazzini, Giuseppe 49
Mazzolaio, Gino 169
Medici, famiglia 29
Meissner, Otto 273
Melloni, Mario (Fortebraccio) 191
Meluzzi, Alessandro 65 76
Merlin, Lina 266
Messina, Leonardo 302
Mezzofanti, Giuseppe Gaspare 216
Miccio, Mauro 275 276
Michalkov, Nikita 103
Michelangelo v. Buonarroti, Michelangelo
Michelini, Alberto 82
Mieli, Paolo 199
Miglio, Gianfranco 83
Milano, Emmanuele 250
Milo, Sandra 184
Miloševič, Slobodan 154
Mimun, Clemente 283
Minoli, Giovanni 228 283
Minuti, Luigi 36
Minzolini, Augusto 92 279
Missiroli, Mario 266
Mitterrand, François-Marie 205 277
Modigliani, Amedeo 182
Modugno, Domenico 70
Molligan, Stephen 185
Molnár, Ferenc 136
Mondadori, Arnoldo 106
Mondadori, famiglia 46 106
Monelli, Paolo 278
Monroe, Marilyn 258
Montagnana, Rita 145
Montanelli, Indro 9 20 204 215 229 270 301
Montepin, Xavier de 278
Montesquieu, Charles de Secondat barone di 66
Monti, Mario 133
Monticone, Franco 179
Morandi, Giorgio 181
Moratti, famiglia 281
Moratti, Gabriele 281
Moratti, Gianmarco 281
Moratti, Gilda 281
Moratti, Letizia (Letizia Brichetto Arnaboldi Moratti) 280 281-286
Moriconi, Valeria 260
Moro, Aldo 39 43 159 173 299
Moro, Tommaso 107 259
Mosconi, Antonio 185
Mozart, Wolfgang Amadeus 144
Muccioli, Vincenzo 281

Mugherli, Franco 276
Muller, Paolo v. Casaroli, Paolo
Musso, Luigi 190
Mussolini, famiglia 138
Mussolini, Alessandra 136-140 175
Mussolini, Benito 28 54 55 64 76 80 84 88 136-138 155 194 198 203 253 265 277
Mussolini, Romano 136
Mussolini Guidi, Rachele 137-139

Napoleone I Bonaparte, imperatore dei francesi 84 206 225 249
Napoleone III Bonaparte, imperatore dei francesi 271
Napolitano, Giorgio 133 249
Nardo, Sebastiano 20
Nasalli Rocca, Giovanni Battista 54
Nello, falegname 126
Nenni, Pietro 41 115-117 144 175 187 203
Nesi, Nerio 23
Nixon, Richard 165
Noè 59 177
Novelli, Diego 32 35
Nuvolari, Tazio 189

Occhetto, Achille 9 18 33 36 46 50 51 59 60 175 185 187 205
Occhigrossi, magistrato 69
Orlando, Federico 275
Orlando, Vittorio Emanuele 86
Orlando Cascio, Leoluca 17 20 52 297-299 302
Orwell, George 207 304
Ottone, Piero 229

Pacciani, Pietro 196 197
Padre Pio (Francesco Forgione) 164
Pagliarini, Giancarlo 83
Paissan, Mauro 67
Pajetta, Giancarlo 59 187 202 269
Palazzi, Fernando 82 225
Palladio, Andrea (Andrea di Pietro della Gondola) 216
Pannella, Marco 46 197 198 200 275
Pansa, Giampaolo 23 173
Panzini, Alfredo 181
Parenti, Tiziana (Titti) 44 65 179
Park, William 141
Parker-Bowles, Camilla 114
Parlato, Valentino 66 99
Parri, Ferruccio 46 115 116
Pasolini, Pier Paolo 200 219
Pasquarelli, Gianni 264
Passigli, Stefano 70 71
Pasteur, Louis 141
Patelli, Alessandro 192
Pavarotti, Luciano 24
Pavese, Cesare 89 149
Pellegrino, magistrato 301
Pellegriti, Salvatore 302
Pellico, Silvio 232
Peppino, pescatore 126
Perna, Giancarlo 201
Perón, Juan Domingo 298
Pertini, Sandro 267
Pesenti, Giampiero 95
Petrolini, Ettore 26 196 202 265
Phillips, Mark 112
Picasso, Pablo 35 181
Pilato, Ponzio 159 298
Pillitteri, Paolo 36
Pilo, Gianni 63 66 198 234
Pini, Giorgio 88
Pini, Luisa 88
Piovani, Pietro 221
Piovene, Guido 125 130

Pirandello, Luigi 146 179
Pisciotta, Gaspare 169
Pitrè, Giuseppe 306
Pittàno, Giuseppe 82 201
Pivetti, Irene 61-63 276 280 283
Plessis, Alphonsine 224
Poggiolini, Duilio 181 182 185 263
Pollastrini, Barbara 185
Pompadour, Jeanne-Antoinette Poisson marchesa di 224
Popov, Aleksandr Stepanovič 156
Porta, Carlo 84
Porter, Cole 199
Pozzi, Moana 178 224-226 279
Prandini, Giovanni 174
Previti, Cesare 71 74 86 193 237 286
Princip, Gavrilo 219
Provenzano, Bernardo 293

Quant, Mary 113
Quaranta, Guido 137
Quasimodo, Salvatore 172

Raffai, Donatella 181
Ranuzzi, bandito 109 111
Rea, Domenico 301
Reagan, Ronald 74 159 298
Reviglio, Franco 22 23
Righetti, Donata 204
Riina, Salvatore (Totò) 7 56 180 195 197 205 241 291-296 301 302-304 305 306 309 312
Rimi, Filippo 302
Rizzoli, Angelo (Angelone) 106
Rizzoli, famiglia 46 106
Robespierre, Maximilien de 68
Robotti, Paolo 145
Rockefeller, famiglia 127
Romano, Sergio 308
Romiti, Cesare 185 264
Rommel, Erwin Johannes 221
Roncalli, Angelo v. Giovanni XXIII (Angelo Giuseppe Roncalli), papa
Roosevelt, Eleanor 184
Roosevelt, Franklin Delano 64 133 184
Rosenthal, Abe 272
Rossanda, Rossana 51 66
Rossella, Carlo 283
Rossi, Paolo 220
Rossini, Gioachino 142
Roth, Joseph 10
Roussin, André 218
Rovere, Luigi 123
Ruggeri, Ruggero 268

Sabin, Albert Bruce 140-143
Sacchi, Arrigo 201
Saddam v. Hussein, Saddam
Salgari, Emilio 85
Salk, Jonas 142
Salvo, famiglia 302
Salvo, Ignazio 303
Sama, Carlo 125
Sanguineti, Tatti 257
Santoro, Michele 47 229 237 253 254 255 258 264 282
Saragat, Giuseppe 22 32 45 86 267
Saroyan, William 107
Sartori, Giovanni 188
Sartre, Jean-Paul 192
Savoia, casata 25 38 56
Savonarola, Girolamo 222
Sbardella, Vittorio 22
Scaglione, Pietro 305
Scalfari, Eugenio 165 198-199 297
Scalfaro, Oscar Luigi 24 42 56-58 74 75 86 176 185 192 194 233-238
Schicchi, Riccardo 225

Schillaci, professore 208
Schmidt, Helmut 135
Schuster, Ildefonso 54
Sciascia, Leonardo 191 304
Scicolone, Maria 136
Scognamiglio, Carlo 61 62 85 276
Scotti, Vincenzo 57 138
Segni, Antonio 23
Segni, Cristina 23
Segni, Laura 23
Segni, Lucia 23
Segni, Mario (Mariotto) 17 23 26 46
Segni, Vicki 23
Selva, Gustavo 47 200
Senna, Ayrton 188 190
Serena, Antonio 222
Serra, Michele 260 261
Sgaravatti 60 250
Sgarbi, Vittorio 60 65 66 75 119 195 229 237 238
Shakespeare, William 114
Sidney, Sylvia 141
Signorile, Claudio 33
Simonetto, Mity 202
Sinatra, Frank 108
Sindona, Michele 169 298
Sirchia, Girolamo 69
Socrate 305
Solženicyn, Aleksandr I. 9
Sordi, Alberto 82
Spadolini, Giovanni 249
Speer, Albert 171
Spencer, Diana 9 112-114
Spender, Stephen 200
Speroni, Francesco 45
Staglieno, Marcello 82
Stalin (Iosif Visarionovič Džugašvili) 34 52 80 86 133 143 145 208 220 265 274
Starace, Achille 59 83
Stecchetti, Renzo 127
Steinbeck, John 87
Stevenson, Robert Louis 309
Storace, Francesco (Epurator) 67 70 71 198-200 212 213 227 270 274 279
Strehler, Giorgio 170
Sue, Eugène 224
Sullo, Fiorentino 39
Swift, Jonathan 24

Tabladini, Francesco 66
Tajani, Antonio 73
Tambroni Armaroli, Fernando 39 77 171 213
Tanassi, Mario 22
Taradash, Marco 63 67 275 279 282
Tassan Din, Bruno 229
Tatarella, Giuseppe 82 223 279
Taylor, J. P. 113
Teresa del Bambin Gesù, santa 152
Terranova, Cesare 305
Terzi, Ferruccio 88 89
Thatcher, Margaret 156 184
Togliatti, Palmiro (il Migliore) 59 115-117 143-146 187 194 203
Togliatti Malagoli, Marisa 144
Tolstoj, Lev N. 87
Tomaselli, Enza 238 239
Tonini, Ersilio 146 153
Tortora, Enzo 208 307 308
Toscanini, Arturo 54
Townsend, Peter 113
Tremonti, Giulio 72
Trevor-Rupper, Hugh 246
Trockij, Lev Davidovič (L. D. Bronštein) 59 220
Truman, Harry Spencer 40 74
Turani, Giuseppe 261
Twiggy, indossatrice 113

Valera, Paolo 64

Vasari, Giorgio 30
Veltroni, Walter 9 203 256
Venditti, Antonello 176
Venier, Mara 75
Vespa, Bruno 201 254 264
Villa, Claudio 259
Villa, Pancho (Doroteo Arango) 82
Villaggio, Paolo 268
Villoresi, Gigi 189
Violante, Luciano 196 301
Vitalone, Claudio 22
Vittorini, Elio 130
Vittorio Emanuele III di Savoia, re d'Italia 43
Vizzini, Carlo 22 192
Volcic, Demetrio 280
Voltaire (François-Marie Arouet) 312

Walewska, Maria 206
Whitman, Walt 200
Wilde, Oscar 200
Wilder, Billy 166
Wilder, Thornton 30
Wilson, Harold 64

Yourcenar, Marguerite 199

Zanone, Valerio 194
Zavattini, Cesare 226
Žirinovskij, Vladimir Volforevič 153-155
Zoia, professore 150

Indice generale

Giorni terribili .... *pag.* 7

I

IL VECCHIO E IL NUOVO

E ora l'onesto Mino 13
Les dieux (?) s'en vont 19
Paura di chi? 25
Si ricomincia 28
Tanto rumor per... 31
Modeste proposte 34
Fantasmi 37
Diavoli e cretini 41
Tristi amori 44
Idealisti e poltrone 46
Speranze e illusioni 48
Il dovere della memoria 53
La sfida della verità 56
Il suo momento più bello 58
Anche per lottizzare ci vuole stile 60
Complimenti 64
Parole, parole, parole 67
A proposito di democrazia 70
Teatrini e capicomici 73
Chi paga il conto 76
Mr Smith va a Washington 78

Colpo di Stato? 81
Matrimonio a tre 85
Cinquant'anni dopo 87
Di Pietro e la Madonna 90

II

PROTAGONISTI & COMPARSE

Luigi Abete 95
Renato Altissimo 101
Pietro Barilla 103
Silvio Berlusconi 106
Paolo Casaroli 108
Carlo & Diana 112
Alcide De Gasperi 115
Antonio Di Pietro 118
Federico Fellini 121
Raul Gardini 124
Reginald Green 128
Giovannino Guareschi 130
Helmut Kohl 133
Alessandra Mussolini 136
Albert B. Sabin 140
Palmiro Togliatti 143
Ersilio Tonini 146
Vladimir V. Žirinovskij 153

III

POLEMICHE

La vita non è una telenovela 159
Persecuzioni, stampa e tv 163
Non è più tempo d'eroi 166
La Giustizia e la vita 169
La resa dei conti 173
La virtù del riserbo 176
Una Mata Hari nostrana 179

Beffati e scontenti 181
Lenzuola e valigette 183
Voti e salumi 187
Retorica e ipocrisia 188
Magistrati brava gente 191
Governo di famiglia 193
La gogna telematica 195
Duri e gay 197
Nuove mode e tempi andati 200
Altro che «Beautiful» 204
Trucchi, decreti, favori 206
Spot, timbri, svaghi 209
Epuratori e macchiette 212
L'Ambra che parla 215
Déjà vu 218
Lo stratega del Bar Sport 220
Il puro e il porno 224
Parliamo un poco di me 226
Finisca il suo lavoro 229
Exit Di Pietro 231
Un messaggio di Capodanno 233
La violenza tra noi 235
Tiro incrociato 237
Il peso delle parole 240

IV

INFORMAZIONE, RAI E DINTORNI

Testimoni, non giudici 245
A proposito di indipendenza 247
Arrivano i Professori 249
La libertà è una clausola? 252
In nome della gente 255
I fusti della telecamera 258
Penne Sporche e veleno 261
Il delirio dell'autocelebrazione 263
La Rai non c'è più 266

I nuovi crociati 271
Arrivano i loro 275
Carriera, tutto si fa per te... 277
Donna Letizia 280
A proposito di «par condicio» 286

V

I MISTERI DELLA MAFIA

«Don Masino» e Riina 291
«A me non servono le prove» 297
Non si salva nessuno 299
Il potere fa anche soffrire 301
Luciano Liggio 305
Processo all'Italia dc 307
Un uomo, un simbolo, un'epoca 310

Appendice 313
Indice dei nomi 321

FINITO DI STAMPARE NEL MESE DI APRILE 1995
PRESSO IL NUOVO ISTITUTO ITALIANO D'ARTI GRAFICHE - BERGAMO
PRINTED IN ITALY